播音主持艺术丛书

丛书主编

杜晓红

新时代新闻主播训练攻略

XINSHIDAI XINWEN ZHUBO
XUNLIAN GONGLVE

刘　超◎主编

ZHEJIANG UNIVERSITY PRESS

浙江大学出版社

·杭州·

图书在版编目（CIP）数据

新时代新闻主播训练攻略 / 刘超主编. -- 杭州：浙江大学出版社，2024. 12. --（播音主持艺术丛书 / 杜晓红主编）. --ISBN 978-7-308-25608-7

Ⅰ. G222.2

中国国家版本馆 CIP 数据核字第 2024S1H295 号

新时代新闻主播训练攻略

刘　超　主编

责任编辑　李海燕
音频录制　刘　超
责任校对　黄伊宁
责任印制　孙海荣
封面设计　雷建军
出版发行　浙江大学出版社
　　　　　（杭州市天目山路 148 号　邮政编码 310007）
　　　　　（网址：http://www.zjupress.com）
排　　版　杭州好友排版工作室
印　　刷　杭州宏雅印刷有限公司
开　　本　710mm×1000mm　1/16
印　　张　23.5
字　　数　422 千
版 印 次　2024 年 12 月第 1 版　2024 年 12 月第 1 次印刷
书　　号　ISBN 978-7-308-25608-7
定　　价　69.00 元

目　录

■ 上编　认识篇

■ 中编　技巧篇

■ 下编　提高篇

上编　认识篇

第一章　认识新闻

新闻很"新",它是报道刚刚发生或者正在发生的事件;它是公开传播新近变动的事实信息;它是最近发生的新事情、新消息、新知识。无论怎样定义,都离不开一个"新"字。

新闻播音是主播通过有声语言将新闻事实进行传播的工作。广义新闻包括消息、通讯、特写、调查、述评等。从内容分,有政治新闻、经济新闻、体育新闻、军事新闻、法律新闻;从地区分,有本地新闻、国内新闻、国际新闻;从性质分,有突发新闻、综合新闻、动态新闻、连续新闻、解释新闻、非事件新闻等。

新闻主播要用自己的有声语言将一件件新鲜事传递出去。播音前主播应该想一想一件事是否能够引起受众的兴趣;这件事有没有社会意义;它对舆论是否具有良好的推动作用。

第一,一则消息的传播要与受众的生活息息相关,不能仅仅表达传播者自己的意愿与兴趣。第二,新闻事件不论是弘扬正气还是揭露阴暗都要对社会舆论有一定的推动力,不能是个人情绪的宣泄。第三,要具备一定的社会意义,要通过信息的传播使人们形成对事物的正确判断,确定积极因素,消除消极因素。

新闻播报的要求:

(1)清晰。新闻播报的清晰是指语音清晰、语音规范、吐字清楚、声音悦耳,语义表达准确、层次分明、逻辑合理。

(2)明快。语速比一般的文艺作品要快,节奏丰富,音色明亮,语尾不坠,不拖泥带水。

(3)流畅。突出多连少停的特点,重音准确、少而精,语流连贯顺畅,较少出现大的起伏。

(4)朴实。以叙述、概括语言为主,语言质朴,较少运用艺术夸张与演绎。

第一节　小句：闪亮的新闻眼与起伏的语流线

一、新闻眼

当我们翻开报纸、滑动手机屏幕，一条条新闻就能映入眼帘。当前，很少有人会全神贯注地收听收看完整的新闻节目了，一些观众甚至是一边玩着手机，一边听着电视，遇到感兴趣的内容抬头看看。还有人一边开车一边听着各种"早高峰""晚高峰"节目。这时总有一些词、一些短语被我们的眼睛、耳朵抓住。眼睛和耳朵就像嗅探器，能抓住新闻中最关键的"元素"。经过大脑迅速组合，这些"元素"立刻就能组成一件事儿、一条消息。而那些没有被我们的感官抓住的词或短语就迅速地消失了。回头一想，只要将给我们留下印象的词或短语拼接到一起，一条新闻的"主干"就脱颖而出了。这些关键词最能体现新闻的"新"和价值，抓住它们，就能抓住新闻的"眼"。

天涯论坛 > 娱乐八卦　[我要发帖]

> 香港八卦杂志太会取标题了"黄××疑与人造人造人"笑死我了

楼主：请叫我小神经 Lv 5　时间：2014-06-11 17:48:00　点击：394216　回复：1513

鳳凰網 娱乐　娱乐 > 8号风曝 > 正文

豪门公交车驶入豪门，黄××与人造人造人…港媒的嘴到底有多毒

8号风曝
2019年04月18日 12:56:28　　[关注]　　230人参与　73评论

"八卦"杂志之所以能吸引眼球，很大程度取决于热辣的标题。上面一则《黄××与人造人造人》既甩出了明星怀孕的劲爆消息，又暗讽了明星整容现象，这样的新闻眼无疑会增加关注度与点击量。

猎奇、好玩儿只是某些娱乐记者的手段，而大多数新闻关注的则是主流社会的发展问题。新闻主播要想将新闻事件准确、清晰地传播给受众，首先需要具备精准的阅读能力，需要将文字稿件读懂、读透才能进行传播。精湛的表达必须建立在准确的理解之上。因此,新闻主播首先要做到的是找准"新闻眼"。对于一条消息来说,新闻眼是新闻事件中最值得关注的元素,它是新闻中最新鲜之处、最有价值的地方,是新闻的亮点;对于记者而言,新闻眼是他们发现新闻亮点的能力,是敏锐"嗅觉"的体现;对于播报而言,新闻眼是有声语言传播与接受中能否获得点击率与停留时间的关键。

二、找准新闻眼的方法

扫码听
参考录音 1-1-1

我们先看这一条简讯:第 24 届环球夫人大赛中国总决赛暨首届环球夫人盛典 12 号晚在深圳世界之窗举行。

刚看到这条新闻时,没有经验的同学或主播往往喜欢强调"24""总决赛""首届""12""世界之窗"。我们不妨对比一下,世界上有各式各样的"选美比赛",如"环球小姐""世界小姐""香港小姐"等等,这些比赛的参赛者多为年轻貌美的女性。而本条消息的参赛选手是已婚女性——"夫人",这就太有特点了。因此,这条新闻的新闻眼是"环球夫人大赛"。

(一)纵向比较

扫码听
参考录音 1-1-2

当主播拿到一条新闻之后,如果仅仅照本宣科将文字读出来,无疑达不到新闻传播的要求。如果我们无法确定新闻眼,不妨将其置于历史中去对比,来寻找这条新闻的新颖之处。

例如:● 浙江与新疆今天正式开通异地就医直接结算。◎

以前,我们在外地生病了,医疗费是不可以直接异地报销的,需要个人办理相关手续后到原籍指定的部门才可以报销。而现在,浙江与新疆两地可以办理"异地就医直接结算"了。以前有吗?没有。通过历史纵向对比,我们不难发现"异地就医直接结算"的价值与"非比寻常"。

(二)横向比较

扫码听
参考录音 1-1-3

如果说历史对比是跨越时间,那么横向对比就是跨越空间。我们可以将同类事件进行比较来发现新闻眼。

例如:● 7 月 4 号,美国纽约康尼岛举行一年一度的吃热狗大赛。在男子组比赛中,来自加州的乔伊·切斯纳特 10 分钟内吃下 76 个热狗卫冕成功,并创造新的赛会纪录。◎

这条新闻当中,核心事件是"比赛",比赛的种类太多了,通常有体育竞赛、智力竞赛、音乐比赛、作文比赛、朗诵比赛等等。而这条新闻当中的比赛别具一格,它是"吃热狗"大赛。这正是新闻眼,也是这个比赛的特色之处。

再如:● 在全国最大的淡水湖——鄱阳湖,国家林业部门的鸟类专家首次采集野生候鸟血样,监测禽流感疫情。◎

扫码听
参考录音 1-1-4

为了防治禽流感,我国有许多针对"家禽"的监测、管理、预防措施,而这次的监测扩大到"候鸟"了,显然具有重要意义。

新闻眼只能有一个吗? 不,只要是"非比寻常"的内容,都可以作为新闻眼。

例如:● 20 号,德国法兰克福书展正式以线上线下相结合的方式与观众见面。因为疫情,这个世界上最大的出版行业展会在 2020 年是以纯数字化的方式举行的。◎

扫码听
参考录音 1-1-5

显然"法兰克福书展"是新闻的核心事件,但"线上线下相结合"这种形式是以前没有的,因此"双新闻眼"在新闻中也比较常见。

三、新闻眼的分类与语流

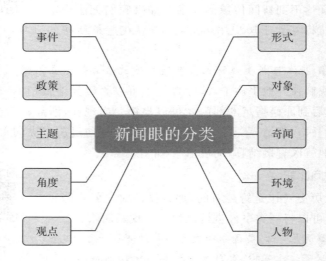

事件　政策　主题　角度　观点

新闻眼的分类

形式　对象　奇闻　环境　人物

(一)事件

● 吉林通化近日获批列为国家农业科技园区。◎

吉林通化每天发生很多事情,也获得过很多奖项,但这次与以往不同,获得了"国家农业科技园区"称号,事件很新。因此这条新闻的关键词在"两头",本意是"谁——怎样了"。因此语流呈"波谷式"。播报时将"吉林通化"与"国家农业科技园区"呼应起来,中间部分下降、快速带过。句头起势略高,速度略慢,进行强调。句尾部分也是重音,因此在处理时速度减慢,使语势具有收束感。

扫码听
参考录音 1-1-6

（符号'表示顿挫、偷气）

　　语流是什么？语流,是一种有声语言的曲线,它是在语义与表达目的指导下形成的如波浪般上下起伏的运动形式。新闻播报的语言是一种线性的传播,受众依靠听觉来接收信息。在时间维度中,有声语言信息稍纵即逝,听觉本能地对高的、慢的、不粘连的、上扬的语流运动状态更敏感,对低的、快的、粘连的、平的声音形式则会忽略掉。因此,我们要将信息放到语流当中去处理。这样的处理能使语言具备高低起伏、错落有致、流畅自然的曲线美和韵律感,更为重要的是利于受众准确理解信息。

　　关键词找到后,我们将其放在语流波浪的最高峰,并且在表达它之前略微顿挫,并减慢速度,受众的耳朵一下就能抓住它,接着语势从高处回落,坐稳、收住、不坠,一条"小句"信息的传递就完成了。

（二）政策

　　● 广州市'《学校安全管理规定》'将于 4 月 1 号起正式施行。◎

　　广州市的政策很多,这一次将要施行的是"新"政策——《学校安全管理规定》。近几年,"殴打""霸凌""突发疾病"等事件给师生的人身安全带来很大威胁。这个规定能够促进安全管理,从而提高安全意识,保障师生安全。因此,在新闻中有书名号的时候要格外留意。播报时可将

扫码听
参考录音 1-1-7

"学校安全管理规定"置于语流波的峰顶,形成"波峰式",再将其减速、荡开。"广州市《学校安全管理规定》"是主语又是新闻眼,可在其前后进行顿挫,在波峰后顺势而下、收住,注意句尾不要下坠或弱化。

　　短短的小句为什么能成为新闻？原因就在于它的社会意义与价值。因此我们在播报时,不能只从字面出发,只想着轻重、停连,还要时刻绷紧社会舆论

《学校安全管理规定》
广州市   将于4月1号起正式施行

这根弦,在播报时要把新闻播报放在政策的高度,思考其社会意义。

值得注意的是,这条新闻是预告性质的,往往需要强调时间。

(三)主题

● 2016 年 9 月 10 号是第 17 个'世界急救日。'今年急救日的主题是"儿童学急救,急救为儿童。"◎

(符号'表示小顿挫、偷气;符号⌐表示停顿、句首换气。)

红十字会与新月会国际组织将每年 9 月的第二个周六定为"世界急救日",呼吁各国重视急救知识的普及,让更多人掌握急救技巧。每年的世界急救日都有一个主题,如"救护弱势群体""拯救生命、一视同仁""生命高于一切""急救与道路安全"等。而今年的急救主题无疑是新鲜点。这条消息由两个小句组成,我们只需将"急救"与"儿童"对应起来就行了。

扫码听
参考录音 1-1-8

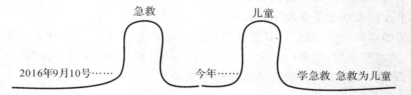

急救   儿童
2016年9月10号……   今年……   学急救 急救为儿童

(四)角度

● 安徽黄山'昨天大规模人工放流'娃娃鱼鱼苗。◎

娃娃鱼学名大鲵,与恐龙生活在同一时期,被誉为动物活化石。娃娃鱼对生活水域的水质要求极高,放流娃娃鱼鱼苗,既是对稀有动物的保护,又能够对水域生态环境的改善起到一定促进作用。这条新闻形式新、角度新,从侧面反映出安徽黄山的生态环境良好。"娃娃鱼鱼苗"是新闻眼,并且处于句子的末端,因此我们采用"上山式"进行强调。新闻主播需要具备广博的知识,才能敏锐地抓住新闻价值,平时的积累非常重要。

扫码听
参考录音 1-1-9

娃娃鱼鱼苗

安徽黄山昨天大规模人工放流

（五）观点

● 最近，美国密苏里大学研究发现，抖腿这种不经意的动作能够降低心血管疾病风险。◎

扫码听
参考录音 1-1-10

在一些新闻中，经常有专家观点、科学研究成果、科学发现等信息，这些信息具备社会意义也拥有新闻价值，因此在播报时要加以强调。这条新闻观点十分新颖，它与中国民间"男抖穷、女抖富"的说法截然相反，抖腿居然能够降低心血管疾病风险，不但新颖还十分有趣。因此在播报时，我们要将"抖腿"与"降低心血管疾病风险"进行对应。要注意的是，"发现"一词后的宾语是一个小句，相当于英语中的宾语从句。相类似的动词还有"说""分析""表明""显示"等等，这类动词之后的逗号等同于冒号，停顿的时间要略长一点。

抖腿　　　　　　　降低 心血管疾病风险

最近美国密苏里大学……　　这种……

（六）形式

● 首届全国轮扣式脚手架搭设技能大赛昨天在河北任丘举行。◎

扫码听
参考录音 1-1-11

还记得前面有"吃热狗"大赛吗？同样，这条新闻的新鲜之处在于形式。新闻眼在句首，我们将它放在语流高处并减速、顿挫，关键词之后顺势而下、一气呵成，语流属于下山式。

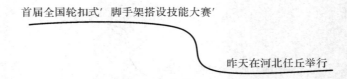

首届全国轮扣式′脚手架搭设技能大赛′

昨天在河北任丘举行

(七)对象

● 昨天是世界博物馆日,来自安徽、湖南、广西等 50
多所′乡村小学的孩子们′一起通过′网络′走进了博物
馆。◎

扫码听
参考录音 1-1-12

以前乡村小学的孩子们学习资源略匮乏,生活环境相
对艰苦,平时很少有机会到大城市参观博物馆,这条新闻无疑很有意义。在新
冠疫情防控期间,很多线下活动都暂停了,因此"通过网络"也是"形式新"。

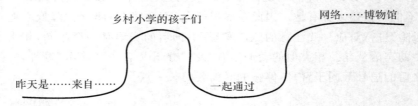

乡村小学的孩子们　　　网络……博物馆

昨天是……来自……　　　一起通过

(八)奇闻

● 前天,江苏省梅花鹿种源供应基地里的一头母鹿产
下了′"龙凤胎"小鹿。

扫码听
参考录音 1-1-13

梅花鹿属于单胎生产的动物,能够产下双胞胎而且还
是"龙凤胎",应该算是奇闻了。因此,这类很少见的现象
也属于新闻眼。播报时,要将"梅花鹿"与"龙凤胎"进行对应。

龙凤胎

梅花鹿

前天 江苏省　　　种源供应基地里的一头母鹿产下了　　　小鹿

(九)环境

● 中国空军航空兵昨天首次飞越宫古海峡赴西太平洋开展远海训练。◎

扫码听
参考录音 1-1-14

西太平洋具有重要的战略意义,而宫古海峡是冲绳岛和宫古岛之间的一条海上航道,中国的钓鱼岛、黄尾屿、赤尾屿都在这条海峡附近,也是美国第七舰队经常航行的海域。知道了这样的背景,我们就明白了"宫古海峡""西太平洋"应该作为新闻眼进行强调。

(十)人物

● 运动员参加综艺节目的拍摄已经成为非常普遍的事情,湖南卫视透露,林丹、李娜、易建联将加盟最新综艺节目《运动吧少年》。◎

扫码听
参考录音 1-1-15

如今,有流量就有关注度,有关注度自然就是新闻眼。林丹、易建联这些明星个个都有庞大的粉丝群,这些名字自然也是新闻事件中最吸引眼球的地方。当然这里的"人物"不局限于人,动物也能够拥有大流量,如《大熊猫旦旦即将回国》,谁让人家是熊猫呢!

练习

下面播送简讯:

(来源于央广网)

● 我国首次散船进口巴西玉米。◎

扫码听
参考录音 1-1-16

● 第五批中国档案文献遗产名录出炉。◎
● 欧洲大陆首个航天港在北极圈建成。◎
● 摩洛哥胡赛马省再次发生 4.4 级地震。◎
● 广深港高铁 15 号起恢复香港西九龙站。◎
● 第 31 个全国税收宣传月活动昨天启动。◎
● 美国兔年生肖邮票首发式在旧金山举行。◎
● 西安考古发现我国最早的五桥并列遗址。◎
● 四川资阳濛溪河遗址发现一处旧石器遗址。◎
● 天津海关首次自入境船舶中截获四纹豆象。◎
● 红十字国际委员会推迟疏散马里乌波尔平民。◎
● 南京旅游景区向全市医务人员免费开放 3 年。◎
● 国家盐碱地综合利用技术创新中心获批建设。◎
● 司法部就制定法律援助实施办法公开征求意见。◎
● 从 4 月 1 号到 7 月 31 号,黄河宁夏段全面禁渔。◎
● 中断近 3 年的厦金"小三通"客运航线昨天复航。◎
● 受降雪和大雾影响,全国 200 多个路段公路封闭。◎
● 第 125 次中老缅泰湄公河联合巡逻执法行动启动。◎
● 重庆轨道交通 18 号线李家沱长江复线桥顺利合龙。◎
● 《公民举报危害国家安全行为奖励办法》公布施行。◎
● 教育部等五部门将在线开放课程纳入日常教学管理。◎
● 到 2025 年,安徽省将新建全民健身步道 3000 公里。◎
● 新成昆铁路第二长隧道——吉新隧道 31 号全线贯通。◎
● 雅砻江腊巴山风电项目在四川凉山州德昌县开工建设。◎
● 香港特区政府决定上调 1 月 18 号至 21 号的通关配额。◎
● 青海对极濒危物种普氏原羚栖息地监测已实现全覆盖。◎
● 马来西亚国家动物园为大熊猫"谊谊"庆祝 5 岁生日。◎
● 目前,全国 60 余万个村卫生室指氧仪已基本配备到位。◎
● 首列"塔吉克斯坦—甘肃"国际货运班列抵达兰州新区。◎
● 国际足联对阿根廷队世界杯决赛中的不当行为进行调查。◎
● 《粮食质量安全风险监测管理暂行办法》昨天正式施行。◎
● 7 月起,我国扩大全额退还增值税留抵税额政策行业范围。◎
● 深圳将对春节期间完成投递的邮件快件给予每件 1 元的补贴。◎

● 国家公园管理局已批复同意青海开展青海湖国家公园创建工作。◎

● 昨天，白鹤滩水电站 16 台百万千瓦机组大型部件全部吊装完成。◎

● 最高人民法院昨天发布 16 件人民法院贯彻实施民法典典型案例。◎

● 故宫博物院将于 7 月联合香港故宫文化博物馆举办 7 项开幕展览。◎

● 马岛战争爆发 40 周年，阿根廷官员呼吁英国尊重阿根廷领土完整。◎

● 我国建立 20 个革命老区重点城市与发达地区部分城市对口合作关系。◎

● 俄罗斯国防部 15 号发布战报称，俄军打击乌军指挥系统和相关能源设施。

● 乌克兰武装部队总参谋部 15 号通报称，乌军打击俄军人员集中区和防空系统阵地。◎

● 记者从中消协了解到，46 款充电数据线试验报告显示，近半数样品阻燃能力不佳。◎

● 今天是第六个全国残疾预防日，今年的主题是：普及残疾预防知识，建设健康中国。◎

● 德国军备制造集团莱茵金属公司表示，2024 年前无法向乌克兰提供"豹"式坦克。◎

● 新修订的《中国国际贸易促进委员会共同海损理算规则》将在 2022 年 9 月 1 号正式实施。◎

● 英国首相府一名发言人称，英国首相苏纳克确认，英国将向乌克兰提供"挑战者 2"主战坦克。◎

● 克罗地亚今年 1 月 1 号加入欧元区和申根区，从当地时间 15 号零时起，欧元将成为克罗地亚唯一的法定货币。◎

● 当地时间 14 号，在约旦河西岸城市杰宁以南的杰巴阿村，两名巴勒斯坦青年在与以色列军队的冲突中丧生。◎

● 河北沧州自主研发的高质量穿越钻杆，目前在如东天然气管道泰兴至芙蓉段长江定向钻穿越中创造了管径 711 毫米、深度 3302 米定向钻穿越世界纪录。◎

提示：这一段的主体就是"穿越钻杆"创造"世界纪录"，播报时将"穿越钻杆"与"世界纪录"对应起来即可，中间部分语流要拉平，形成波谷式语流，中间一部分尽量不要起伏太大。

什么是语流拉平？

语言就像波浪一样，有起有伏，再加上汉语普通话四声的缘故，使我们的语言错落有致、高低起伏，给人以听觉上的美感。但如果太在意调值，把每个音节的声调都发得特别到位，就会削弱重点，造成语义的混淆，也会破坏语言的整体流畅。因此在播报时要运用"语流音变"规律，在非重点部分，尽量让音高在一个较窄的区间内活动，就像平缓的流水线一样，流速匀、起伏小、阻碍少。

思考题

1. 新闻播报的要求是什么？
2. 什么是"新闻眼"？怎样锁定"新闻眼"？
3. "新闻眼"的类型有哪些？
4. 什么是语流？播报中怎样将"新闻眼"与语流进行配合？

第二节　长句：严密的逻辑与流畅的衔接

台湾歌手赵传曾呐喊："我很丑，可是我很温柔！"让听众觉得，长相不重要，性格能加分。可如果反过来说："我很温柔，可是我很丑！"效果是不是截然不同？究其原因，是转折后面的内容更容易引起我们的注意。大家想一想，表达转折句的时候，"我很丑"这个小句，需要强调吗？很显然，不用。作者的意图在于强调"我很温柔"。表达时，也只有把"我很丑"拉平、带过、"甩掉"，才能与扬起、减速的"我很温柔"进行对比与推进。

新闻也一样，有的新闻句子比较长，由两个小句组成，小句之内有独立的主谓成分。长句意味着小句之间有逻辑衔接。不仅如此，长句的出现也能够显示出新闻本身的重要性，在一条新闻中，核心事件往往需要用较长的句子来解释。现代汉语中有并列、因果、连贯、转折、递进等多种逻辑关联，有的句子运用关联词"不但……而且""因为……所以""虽然……但是"等进行衔接，但也有一些句子将关联词省略掉了。初学的时候，我们往往见标点就停顿，再加上气息运用不连贯，导致语句之间没有关联，使语言出现碎片化的状态。因此，在播报时要判断出句子之间的关系，如果存在逻辑关联，就要将其归并、抱团儿,使它成为一个整体长句再进行表达。

播报长句时,首先要注意归并小句,因为一小句话没说完,后面还跟着一句呢。不能见逗号就停顿,要按逻辑将两句话并在一起形成一个整体。然后,从内在含义出发,确定衔接的方式:语流是上行衔接、直行衔接或者下行衔接。

一般说来,递进、因果(强调结果)、转折、让步、选择(取舍已定)采用上行衔接。具体衔接方式在下面的内容中会进行详细说明。

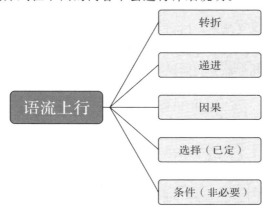

并列、连贯、条件、选择(取舍未定)采用直行衔接,也就是前句和后句在同一高度上衔接。

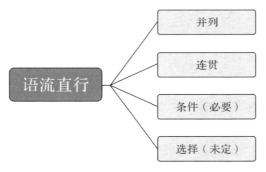

目的、补充、让步采用下行衔接。

为什么会有上行、直行和下行的衔接呢?这是由语法规范和新闻属性共同决定的。首先,一条新闻往往以事件为中心,也就是我们常说的刚刚或正在发生的事件,至于事件发生的目的、原因等内容则不是事件本身,不必放在核心位置、语流高峰。其次,从语法上来说,多小句之间存在偏正关系和联合关

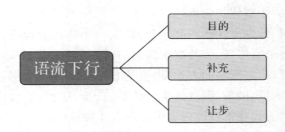

系,偏正关系顾名思义就是一部分主导、一部分从属,基本意义一般在主句,而偏句是限制或修饰主句的,是次要的。播报时要主次分明,形成主从复合关系;联合关系则是几个部分共同说明问题,要合并在一起进行表达。

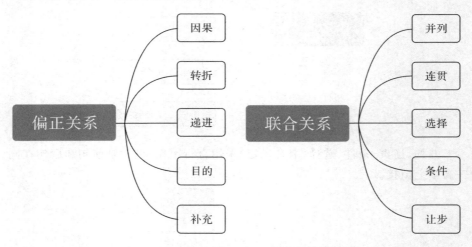

英语中"因为 because"和"所以 so"不联用,"虽然 although"和"但是 but"不联用,这是因为英语语法讲求"主从"之分,有的小句属于从句,如"目的状语从句""让步状语从句"。一个句子中只能有一个主句,如果想将两个小句联合进行表达,则需要用关联词引导另一个小句。我们在理解与播报长句的时候不妨借鉴英语的表达,判断一下长句之间的主从关系,将主句放置于语流高峰而"从句"则顺势而下。

一、上行衔接

上行衔接表示后面的句子在语义上比前面的句子更加重要,或转折、或递进。按照对比推进的方法,前面的分句要尽可能保持平顺,音调低、语速快;后面的分句要略微上扬、减速,将重音突出,同时,语气上也要形成对比与变化。

(一)转折

转折关系表示前后两句的意思截然相反,往往后一部分才是要表达的真正意图。所以,转折关系出现后,我们在表达时也应强调后一部分,也就是说转折后的部分更重要,应做上扬处理。这也符合语言表达中"欲扬先抑"的规律。

扫码听
参考录音 1-2-1

● 记者从国家防总获悉:今年以来,全国大江大河汛情总体平稳,未发生超警洪水,但一些中小河流发生超历史或超保证洪水。◎

中小河流发生超历史或超保证洪水

大江大河汛情总体平稳

(二)递进

递进关系表示后面一个分句的语义在前一个分句的基础上往前推进了一层,色彩更加强烈。因此表达时要用上行衔接的方式处理。

● 江西近日出台税收违法"黑名单"制度,列入"诚信黑榜"的 43 户涉案企业,不仅在媒体被点名曝光,相关企业和当事人还将受到限制出境、限制任职、禁止参加政府采购活动等多项惩罚。◎

"点名曝光"是"黑名单"制度的常规做法,因此不用扬起。后面的惩罚比"点名曝光"更加严厉,因此采用上行衔接,并将惩罚措施加以强调。

……限制出境 限制任职 禁止参加政府采购活动

不仅在媒体被点名曝光

扫码听
参考录音 1-2-2

(三)选择(已定)

选择复句中除了"取舍未定"之外,还有一种形式叫"取舍已定"。关联词"与其说……不如说"表明,由"与其说"引导的分句是舍弃项,而选取项是"不如说"引导的分句。因此,只用将"已定"的选项扬起即可表现出这种含义,简单地说就是排除一个,肯定另一个。

● 世界大赛上林丹和李宗伟包揽冠亚军的可能性越来越小。与其说他们的对手是日渐成熟、正值当打之年的谌龙等人,倒不如说他们最大的敌人正是自己日益下滑的身体素质。◎

扫码听
参考录音 1-2-3

不如说……自己日益下滑的身体素质

与其说是……谌龙等人

同样的形式还有"不是……而是……"

● 国家疾控局传防司一级巡视员贺青华在会上表示,采取"硬隔离"、一封了之的做法不是精准防控,而是懒政怠政、置群众生命财产安全于不顾。◎

扫码听
参考录音 1-2-4

(四)条件(非必要)

条件句的另一种情况是非必要条件,前面一个分句虽然有前提,但后一个分句无论在什么情况下都会产生同样的结果,不以前一句的条件变化为依据。

● 一颗非周期彗星今天将过近日点,亮度和北斗星相当。如果天气晴好,我国公众用肉眼就可以观测到它长长的尾巴。◎

扫码听
参考录音 1-2-5

我国公众用肉眼就可以观测到它长长的尾巴

如果天气晴好

彗星很亮,亮到用肉眼就可以看见。"天气晴好"这种条件不需要进行强调。在播报时,一定要分析条件句的类型,看看是必要条件,还是非必要条件。

(五)因果

因果关系的长句中一部分表原因,一部分表结果。从语言逻辑上看,有时要强调原因,有时要强调结果。而从新闻的角度来看,新鲜点无疑是应该抓住的。因此新闻播报中,应该以新闻眼作为判断,找出新闻的核心含义。

● 今天华北天气晴热,气温一路高升,开启盛夏模式,北京再现 35 度高温。◎

扫码听
参考录音 1-2-6

这条新闻中,北京的高温是"新闻眼",前面一部分都是高温产生的原因,因此播报时,要将原因部分放在语流低处,结果部分扬起。

北京再现35度高温

今天华北天气晴热,气温一路高升,开启盛夏模式

当然,表示"原因"的从句既可以放在前面也可以放在后面,我们要根据句子的最终目的来决定哪一部分更重要,哪一部分要上扬。比如下面的例句,其目的是探讨江河冲开绝壁夺隘而出的原因,因此我们要将"是因其……"扬起来。

扫码听
参考录音 1-2-7

● 江河之所以能冲开绝壁夺隘而出,是因其积聚了千里奔涌、万壑归流的洪荒伟力。◎

是因其积聚了千里奔涌、万壑归流的洪荒伟力

江河之所以能冲开绝壁夺隘而出

二、直行衔接

直行衔接是指分句与分句在衔接时要保持语流音高的一致,让几个分句处于同等重要的位置,衔接时语流不能忽高忽低,也不能见逗号就停顿,换气后就突起。分句间的换气要轻、快、短,换气之后主要控制下一个分句句头的高度和强度。

(一)并列

并列关系的新闻语句是由几个相关情况组成,几个部分没有主次之分,处于同等重要的位置。播报时,要将几个部分进行归并,语流保持直行衔接,重音也要保持相同高度。

● 截至目前,"净网2016"行动共查办网上"扫黄打非"案件712起,处置不良和有害信息86.9万条,取缔关闭不良网站3612个。◎

(符号————>表示直行衔接)

扫码听
参考录音 1-2-8

这条新闻中,核心事件"净网 2016 行动"包括"查办""处置""取缔"三方面成果,三个部分处于同等地位。播报时,要将三部分归并起来,保持语流的直线行进,不能突然下坠。另外要注意用顿挫的方式表达动词短语与数字之间的呼应。

并列:

呼应:

呼应是利用顿挫的方式,将语法成分中的主语—宾语、谓语—宾语、谓语—补语、宾语—补语进行对应或对话。

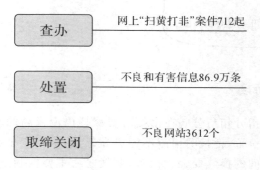

(二)连贯

在一些新闻中,核心事件往往由几个在时间上相承继的事件或动作组成,形成若干个小句的连贯。播报这样的新闻时,一定要注意将小句进行归并,让几个事件或几个动作形成一个整体一气呵成,切不可过多停顿影响事件的整体感与连贯性。同时,语流音高要保持一致,形成联合关系,不要突然下坠、忽高忽低。

● 参加中俄"海上联合—2016"军事演习的中俄双方参演舰艇昨天离开湛江某军港,前往预定海域集结。◎

扫码听
参考录音 1-2-9

这条新闻事件的主体"参演舰艇"发出了从时间上具有承继性的动作:离开、前往。两个动作紧密相连,播报时不能停顿,应一鼓作气、快速衔接。

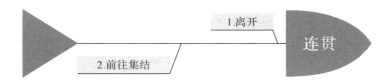

1.离开

2.前往集结

连贯

体育新闻中,连贯句子很多,同样要保持语句的衔接与流畅。

● 马耶尔的任意球开到禁区左侧,佩里西奇头球后蹭,戴着面具的格瓦迪奥尔鱼跃头球破门,帮助克罗地亚队将比分改写为1∶0领先。◎

扫码听
参考录音 1-2-10

足球比赛中,传球、射门、扑救、补射这一连串的动作,往往几秒钟就完成了,射门动作更是迅雷不及掩耳。因此在播报这类新闻的时候要将"一次完整的进攻"处理得连贯、流畅。

3.格瓦迪奥尔鱼跃头球破门

2.佩里西奇头球

1.马耶尔任意球

连贯

(三)条件(必要)

必要条件关系表示两个句子之间是条件和结果的关系,而且这个条件是必要条件和充分条件。也就是说,没有这个条件,后面的结果就无法成立。必要条件句经常使用"除非……否则""如果……就""只有……才"等关联词。

● 埃及过渡政府 33 名部长昨天向临时总统曼苏尔宣誓就职，新内阁成员中没有包括伊斯兰党派人员。埃及穆兄会最高决策机构指导局成员赫什马特昨天表示，穆兄会拒绝参加将于斋月第一周召开的全国和解会议。除非穆尔西恢复合法权力，否则无法达成真正的和解。◎

扫码听
参考录音 1-2-11

(四)选择(未定)

句子之间存在几种情况，要从中进行选择。而当几种情况都有可能发生的时候，就叫作"取舍未定"，也就是说既可能是 A，也可能是 B。例如：

● 男子 100 米决赛令人关注。到底是博尔特上演闪电归来，还是加特林在禁药风波后重新崛起，22 号在鸟巢上演的百米飞人大战，我们共同期待。◎

扫码听
参考录音 1-2-12

既然两种情况都有可能发生，在播报时要采取直行衔接，将两者置于同等重要的位置加以强调与对比。

三、下行衔接

下行衔接表示主句后面的句子相比之下不那么重要，是主句的补充内容，因此播报时采用顺势下降的方式，让主从关系显得更加清晰。

(一)目的

目的关系是新闻中出现比较多的衔接形式，前一句是"行为"，后一句为"目的"，播报时要分清主次。一般情况下，"行为"是"刚刚发生的事"，属核心内容、新鲜点、新闻眼,需要加以强调,而目的是目标和结果,与行为构成顺承关系,因此采取下行衔接方式。

● 中央财政日前下拨人工影响天气补助资金1.99亿元,⌒重点支持西南、中部各省市开展人工增雨,⌒以应对高温干旱气象灾害。◎

扫码听
参考录音 1-2-13

这条消息中,新闻眼与核心事件是"下拨资金",而"支持人工增雨""应对高温干旱"都是前一小分句的目的。其逻辑结构如下图:

播报时,采用下行衔接保持语流顺畅,如下图。

下拨 1.99 亿元

支持人工增雨

应对高温干旱

值得注意的是,目的句或目的状语可以放在主句的前面,那么播报时只需要将这一部分放在语流的低处即可。

例如:为深化中越海警友好关系,共同维护好中越北部湾海上作业秩序,中国海警日前与越南海警开展了年内第二次北部湾海域联合巡航。

扫码听
参考录音 1-2-14

中国海警与越南海警开展联合巡航

为深化……,共同维护好……

(二)补充

补充关系表示后一个分句是对前一个分句的"顺带说明""追补解说",因此在语义地位上不如主要分句那么着重显著。因此,在表达中应采取下行衔接的方式,补充部分紧连主要部分从而形成一个整体。

● 第二届世界那达慕大会昨天闭幕,来自世界五大洲 45 个国家和地区的 2000 余名运动员参加本届大会,创下历届之最。◎

扫码听
参考录音 1-2-15

这条新闻中分句"创下历届之最"是对 2000 这个数字的补充说明,播报时语流下行、稍稍加速,既可起到补充说明的效果,又能使语句主次分明。在播报类似句子的时候,要分清主次,不能每一个分句都要强调,每一个分句都有重音,而应从句子的整体出发,考虑整篇新闻的含义。

来自45个国家和地区的 2000 余名运动员参加本届大会

创下历届之最

(三)让步

电影《虎口脱险》中有一句台词"杀了我,我也不开口"。《甲方乙方》当中演员李琦也说了一句"打死我,我也不说"。这种句子表示一种假设关系,也叫"让步"关系,即"退一万步讲"。"打死我"是一种假设,相当于英语中的虚拟语气,在语义中,表示一种更强烈的内涵;后一句是假设情况后的结果,该句与转折关系不同,假设的部分由于缺乏真实性获得了与事实相违背的更强烈对比。为了突出这种对比的效果,应该把假设的部分扬起,从而产生更加强烈的语气与效果。

● 这恐怕是世界上最混乱的电视直播,可怜的出镜记者被涂抹得五颜六色,谁让您报道的是印度的洒红节呢。印度人相信,这红红绿绿的颜料能够摆脱邪恶,给人们带来好运气,就是把您抹成了花脸猫,您也不能跟人急。◎

扫码听
参考录音 1-2-16

需要注意的是,考虑语境、结合上下文是语流变化的基本原则。语言的变化非常丰富,在表达时要根据实际情况来进行区分和辨别。例如:《坚守你的高贵》中:"这种伟大表现在他始终恪

守着自己的原则,给高贵的心灵一个美丽的住所:哪怕是遭遇到最大的阻力,也要想办法抵达胜利。"则需要将"哪怕""也"双方进行呼应。

我们现在来回顾一下长句之间的逻辑关系与语流衔接的方法:

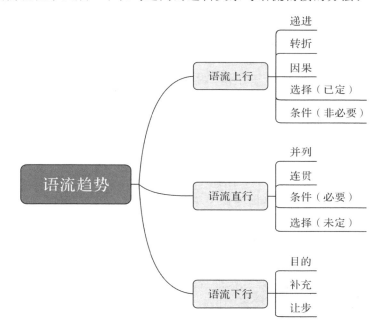

练习

下面播送简讯(来源于央广网):

● 春运第七天全国发送旅客 4020 万人次,同比增长53.8%。◎(补充)

● 因遭遇龙卷风袭击,美国白宫批准亚拉巴马州进入重大灾难状态。◎(因果)

● 沈阳市昨天发布 12 条政策措施,全力帮助小微企业和个体工商户渡

扫码听
参考录音 1-2-17

过难关。◎（目的）

● 广西多地遭遇严重暴雨洪涝灾害，国家Ⅳ级救灾应急响应启动。◎（连贯）

● 生态环境部印发通知，要求各级生态环境部门做好重大投资项目环评保障工作。◎（并列）

● 22号，比利时首相德克罗警告称，由于能源成本飙升，比利时将面临长期经济困难。◎（因果）

● 俄方称俄军用高精度武器打击乌弹药库和油料库，乌方则表示部分俄军从基辅地区撤退。◎（并列）

● 美国前总统特朗普名下的特朗普集团因税务诈骗，13号被纽约州最高法院法官判处罚金160万美元。◎（因果）

● 又到一年毕业季，大学生情侣毕业是选择结婚，还是因为距离而分手，成为他们不得不面对的问题。◎（选择）

● 据叙利亚通讯社消息，当地时间14号，美国在叙利亚非法驻军同当地反对派武装合作，盗运叙利亚石油。◎（并列）

● 瑞典运动员久普兰迪斯在波兰跳过了6.17米的横杆，打破了法国人雷诺拉维列尼于2014年创下的撑杆跳世界纪录。◎（并列）

● 美联社算了一笔账：即使每天花费220万美元，持续到11月8号总统大选日，希拉里的团队也不必担心经费"弹尽粮绝"。◎（让步）

● 近日，贵州省纪委监察厅决定撤销"中国共产党贵州省纪律检查委员会"廉政账户，同时要求党员当面拒收礼金，否则以违纪处理。◎（并列、条件）

● 河南项城民政部门建立医疗救助同步核算服务平台，与医保机构系统对接，使救助对象在医院直接得到医疗补助，提高医疗资金使用效率。◎（并列、目的）

● 再一次做客郑州，再一次被专治各种不服的河南建业击败，鲁能泰山队在中超保级路上跌了一个大跟头。与其说鲁能是输给了对手，不如说是输给了自己。◎（选择）

● 近年来，美国不断鼓吹对华"脱钩断链"，并出台一系列政策，意图将中国排除在全球供应链之外。对此，《人民日报》海外版指出：对华"脱钩断链"不仅害人，而且害己。◎（并列、目的、因果、递进）

● 近年来，随着国家大力发展农村道路建设，优质路网逐步完善，但是路虽然修好了，真正让农民腰包鼓起来的农产品进程却堵在了物流环节上。国家邮政局近日表示，将针对农村快递成本高、收益低的实际，鼓励整合资源，推

动进一步改革。◎（转折、因果）

● 是产品去追市场，还是用户追产品？其中的差别，靠的就是创新。7月初，国家统计局宣布，改革我国 GDP 核算方法，把研发投入纳入其中，改革的背后，是中国创新投入的不断加大。◎（选择）

● 由于英国不是申根国，所以英国公民进入欧盟申根区时必须出示有效护照，入境后则畅行无阻。一旦欧盟旅游信息和授权系统的立法草案得以通过，英国公民将需要进行网上申请并缴费才能进入申根区，过程烦琐不少。◎（因果、条件、补充）

● 国家发展改革委价格司司长万劲松表示，展望 2023 年，尽管国际大宗商品价格可能高位波动，输入性通胀压力仍然存在，但我国物价保持平稳运行具有坚实基础，完全有信心、有能力继续保持物价总体稳定。◎（转折）

● 针对近期多个国家对我国钢铁出口企业发起反倾销调查等行为，发改委相关部门负责人今天表示，我国钢铁产品在国际贸易中具有良好声誉且性价比高，在全球具有相当强的竞争力，这种竞争力不是来自政府补贴，而是来自企业自身，是一种市场行为。◎（选择）

● 美国的公共健康专家指出，苹果蓝牙耳机存在辐射问题，可以破坏人体大脑血管屏障，即使只有少量的辐射，对人体的影响也是比较大的。他建议不要长时间使用蓝牙耳机听歌、打电话。◎（让步、因果）

● 北京时间 1 月 13 号 2 时 10 分，我国在西昌卫星发射中心使用长征二号丙运载火箭成功将亚太 6E 卫星发射升空，卫星顺利进入预定轨道，发射任务获得圆满成功。◎（连贯）

● 新赛季西甲大幕即将拉开帷幕，日前，巴萨巨星梅西在接受 *Maxim* 杂志的专访时，表达了对足球这项运动的热爱。他说，就算踢球没有钱赚，我依然会把足球这项运动视为我的首选职业。◎（让步）

● 当地时间 22 号，意大利媒体援引欧盟机构欧盟稳定机制的评估分析报道称，如果俄罗斯 8 月起停止天然气供应，将可能导致欧元区国家年底耗尽天然气储备。◎（条件）

● 美国国务卿约翰·克里和俄罗斯外长谢尔盖·拉夫罗夫 10 号就叙利亚新停火协议达成一致。双方承诺，如果停火协议顺利实施，将加强军事合作，联手打击叙利亚境内极端势力。◎（条件、并列）

● 来自《曼彻斯特晚报》的消息称，阿森纳不会放走贝莱林这位全英超最具潜力的边后卫，更不会放他去同联赛的竞争对手曼城，除非贝莱林能够亲自递交转会申请。◎（条件）

● 昨天,阿里巴巴四名安全部门员工因写脚本开外挂多抢了124盒内销月饼遭到公司开除一事,成为网友们热议的话题。究竟是技术"黄牛"太猖狂,还是阿里的游戏规则太苛刻,网友们讨论得十分激烈。◎(选择)

● 16号凌晨3点,西班牙超级杯决赛迎来了国家德比,第33分钟,莱万在禁区前接球扫传禁区,加维插到禁区左侧停球后左脚抽射破门,巴萨1比0领先皇马。◎(连贯)

思考题

1. 新闻中长句的类型有哪些?
2. 新闻中长句的语流连接有哪几种类型?
3. 怎样利用表达技巧体现出语句之间的逻辑关联?
4. 什么是新闻播报中的"呼应"? 怎样表达"呼应"?

第三节　句群:精妙的停顿与清晰的层次

新闻当中会出现这样一种情况:好几个句子组成一个中心意思,这些句子前后连贯,共同为中心含义服务。换句话说,在表达一个完整的意思时,只用一个句子是不够的,而需要用两个或多个句子来组成语言片段。由前后衔接连贯的一组句子组成的语言片段就是句群,句群与语境有着密切关系。

语言语境,也就是上下文,即一句话的前一句话和后一句话,也可以指一段话的前一段话和后一段话,上下文依靠严密的逻辑关系组成了由多个句子形成的语言片段。对于新闻主播来说,熟悉上下文能够更好地从宏观来把握新闻结构。

一、新闻句群的播报方法

(一)层次留白

句群中的各句子相对独立,相互之间已经由间隔与停顿区分开了。在播报中,用"留白"即略长的停顿,留下一个对比、引出下文的空间,起到提示、呼应的作用,同时也能够引发听者的思考。留白产生的节奏变化,也能够让句群的层次更为清晰。

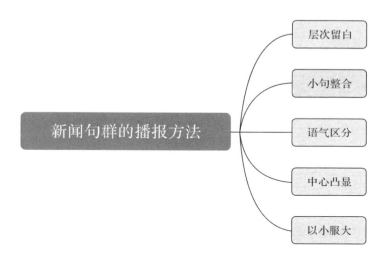

● ①为应对新一轮暴雪天气,上海铁路警方全面进入应急状态,千名民警昼夜坚守岗位,全力维护站区治安秩序,确保广大旅客出行安全。②上海、虹桥、苏州等车站派出所提前对警务装备进行了维护保养,确保状态良好;针对列车停运后出现旅客退票或改签的情况,上海铁路警方将积极做好滞留旅客的疏导工作并加强对车站广场等重点区域的治安巡逻;此外,上海铁路警方还对重点桥梁、高架铁路、防护栏、变电站等设施进行实时监控,确保铁路行车安全。◎(央广网 2018 年 1 月 24 日《上海千名铁警坚守岗位 应对新一轮暴雪天气》)

上面这篇新闻中,①②两部分为解证句群,②是对①"警方应急状态"的解释,因此在①与②之间需要留白以区分出两个部分,以及两个部分的关系与功能。

(二)小句整合

句群中的若干个句子在形式上是前后衔接的,因此播报时要将句群内的句子进行整合,也就是我们常说的"归堆儿""抱团儿"。

扫码听
参考录音 1-3-1

①由 5 小句组成,主干周围分布了目的、解证等小句。②由 3 个长句组成的并列成分来解释①,因此需要把这么多小句、长句整合为两个部分,以形成最终的解证句群,即①归成一堆儿,②归成一堆儿。

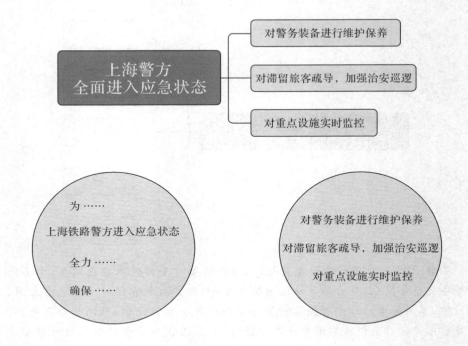

(三)语气区分

结构关系、结构层次、表达功能以及语气是我们进行句群分类的重要依据,句群深层的逻辑联系让句群的内在含义保持一致,具有意义上的相对完整性。有些句群每一部分的语气相对统一,如并列、连贯、解证、总分、目的等;有些句群的前后部分则需要运用不同的语气进行对比性表达,如转折、选择、递进等。例如下面这篇消息,前一部分是"整治节日四风问题成效明显",后文则是"隐形四风依然存在",前后文内容对比明显,播报时语气也应作出相应变化,让新闻报道目的与指向性更加明显。

●新华社"新华视点"记者在辽宁、江苏等地调查发现,当前,整治节日"四风"问题成效明显。但与此同时,在一些地方隐形"四风"依然存在,送礼、请客方式更加隐蔽,甚至用短信、电话传"暗号";蟹庄等农家乐可开办公用品、会议发票。◎(新华网2016年9月13日《请客送礼用短信传"暗号"农家乐可开会议发票——中秋、国庆前夕"四风"问题调查》)

扫码听
参考录音 1-3-2

(四)中心凸显

句群中有一个明确的中心意思，即"段落大意"，所有句子都围绕这个中心意思展开叙述、说明、描写、议论。播报时要让"中心意思"更为突出，重音、停连、语气、节奏都要为中心意思服务。例如：

● 日前，杭州疾控中心的专家说，食物不管是攥在手里，还是放进包里，都是暴露在一个灰尘多、细菌多的环境，容易受到污染。饭前要洗手，如果选择在户外或公交车上吃东西，你一定做不到这一点，那么"病从口入"就变成现实了。◎（澎湃新闻 2020 年 12 月 2 日《防控常态化洗手很重要》）

扫码听
参考录音 1-3-3

这条新闻的核心含义是让听众"饭前洗手"，前后两部分都是"饭前要洗手"的原因，因此，需要将"饭前要洗手"置于语流波峰，以达到凸显中心含义与传播目的的作用，而不能平均用力，逐一着色。

(五)以小服大

播报中，要遵守小句服从长句、长句服从句群、句群服从语篇的原则，也就是说，部分要服从整体。面对一个句群，首先要概括出段落大意，让段落大意引领每个句子的内容，句子的重音要像射箭一样具有"靶向性"，直射段落大意。

扫码听
参考录音 1-3-4

● 自从克林顿当选美国总统后，作为第一夫人，希拉里就开始受到特勤局特工保护。此后，她又担任国务卿，依然可以享受这种待遇。但现在，作为民主党的总统候选人，即使她的丈夫不是总统，也应享受特工保护。◎（新华网 2016 年 9 月 14 日《揭秘希拉里养病之所：外设混凝土墙 有特工保护》）

播报这个句群时，我们特别容易受到"但""即使"等关联词的干扰，而看成转折或让步关系的长句。实际上这个句群的核心含义是"希拉里在各种身份中都受特工保护"。因此，我们播报时要根据"部分服从整体"的原则，将希拉里的"三种身份"与"特工保护"对应起来即可。"即使她的丈夫不是总统"这句话属于插入成分，采取语流拉平、提速带过的方式，可以不用强调。

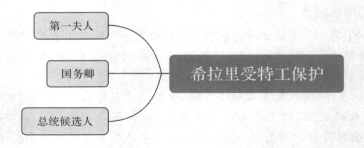

二、句群的分类与播报

现代汉语中有 12 种句群类型（并列、解证、总分、因果、连贯、递进、条件、转折、目的、补充、假设、让步），这里我们介绍新闻播报中常见的 10 种类型。

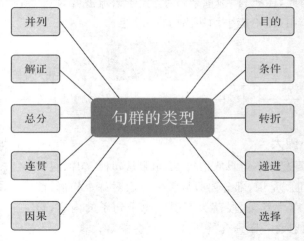

（一）并列句群

并列句群中几个句子之间有并列的结构关系，播报时相对比较简单，要注意核心含义的概括与提取，思考一下，这些句子是依据什么内容进行并列的？同时还要注意并列句子之间的语流音高保持一致。

● 近日，财政部拨付中央专项扶贫资金 351.17 亿元，加上 2018 年 10 月提前下达的 909.78 亿元，2019 年中央财政补助地方专项扶贫资金 1260.95 亿元已全部下达，比 2018 年同口径增加 200 亿元，增长 18.85%，连续四年保持每年 200 亿元增量。

财政部强调，各省份要落实"省负总责"的要求，将新增中央财政专项扶贫资金主要用于深度贫困地区脱贫攻坚;在支持"三区三州"的同时,重点加大对"三区三州"外贫困人口多、贫困发生率高、脱贫难度大的深度贫困地区的投入力度;同时,加大对革命老区脱贫攻坚的支持力度,鼓励革命老区率先脱贫;支持东部省份扶贫改革试验区探索创新,为做好脱贫攻坚与乡村振兴的衔接积累经验。◎(新华网 2019 年 5 月 17 日《2019 年中央财政补助地方专项扶贫资金 1260.95 亿元已全部下达》)

上面这篇新闻的第二段比较复杂,主要内容是将中央财政专项扶贫资金用于哪些地区。因此,这一段按"地区"分为四个并列的部分。

扫码听
参考录音 1-3-5

在播报"强调""要求"引导的并列句群时,要利用停顿让并列成分显得清晰、分明,让受众听出"一""二""三""四"这样的层次感与序列感,这也是留白的重要性。另外,在"要求"这样的词汇后,往往会出现动宾短语,我们要在动词与宾语之间进行顿挫,让动宾进行呼应。这就是我们常说的**"凡提要求,必见动宾"**。

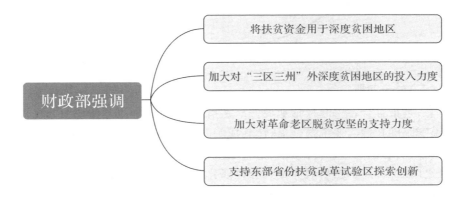

(二)解证句群

解证就是解释与证明。解证句群为:前面一个主要句子,表示"行为""事件",后面的句子对前面的句子起解释、说明、证明、补充等作用。播报时,要注意主要句子的统领地位。后面解释、证明部分要与主要部分隔开,利用语流高度和节奏变化让受众感受到后面是对前面部分的解释,从属于前面部分。从属部分不能置于与核心部分同等重要的位置,更不能播成并列句群。总的来说,主要部分稍慢,解证部分稍快;主要部分略高,解证部分略低,两部分要略微间隔开。可以概括为:先停顿、后顺承;前部疏,后部密;前略高、后略低。

● 7 月 1 号 0 时起，全国铁路将实行新的列车运行图，调图后全国铁路安排图定旅客列车 10592 列，较现图增加 46 列。开行货物列车 22182 列，较现图增加 394 列。◎（央广网 2023 年 7 月 1 日《7 月 1 日全国铁路实行新的列车运行图》）

扫码听
参考录音 1-3-6

播报时，"运行图"之后稍作停顿，从"根据"开始顺承衔接，语流略微下降。之后几个小句要紧紧连在一起，每个小句的衔接都要注意语流顺承，不要冒高。

新的列车运行图

安排旅客列车…… 开行货物列车……

（三）总分句群

总，是指综合在一起概括地说；分，是指分述，分别加以具体说明。在播报"总说"部分的时候，要统揽全局，让其成为核心，音区高，语速略慢；"分说"部分要从属于总说部分，音高、音强上不能超过总说部分，音区略降，语速稍快；总分之间略微停顿，然后顺势接入分说部分；分说内部要衔接紧密。

● 数据显示，8 月发展改革委共审批核准固定资产投资项目 25 个，总投资 1966 亿元。‖ 包括水利项目 6 个，总投资 623 亿元；交通基础设施项目 14 个，总投资 1038 亿元；能源项目 2 个，总投资 265 亿元；社会事业项目 3 个，总投资 40 亿元。◎（中新网 2016 年 9 月 14 日《发改委：8 月核准 25 个固定资产投资项目 总投资 1966 亿元》）

这段新闻中，总说部分是"固定资产投资项目 25 个"；分说部分是"水利项目""交通基础设施项目""能源项目""社会事业项目"。

播报时,"总说"部分"固定资产投资项目"之后,停顿换气;之后"分说"部分顺承下行衔接,"水利""交通基础设施""能源""社会事业"几个部分要利用偷气将句子衔接紧密。

扫码听
参考录音 1-3-7

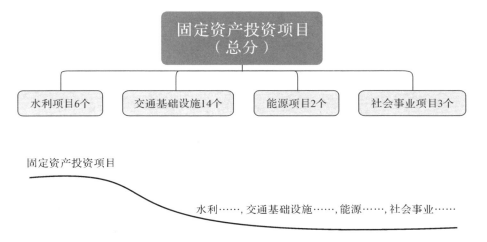

总分句群按照总说的位置又可以分为"分—总","总—分—总"。特别是"总—分—总"句群,较为复杂,我们仍要以恰到好处的停连来让表达更为清晰、准确。

● 让灾区群众既"住上好房子",又"过上好日子",是重建中各级政府优先实施的民生大计。‖汉源的马铃薯良种繁育,为当地农民增收 5000 万;平武藏寨的乡村旅游,引来了八方宾客;北川的羌绣产业,让 30% 的羌族妇女拥有了打开市场的产销协议。‖如今各具特色的产业模式已经开始在这片震后的土地上生根开花。◎(央视网 2010 年 10 月 24 日《重建启示录:民生优先灾区处处现新生》)

这段新闻句群中,"住上好房子""过上好日子"是总说部分;"汉源—马铃薯繁育""平武藏寨—乡村旅游""北川—羌绣"是分说部分;最后一句"各具特色的产业模式生根开花"又是总说。

扫码听
参考录音 1-3-8

总一分一总的结构,首先在总说之后停顿,起到统揽全局的作用,然后顺接到分说部分,注意衔接时不要起高,将分说的几个小句抱在一起,采取"偷气"的方法使语句连贯;最后再停顿,顺接到总结句中,结尾减速,蹲住,不要下坠。概括地说就是"两头停、中间连";"两头高、中间低";"两头慢、中间快"。

(四)连贯句群

新闻语段中的连贯句群最能体现事件之间的前后衔接关系,一般都是以时空顺序为叙述事件的方式。播报时,要以"动词"为核心,分清主谓结构,进行时间顺序上的衔接。在停顿留白的时候,可以用"内在语"提示自己,"怎么了?""接着呢?""然后呢?""最后呢?"这样,既可以用停顿让每个事件节点有一定区分,还能使每一部分的表达目的更加准确。

● 演练开始,编队拉响战斗警报。合肥舰高速潜出,赶赴演练海区。官兵迅速奔向战位,搜索海面目标方位,解算攻击要素,迅速锁定目标。对照实战化标准,合肥舰各部位密切协同,一举将目标摧毁。◎(央视网 2016 年 9 月 18 日《新闻直播间》《中俄"海上联合—2016"军演》)

扫码听
参考录音 1-3-9

这个句群中,军事演练的顺序由"拉响警报""合肥舰赶赴海区""奔向战位、锁定目标""密切协同、摧毁目标"四部分组成。播报时,既要将每个演练环节进行准确区分,还要做到环环相扣。每个环节的实施主体各有不同,播报时要分清。连贯句群的播报一定要将小句按照事件内容进行归并,避免播成一大串小短句而显得凌乱不堪像一盘散沙。

● 2月27号晚10点多,疑犯谢中华、吴江合伙驾驶一辆摩托车,在湛江市霞山区铁马电脑城附近抢走一女青年手机。｜市公安局经侦科民警杨靖宇与爱人驾驶摩托车路过时立即停车,与群众一起追赶并与其中一名歹徒搏斗。｜在搏斗过程中,杨靖宇不幸被另一名歹徒用剪刀连刺三刀,送医院抢救无效于当晚死亡。｜疑犯谢中华、吴江作案后逃离现场。◎(新华网 2003 年 6 月 25 日《抢劫抗捕并杀害民警杨靖宇的两名罪犯被判处死刑》)

(五)因果句群

因果句群由两部分组成,一部分表示原因,一部分表示结果。播报前,要思考哪一部分是受众最想知道的,是作者最希望强调的。播报时要利用停顿和语气变化分清主次、实现目的。下面这段新闻看似逻辑比较复杂,实际上内容只有两个部分:"障眼法"和"返还",构成了因果关系。播报时,主播要利用停顿将两部分进行呼应,同时利用语气变化将"障眼法"定性为"欺诈",并且将"返还"强调出来以突出服务性。

扫码听
参考录音 1-3-10

● 时下消费者在购买节能汽车时,可以享受到国家给予的一定金额惠民补贴,然而一些 4S 店常玩"障眼法",补贴混到优惠里,甚至自行截留优惠补贴。对此,法律界人士提醒,4S 店的此类行为涉嫌欺诈,购车人可要求返还补贴。◎(新华网 2013 年 7 月 17 日《惠民补贴被 4S 店玩"障眼法"购车当谨慎》)

扫码听
参考录音 1-3-11

因果：涉嫌欺诈可要求返还　4S店玩障眼法

(六)目的句群

目的句群由几个有目的结构的句子组成,通常前面部分用"为""为的是"来引导。播报时应该首先锁定新闻"核心事件"与"主干",再将目的部分进行整合。播完"目的"之后留白停顿,接着"上台阶"凸显新闻主干部分。如果目的部分在新闻之后,则在新闻主干部分播完之后,以停顿、下台阶的方法来处理目的部分。

● 为进一步加强中非智库之间的交流合作,宣介党的十九大精神,促进"中非命运共同体"建设,由中国社会科学院主办,中国社会科学院西亚非洲研究所、中国社会科学院国际合作局、中国非洲研究院承办的"中国发展新时代与中非合作新机遇"国际研讨会在北京举行。◎(人民网 2018 年 1 月 19 日《非洲智库十九大专题访华团——中国经验值得借鉴》)

扫码听
参考录音 1-3-12

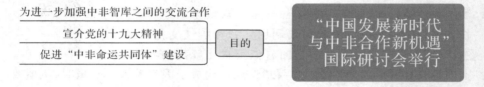

(七)条件句群

与条件长句不同,条件句群的"路标"更为明显,往往借助关联词"这样""只有这样""除非如此"等。播报的时候,需要将前后两部分关键词对应起来,起到呼应的效果。特别是"这样""只有这样"引导的句子,语气要加强,以形成表达的气势与态度。条件句群在新闻评论中运用得比较多。

● 面对这些诱惑,领导干部应树立正确的世界观、人生观、价值观,提高明辨是非的能力,做到头脑清醒,慎独、慎微、慎初;同时不断加强自身修养,做到常怀慎微之心、常弃非分之想、常思法治之威,防微杜渐,真正做到勤政从一言一行做起,廉政从一分一厘拒之。只有这样,才不会犯"千里之堤毁于蚁穴"的错误,才能更加专心致志地围绕中心、服务大局。◎(共产党员网 2013 年 3 月 7 日《习近平说要"淡定",领导干部该怎么做?》)

扫码听
参考录音 1-3-13

这一段的语流变化起伏不大,尽量保持语流音高的统一。难点在于条件句群两部分间的停顿与语气的变化。另外,像这样"提建议""给忠告"的内容要注意动宾短语的表达,利用小顿挫让动宾之间形成呼应。

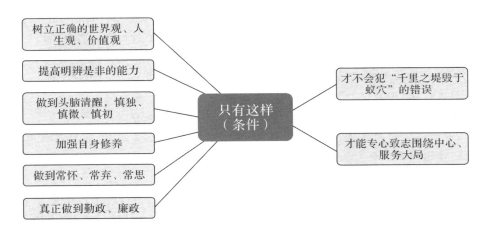

(八)转折句群

之前我们学过的转折长句表达,主要强调转折后的内容,利用语流高低、语速快慢来进行转折句的对比与推进。而转折句群则需要将前后两部分进行对应,以表示两者之间全然相反或相对的内容。播报的时候要将前后两部分的关键词找准,再利用语气变化加强对比。

● 昨天,来自江苏和浙江的两支援助河北的核酸检测医疗队圆满完成任务,启程回家。但是准确地说是启程返回,暂时还回不了家。因为回到当地要有一个隔离观察期,这个年基本上就要在隔离点度过了。◎(央视网2021年1月3日《朝闻天下:江苏、浙江援助河北核酸检测医疗队返程》)

扫码听
参考录音 1-3-14

(九)递进句群

递进句群中,后面的句子通常在程度、范围、时间、数量等方面比前面的句子推进一步。这里,关联词"不但……而且……"不用来组合句群,代之以"而且""并且""也""还""甚至"等词语组合成递进关系。与递进长句不同,递进句群在播报时要考虑新闻属性,前面的句子如果是核心事件需要加以强调,后面的句子在前面句子的基础上再加强语气、升高语流,使两者之间形成对比。

　　● 据《新闻晚报》报道,我市将试行网上发布警情通报。

扫码听
参考录音 1-3-15

　　市公安局近日在答复市政协委员薄海豹时透露,市公安局将依托"上海公安"政府网站、"派出所网上工作站"平台发布"警情通报"。在此基础上,进一步加大防范宣传力度,借助各类新闻媒体,通过以案释法等方式,曝光典型案例,发布防范信息,进一步增强市民群众安全防范意识。◎(东方网 2013 年 7 月 23 日《沪试行网上发布警情通报》)

　　这篇新闻中有两个"进一步"。第一个表示递进,应上行;第二个表示目的,应下行。播报前应仔细分析句子之间的关系,不能看见"进一步"就上扬或加重处理。

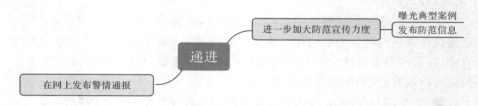

(十)选择句群

　　选择句群表示几个句子之间有选择关系,可以二选一,也可以多选一;可以任意选,也可以特定选。选择句群的主要关联词有"是……还是……""其中""尤其是""特别是"等等。

扫码听
参考录音 1-3-16

　　● 首发集团昨天发布了所辖高速路假日交通提示,京藏高速、京承高速等将在假期接受高峰车流考验。尤其是京承高速,预计受大量京郊游出行影响,每天上午 8 点到 11 点,出京拥堵,每天下午 3 点到 6 点返京拥堵,拥堵点主要集中在收费站区以及通往各景区的出入口。◎(新京报网 2016 年 9 月 15 日《高速公路挤三天 京承预计"最虐心"》)

　　第二部分"京承高速"之后是解证关系,因此,"预计"这个词不要起高,注意顺承。

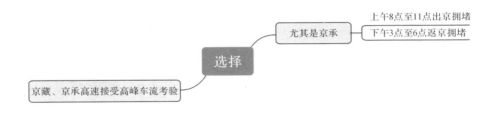

练习

● 12月17号中午,资阳安岳县龙台镇中心小学二年级一班的教室门口,突然来了一群特殊的"学生"。他们是这个班的孩子家长。因为有部分孩子上课讲话,老师才请来家长陪读。◎(央视网 2013 年 12 月 21 日《学生上课说话 老师"罚"全班家长"陪课"》)

扫码听
参考录音 1-3-17

提示:因果句群

● 昨天是第二个中国文艺志愿者服务日,全国各地广泛开展"到人民中去"文艺志愿服务 2000 多场。中国影协艺术家到甘肃省甘南藏族自治州采风创作,中国美协到新中国文艺的诞生地延安寻根支教,参与的文艺志愿者近 7 万人。◎(人民网 2015 年 5 月 24 日《各地开展"到人民中去"文艺志愿服务主题活动 2000 多场次》)

扫码听
参考录音 1-3-18

提示:总分句群

● 长沙交警特勤大队民警在桐梓坡路西二环桥下开展例行酒驾整治时,一辆黑色小型越野车驾驶人拒不熄火,并紧闭车门、车窗,拒绝出示相关证件和下车配合接受酒精测试,而后驾车撞开 10 辆车后冲关逃逸,造成 3 人受

扫码听
参考录音 1-3-19

伤。◎（央广网 2016 年 9 月 13 日《现实版侠盗飞车 撞民警撞 10 辆车逃逸》）

提示：连贯句群

● 为提高青年学生防范通信网络诈骗的警惕性，帮助他们掌握更多的防骗知识和技巧，重庆南岸区公安分局民警们进校园开设"平安课堂"，为大一新生们举办了一场别开生面的课堂互动活动，测试大家的防骗指数。◎（央视网 2018 年 4 月 20 日《新闻直播间：重庆"平安课堂"校园直通车 四大警种进校园当"老师"》）

扫码听
参考录音 1-3-20

提示：目的句群

● 为切实做好旅游接待各项工作，杭州市各部门和区县制定了"十一黄金周"旅游接待工作方案，加强了隐患排查，制定了应急预案，储备了景区运力，迎接黄金周的到来。◎（杭州网 2019 年 9 月 21 日《杭州市召开"十一"黄金周旅游工作专题会议》）

扫码听
参考录音 1-3-21

提示：目的句群、解证句群

● 为了防止未成年人进入网吧，对上网服务营业场所和网游市场进行有效管理，江西省文化厅启动了网吧监管系统的技术升级改造工作，将采用人脸识别技术，来规范屡禁不止的未成年人到网吧上网问题。◎（澎湃新闻 2016 年 11 月 9 日《人脸识别助力网吧监管 防止未成年人进入网吧》）

扫码听
参考录音 1-3-22

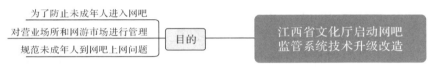

为了防止未成年人进入网吧
对营业场所和网游市场进行管理 —— 目的 —— 江西省文化厅启动网吧监管系统技术升级改造
规范未成年人到网吧上网问题

提示：目的句群

● 从 2013 年开始，暑期档都维持每年超过 30％的增速，成为全年最受瞩目的档期之一。然而，在去年暑期档火山喷发式的增长之后，今年暑期档票房突然迎来了"冰河时期"。◎（中华网 2016 年 9 月 6 日《暑期档生病了！五年来总票房首次下滑》）

扫码听
参考录音 1-3-23

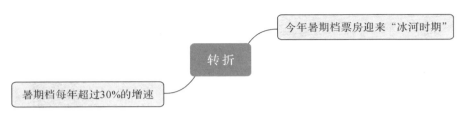

今年暑期档票房迎来"冰河时期"
转折
暑期档每年超过30%的增速

提示：转折句群

● 近年来，一些老师的权威性受到挑战，学生殴打教师、家长辱骂教师屡见报端，甚至出现了"教师是高危职业"的论调。《新华每日电讯》指出，尊师重教优秀传统不能丢，只有尊师重教蔚然成风，教师队伍恪守学为人师、行为世范的准则，才能推动教育发展，助力民族振兴、国家繁荣。◎（央广网 2016 年 9 月 10 日《新闻和报纸摘要》）

扫码听
参考录音 1-3-24

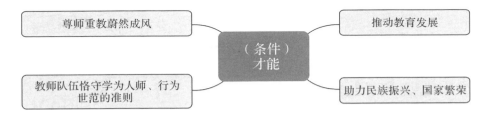

尊师重教蔚然成风 —— （条件）才能 —— 推动教育发展
教师队伍恪守学为人师、行为世范的准则 —— 助力民族振兴、国家繁荣

提示：条件句群

● 日前，中央纪委监察部网站公布数据显示，截至 8 月 29 号，中央纪委监察部网站今年共通报 325 起扶贫领域突出问题。在通报的 325 起案例中，约有 218 起案例是"村官"涉腐，占比 67％。"村官"成为主要的违纪群体。进

一步来说,群众身边的腐败,带给这些群众的恶劣影响,远远大过新闻里播放的那些腐败大案要案。特别是扶贫领域的腐败,直接影响贫困群众的生产生活,它对党和政府形象的破坏力也是巨大的。◎(央视网 2016 年 9 月 19 日《中纪委披露 325 起扶贫领域违纪案 村官是主要群体》)

扫码听
参考录音 1-3-25

提示:选择句群

● 记者从贵州省民政厅获悉,贵州省首批冬春救助款物已发放到位,惠及受灾困难群众 35.51 万户、102.99 万人,有效保障受灾群众安全过冬、温暖过年。

扫码听
参考录音 1-3-26

2017 年,贵州省先后遭受风雹、暴雨洪涝、山体崩塌等自然灾害,局地受灾严重,给灾区群众生产生活造成较大影响,冬春救助工作繁重、任务艰巨。全省各级民政部门高度重视受灾群众冬春生活安排,严格执行和落实冬春救助政策,扎实做好救助需求调查、对象确定、方案制定、资金筹集、款物发放等冬春救助各环节工作,尤其重视解决春节前后受灾群众的困难。◎(央广网 2018 年 1 月 19 日《贵州省首批冬春救助款物发放到位 惠及 102 万余人》)

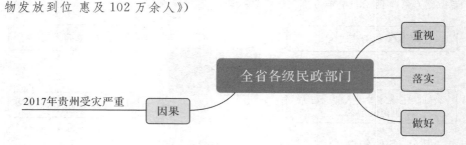

提示:因果句群

● 据美联社报道,泰国副总理阿努廷9号在接机现场称,中国游客无须出示新冠疫苗接种证明。他表示,中国游客赴泰旅游"是一个好兆头,这将增加收入,推动经济增长,扩大就业,并带来其他机会"。

扫码听
参考录音 1-3-27

然而,也有少数国家罔顾科学事实和本国疫情实际,执意针对中国采取歧视性入境限制措施。就在几天前,日本首相岸田文雄表示,1月8号开始对来自中国的旅客采取新的防疫措施,入境需要持阴性证明并进行核酸检测。

对此,中国外交部发言人汪文斌表示:中方坚决反对并采取对等措施。我们再次呼吁相关国家从事实出发,科学适度制定防疫措施,不应借机搞政治操弄,不应有歧视性做法,不应影响国家间正常的人员交往和交流合作。◎(中国新闻网 2023 年 1 月 12 日《针对中国的旅行限制是一场闹剧》)

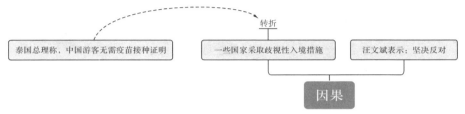

提示:转折句群;因果句群

● 国家发改委、民航局近日印发《推进京津冀民航协同发展实施意见》明确,到 2020 年,北京"双枢纽"机场与天津机场、石家庄机场实现与轨道交通有效衔接;到 2030 年,京津冀形成分工合作、优势互补、空铁联运、协同发展的世界级机场群。《意见》同时提出,京津冀将实施 144 小时过境免签,石家庄至雄安、邯郸等地也将有序实施城际铁路工程。◎(澎湃新闻 2017 年 12 月 7 日《国家着力打造京津冀世界级机场群 四大机场与轨交有效衔接》)

扫码听
参考录音 1-3-28

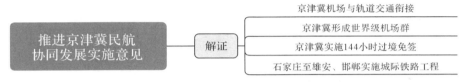

提示:解证句群

● 意甲联赛第六轮今天凌晨结束了最后一场比赛,罗马在客场 2：1 击败了恩波利,迪巴拉传射建功,罗马队结束两连败。

扫码听
参考录音 1-3-29

第 17 分钟,罗马队传中被挡,禁区弧顶的迪巴拉起脚远射破门。上半场结束前恩波利队传中,萨特里亚诺前点冒顶,后点的班迪内利将球顶向远角,恩波利扳平比分。关键时刻又是迪巴拉站了出来,第 71 分钟迪巴拉右路拿球之后调整到左脚传中,后点的亚伯拉罕推射破门,罗马队 2：1 再次领先。之后的比赛,罗马中卫伊巴涅斯上演了抢断、过人、造点一条龙,不过佩莱格里尼踢丢了点球。最终罗马 2：1 取胜,距离意甲榜首只差一个积分。◎(央视网 2022 年 9 月 13 日《体育新闻:"远射王"迪巴拉助罗马取胜》)

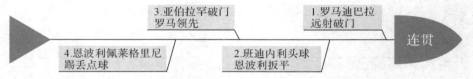

提示:连贯句群

● 12 月 25 号,全国商务工作会议在京召开。会议总结 2017 年及过去 5 年工作,明确新时代商务工作的新要求新目标,部署 2018 年及今后一个时期的工作。商务部党组书记、部长钟山表示,过去 5 年,国内消费、对外贸易、双向投资稳居世界前列,开放型经济新体制逐步健全,商务发展取得重大成就。新时代商务改革发展的奋斗目标是,努力提前建成经贸强国。具体步骤是:2020 年前,进一步巩固经贸大国地位;2035 年前,基本建成经贸强国;2050 年前,全面建成经贸强国。◎(央视网 2017 年 12 月 25 日《2017 年全国商务工作会议在京召开》)

扫码听
参考录音 1-3-30

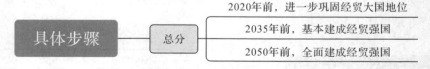

提示:总分句群

● 6 月 3 号,国家市场监督管理总局发布了 5 起召回公告,涉及的汽车品牌有丰田、雷克萨斯、日产、启辰、大众、特斯拉等 8 个品牌,共计 313905 辆乘用车将被召回。而这其中,丰田系的召回规模最大,共召回 227984 辆乘用车,占当天召回总量的 72.63%,有 191936 辆卡罗拉、25143 辆汉兰达和 10905 辆雷克萨斯 RX300。◎(中国经济网 2021 年 6 月 3 日《召回快讯:涉及 8 品牌超 31 万辆乘用车被召回》)

扫码听
参考录音 1-3-31

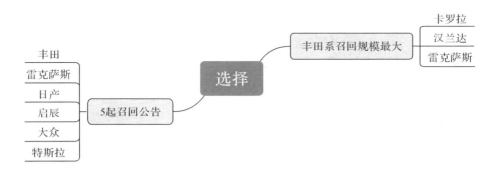

提示:选择句群

● 15 号至 17 号,环境保护部对京津冀及周边地区 "2+26"城市冬季供暖保障工作组织开展专项督查。专项 督查内容包括三个方面:一是居民供暖是否正常,采用何 种供暖方式,并与往年取暖情况进行比较;二是采暖用气 的气源是否稳定、气量是否充足、气价优惠政策是否落实,

扫码听
参考录音 1-3-32

采暖用电的电价优惠政策是否落实,采暖用的煤炭是否有保障;三是"2+26" 城市气代煤、电代煤工作进展情况,包括列入和未列入攻坚方案范围的"双替 代"任务完成情况。◎(中国新闻网 2017 年 12 月 19 日《冬天放心取暖! 官方 接连出大招,还派出督查组》)

提示:总分句群

● CBA 常规赛第 25 轮继续进行,上海久事凭借第二节取得的优势击败 苏州肯帝亚,迎来三连胜。这是第一节后半段,身穿蓝色球衣的上海队被断 球,江苏外援布莱克尼帮助球队取得了 9 分的领先,此时比赛打了 6 分多钟, 上海只得了 4 分。第二节还剩 7 分钟时,江苏依然领先 9 分,然而剩下的时间

里,上海的进攻开始恢复常态,用一波28:9扭转了局面。半场结束时,上海已经反超了10分。下半场,江苏一度将比分扳成78平。不过随后布莱德索接管了比赛,贡献了全场最高的27分,王哲林有15分15个篮板进账。最终上海90:84击败江苏,迎来三连胜。◎(央视网 2023 年 1 月 12 日《体坛快讯:单节净胜 15 分 上海男篮击败江苏男篮》)

扫码听
参考录音 1-3-33

提示:连贯句群

● 根据资料显示,在 2022 年前 10 个月,全球主要经济体的外汇储备金额就已经出现了大幅度的下降情况,其中瑞士的外汇储备下降最多,总共下降了 2266 亿美元。紧随其后的就是中国,共下降了 2115 亿美元。不仅如此,据统计,中国在 2021 年 12 月到 2022 年 10 月期间,还总共抛售出了 1591 亿美元的美债,进一步摆脱美国想要利用美元刺激经济复苏的计划,并且从全球局势上面来看,2023 年抛售美债的情况很有可能进一步加强。◎(网易 2023 年 1 月 11 日《俄媒称中国外汇储备大幅下降》)

扫码听
参考录音 1-3-34

提示:递进句群

● 随着疫情防控政策的调整,今年春节将重现春运潮,据交通运输部初步预测,2023 年全国春运客运量较 2021 年 8.7 亿人次有较大幅度增长,甚至将超过 2020 年的 14.8 亿人次。其中有不少消费者会选择乘坐飞机、高铁、长途汽车等交通方式回家过年,还有消费者计划利用春节假期旅游出行。对此,消费者应在购票前充分了解航班、车次在不同时间段退改签规则和要

扫码听
参考录音 1-3-35

求,合理安排,避免影响行程或产生纠纷。◎(央视网 2023 年 1 月 13 日《中消协发布春节消费提示:理性消费,注重安全》)

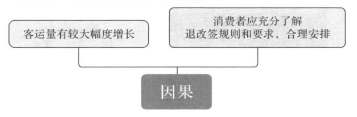

提示:因果句群

● 据《环球时报》报道,加拿大公民聚集在当地街头抗议,呼吁加拿大政府必须实现真正的"独立"。不要卷入美国和北约参加和俄罗斯的纷争,也不要支持以乌克兰为"代理人"的战争。加拿大政府要做到这一点,就必须脱离美国和北约。不仅如此,加拿大抗议者还要求该国政府立即撕毁与美国的军事合同,不购买美国制造的 F-35 战斗机。◎(网易 2023 年 1 月 11 日《加拿大居民举行抗议活动,要求加拿大退出北约》)

扫码听
参考录音 1-3-36

递进

立即撕毁与美国的军事合同

加拿大必须脱离美国和北约

提示:递进句群

● 昨天,第 132 届中国进出口商品交易会开幕。本届广交会以"联通国内国际双循环"为主题,展览内容包括线上展示平台、供采对接服务、跨境电商专区三部分,设立展商展品、虚拟展馆、展商连线展示等栏目,出口展参展企业 34744 家,进口展参展企业 416 家,来自 34 个国家和地区,上传展品超过 306 万件,创历史新高。此外,本届广交会继续设立"乡村振兴"专区,为脱贫地区企业设置专属标签,提供系列培训指导,助力企业开拓国内外市场,加快企业数字化转型。◎(《新京报》2022 年 10 月 15 日《第 132 届广交会今日开幕》)

扫码听
参考录音 1-3-37

提示：并列句群

● 近期，受到疫情影响，浙江宁波各大医院的急诊量大幅增加。宁波市第一医院通过急救关口前移，合理调配医疗资源，提升重症患者救治能力。

扫码听
参考录音 1-3-38

上午9点40分，宁波市第一医院方桥院区的急救中心收到了一条派车信息，一名核酸阳性、高烧两天的患者出现了心梗症状。急救中心第一时间派遣救护车前去救治。接上患者后，随车医护人员开始对患者进行常规急救措施。同时，急诊室的急救平台上也同步收到了相关数据。20分钟后，救护车到达医院急诊区，经过简单交接，病人迅速进入医院接受后续治疗。◎（央视网 2023 年 1 月 23 日《朝闻天下：急救关口前移 提升重症救治能力》）

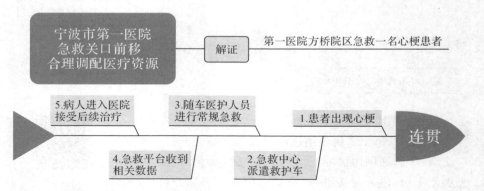

提示：解证句群，连贯句群

● 昨天是"国际档案日"，北京市档案馆新馆正式开馆，并推出《档案见证北京》等一系列展览。这座位于朝阳区南磨房路 31 号的中式建筑，包含 6 个展厅、2 个具有 8 种语言同声传译功能的学术报告厅、1300 平方米的档案利用区和 6 万平方米的库房，汇集收集保管、查阅利用、展览陈列、史料研究、服务公众等诸多功能于一身，是方圆两公里内最大的文化设

扫码听
参考录音 1-3-39

施。《档案见证北京》《新中国的记忆——市管企业档案联展》《古都新生 人民胜利——纪念北平和平解放70周年》《北京市档案馆发展历程展》等展览昨天一同亮相新馆。◎(央广网2019年6月10日《北京市档案馆新馆开馆 藏品见证北京变迁》)

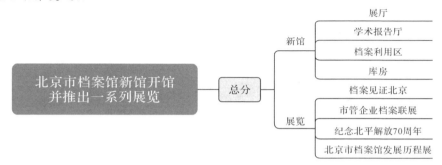

提示:总分句群

● 《经济日报》报道:住房和城乡建设部日前在福建省厦门市召开老旧小区改造试点工作座谈会,部署在广州、厦门、长沙、宜昌等15个城市开展老旧小区改造试点,以探索城市老旧小区改造新模式,为推进全国老旧小区改造,提供可复制、可推广的经验。

扫码听
参考录音1-3-40

试点工作着重探索四个方面的体制机制:一是探索政府统筹组织、社区具体实施、居民全程参与的工作机制;二是探索居民、市场、政府多方共同筹措资金机制;三是探索因地制宜的项目建设管理机制;四是探索健全一次改造、长期保持的管理机制。◎(央广网2017年12月3日《我国将在15城市试点老旧小区改造》)

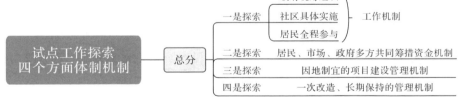

提示:总分句群

● 新华社消息:埃及内政部和军方28号发表声明说,埃及军警当天在北西奈省和伊斯梅利亚省打死14名恐怖嫌疑人,并逮捕14人。埃及警方在伊斯梅利亚省搜查一个疑似用于训练恐怖分子的农场,并与农场内的武装分子交火,在交火中打死 11 人,并逮捕 9 名恐怖嫌疑人。埃及军队当天在北西奈省南部地区的军事行动中打死 3 名恐怖嫌疑人并逮捕 5 人,查获一辆满载爆炸物的卡车。两份声明均未说明这些恐怖嫌疑人是否与 24 号的清真寺恐怖袭击有关。◎(央广网 2017 年 11 月 29 日《埃及军警打死 14 名恐怖嫌疑人》)

扫码听
参考录音 1-3-41

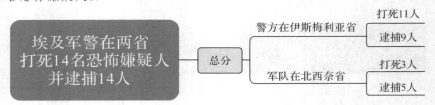

提示:总分句群

● 据日本放送协会(NHK)报道,14 号,日本 2020 年年度汉字出炉,"密"字被选为能够反映日本 2020 年世态民情的年度汉字。对于选择"密"作为 2020 年年度汉字的理由,活动主办方"日本汉字能力检定协会"表示,首先,由于新冠疫情蔓延,"3 密"一词广泛流行,即避免密闭、密集、密切接触;其次,即使是因疫情分离,网络依然能让人们在线上"密切接触";此外,2020 年,日本政界和娱乐圈曝出了很多"秘密",也是选取"密"的理由之一。◎(央视网 2020 年 12 月 15 日《新闻直播间:"密"字当选日本 2020 年度汉字》)

扫码听
参考录音 1-3-42

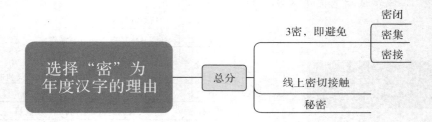

提示:总分句群

● 9 号,2022 年四川省离校未就业高校毕业生就业服务季活动启动仪式在成都举行。四川省就业服务管理局局长王祎在会上强调,要进一步落实好"稳就业十五条""促进高校毕业生等青年就业十三条"等扶持政策,用好大数据、信息化等手段,由"人找政策"变为"政策找人";对登记的未就业毕业生和失业青年逐人对接,及时提供"131"服务;开发更多管理、技术、科研类见习岗位,更大规模开展职业培训,支持青年更好胜任岗位要求。同时,对脱贫家庭、低保家庭、零就业家庭、残疾等困难毕业生加大倾斜支持力度,制定"一人一策"帮扶计划;注重总结好的经验做法、工作成效和典型案例,把决策部署宣传到位,政策服务解读到位,关注热点引导到位。◎(央广网 2022 年 10 月 10 日《四川启动离校未就业高校毕业生就业服务季活动》)

扫码听
参考录音 1-3-43

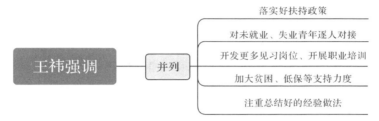

提示:并列句群

● 弗朗西斯·福山曾说:秩序良好的社会离不开三块基石:强大的国家、有效的法治和民主问责制。按照这一分析框架,西方的长处在于具有较好的法治和问责体系,但政府不够强大。而中国的优势正在于具有能力强、自主性高的国家,同时不断健全社会主义民主和法治。唯有如此,中国才能在国家制度竞争中胜出,从而显示出强大的制度软实力和制度竞争力。◎(节选自《北京日报》2020 年 1 月 20 日锐评《唯有"如此",中国才能在国家制度竞争中胜出》)

扫码听
参考录音 1-3-44

提示:条件句群

思考题

1. 什么是语言语境？
2. 新闻语篇中有哪些常见的句群？
3. 新闻句群的播报方法有哪些？
4. 播报新闻句群时，为什么要贯彻"以小服大"的原则？

第四节　语篇：宏观把握与整体配合

一、认识语篇

刘勰说过："积句而成章，积章而成篇。"语篇也叫篇章，是指一段有意义、传达一个完整信息、前后衔接、语义连贯、具有一定交际目的和功能的语言单位或交际事件。

我们可将语篇理解为：是大于句子的统一结构组织，能够表示完整的语义，各部分之间有一定的连贯性。如果说小句的语言流动是小波浪，那么句群和段落就是大波浪，语篇层面则是浪潮。语篇的特征如下图所示。

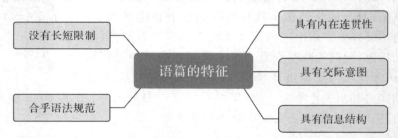

新闻语篇是由语句或大于语句的语段对新近发生的事实的再现性传播。新闻记者用语句组成了有意义的话语，并呈现为新闻文本，主播需要运用一定的语篇分析知识将新闻进行结构梳理与宏观把握，让新闻播报具有整体感、篇章感，达到线索清晰、结构分明，使受众能够迅速理解新闻意图，以达到新闻传播的目的。

二、新闻语篇的要素

新闻语篇的要素有：新闻事件、新闻背景、新闻评析。

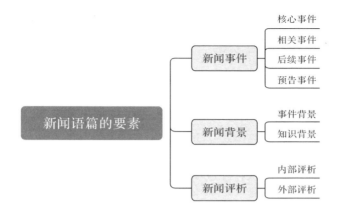

这些要素存在于新闻的结构——导语、主体、背景、结尾之中。

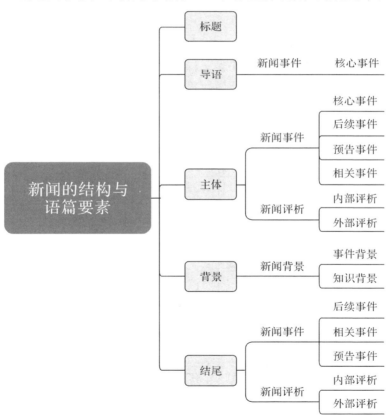

标题是用突出、简洁、醒目的语言概括出的主要内容。广播电视新闻主播一般不用读标题,但在文字稿件上如果有标题,可帮助主播更加准确地找准新闻核心事件。

导语是新闻的开头部分,是新闻中最重要、最新鲜、最精彩的内容,具有引发关注、激发兴趣的作用。

主体是新闻的主干,是对导语的展开,是对新闻事实完整、详尽地叙述、分析、评论。

背景又称"新闻背后的新闻",是指新闻中对新闻事实进行解释的内容,包括新闻事件的发生、发展、存在或变化以及相关知识等。背景不一定出现在每一篇新闻当中。

结尾是新闻的从属部分,是对新闻事件的总结、概括、说明、补充、评论,一般是新闻的最后一段或最后一句话。但不是所有的新闻稿件都有结尾。

(一)新闻事件

新闻事件是指新闻中报道的一件事,包括时间、地点、人物和事实等。新闻事件是新闻语篇中最重要的元素。新闻事件又包括核心事件、后续事件、预告事件、相关事件,而核心事件是新闻报道的重中之重,其他事件都是为核心

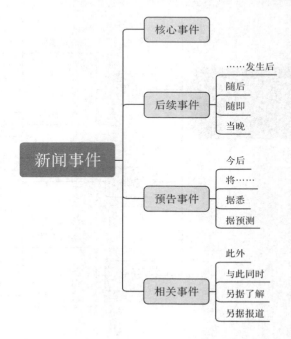

事件服务的。

核心事件是消息中主要报道的事件,位于中心地位,它的位置一般分布在导语和主体之中。

后续事件是指发生在核心事件之后并且与核心事件为同一主体的事件。如核心事件所造成的后果、影响、反应等,其标志性话语一般有"……发生后""随后""随即""当晚"等。

预告事件是指在核心事件发生之前对其进行预告的事件(核心事件预告),或者按照某种计划一定要发生在核心事件之后的事件(后续事件预告),其标志性话语一般有"今后""将""据悉""据预测"等。

相关事件是指与核心事件基本同时发生并且不是同一主体的关联事件,其标志性话语一般有"此外""与此同时""也""还""另据了解""另据报道"等。

扫码听
参考录音 1-4-1

希腊首都北部发生山火 附近数千居民撤离

(新华网 2021 年 8 月 4 日)

核心事件	● 希腊首都雅典北部山林地区 3 号下午发生山火,附近数千居民撤离。火灾已造成至少 6 人因呼吸问题入院治疗,另有一名消防员受伤,部分房屋损毁。 希腊公民保护部副部长尼科斯·哈达利亚斯 3 号晚在新闻发布会上说,该国过去 24 小时共出现 81 起山林火情,仍有 40 起未被扑灭,而雅典北部火情是"最大和最危险的"。受极端高温天气及强风、湿度低的影响,火势更加难以控制。 哈达利亚斯表示,政府已派出 520 名消防员、150 辆消防车、14 架消防飞机和直升机前往灭火,参与灭火的还有军人、警察、志愿者和市政员工等。政府将为撤离居民提供酒店住宿。
后续事件	火灾发生后,政府已要求周边数座城镇居民撤离,并向部分地区发出警报,要求居民关闭门窗,避免烟雾进入室内。
相关事件	火灾还造成附近高速公路关闭,雅典至北部第二大城市塞萨洛尼基的火车停运,雅典北部部分地区停电。
预告事件	希腊国家气象局日前发布高温预警,提示希腊近期将遭遇极端高温天气,预计高温天气将持续至少一周。据报道,希腊各地 3 号气温普遍达到 40 摄氏度以上,雅典部分地区最高气温达到 45 摄氏度。
新闻背景	希腊夏季多发山林火灾。2018 年 7 月雅典附近曾发生森林火灾,导致 102 人死亡。◎

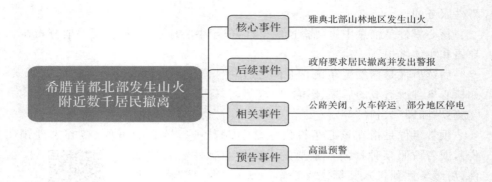

（二）新闻背景

新闻背景是消息中出现的解释性句段，对核心事件进行相关说明，目的是让受众更好地理解核心事件。背景是核心事件发生之前的情况，因此"较早前的时间线索"是其特征之一。新闻背景分为事件背景和知识背景，事件背景是核心事件之前发生的事件，从本质上看也是叙述一件事情。知识背景是对过去有关事物所作的分析，积淀下来而形成的各领域的知识。

扫码听
参考录音 1-4-2

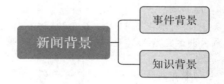

蝗灾持续 索马里宣布进入紧急状态
（央视网 2021 年 2 月 5 日《第一时间》）

核心事件	● 非洲东部国家索马里的国家电视台当地时间 4 号发布消息说，由于蝗灾持续肆虐，索马里农业部长宣布该国进入紧急状态。在索马里全国尤其是南部地区，蝗灾引发了前所未有的人道主义危机。联合国粮农组织此前发出警告称，由于出现 3800 万美元的资金缺口，他们在索马里和肯尼亚的灭蝗飞机机队可能会于近期停飞。
事件背景	据了解，受气候变化等因素影响，东非的沙漠蝗虫自去年初以来大量繁殖，导致全球多地蝗灾持续肆虐。◎

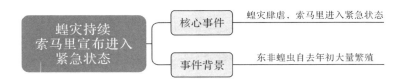

扫码听
参考录音 1-4-3

全国首例非法销售"笑气"案宣判

（央视网 2018 年 4 月 5 日《新闻直播间》）

核心事件	● 昨天上午,全国首例非法经营"笑气"刑事案件在浙江省云和县人民法院公开开庭。被告人殷某某犯非法经营罪被判处有期徒刑两年并处罚金 5 万元。 2017 年,殷某某通过微信朋友圈销售"笑气"12000 余盒,销售额人民币 30 余万元,获利 3 万余元。
知识背景	笑气是危险化学品一氧化二氮的俗称,吸入后能让人产生幻觉和快感,最早作为麻醉剂使用。过量吸食会引发人体精神疾病甚至造成死亡。◎

（三）新闻评析

在一些新闻语篇中,通常会有评析成分。评析是对新闻事件的分析或评价,在社会功能上有引导受众的作用。其标志性话语一般有:"××（相关人士）说""……表示""据……介绍""分析认为""……称"等。评析的位置在事件的后部或新闻语篇结尾部分。从主体维度来看,新闻评析分为内部评析和外部评析。内部评析的评析主体是与事件有关的内部人员,包括事件主体的内部人员、事件主体的上级管理部门等。外部评析的主体为与事件无关的外部人员,包括有关专家、记者及第三方媒体等。

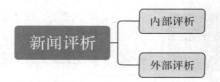

扫码听
参考录音 1-4-4

考研热度不减 青海少数民族考生持续增多

（中国新闻网 2019 年 10 月 13 日）

核心事件	● 日前,教育部公布 2020 年少数民族高层次骨干人才招生计划,安排博士研究生招生计划 1000 人、硕士研究生招生计划 4000 人。截至 11 号 22 点,青海省少数民族高层次骨干人才招生已在 10 月 8 号开始报考,截至 11 号晚,已有 124 人报名并进入第一批公示阶段。
内部评析	青海省教育招生考试院普通高校考试招生处干部龚国龙告诉记者,近年来,国家开展少数民族高层次骨干人才招生,青海每年都有 100 多名少数民族考生报考,每年人数都在不断攀升。今年全国高校对青海有 198 名少数民族高层次骨干人才招生计划,预计报考人数会比计划数高出很多。◎

国考西藏阿里地区邮政管理局一职位
招录 1 人近 5000 人报名（大河网 2021 年 10 月 20 日）

扫码听
参考录音 1-4-5

核心事件	● 2022 年国家公务员考试报名已经进入第四天，各热门岗位的竞争到了白热化的阶段。在众多热门的岗位中，有一个却出乎人们的预料，即"西藏自治区邮政管理局阿里地区邮政管理局一级主任科员及以下职位"招录 1 人，报名人数达 4912 人，成为目前报名人数最多、竞争最激烈的职位。
外部评析	据分析，这个职位之所以受到众多考生青睐，与其报考要求相对宽松有很大关系。该职位主要负责邮政行业监督管理，学历要求本科及以上，专业不限，政治面貌、基层工作最低年限、服务基层项目工作经历均为"不限"，符合条件的考生很多，因此成为目前最热门的职位。◎

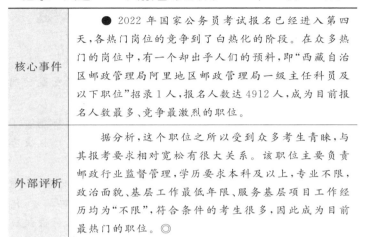

三、语篇要素之间的关系

事物之间相互作用、相互影响进而实现了一定的关系。语篇要素之间也存在关系，我们认识语篇、掌握语篇，主要的实现方式就是识别关系。将语篇要素之间的关系认清了、理顺了，就能抓住重点、突出目的、分清主次、掌握分寸。

（一）事件与背景：补充关系或解释关系

补充关系：核心事件在叙述时，信息量不够，便增加背景来对核心事件进行解释说明，将信息补充完整。

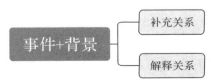

国内首个针对熬夜人群的食物
在宁大医学院研发成功
（浙江在线 2017 年 11 月 12 日）

扫码听
参考录音 1-4-6

●【事件】宁波大学医学院生命健康研究中心近日宣布，以资深中医药材专家郑新荣领衔的科研团队，经多年努力，已研发成功国内首个以针对熬夜人群为主的纯天然大众型食用产品。

【背景】随着社会经济的快速发展，熬夜已成为一种生活常态，严重损害了人们的健康。如今多发的糖尿病、肝病、精神疾病等诸多病症，就是与熬夜有着密切的关联因素。

为此，宁波大学医学院协同多家研究机构，以产学研一体化研发模式，通过现代医学科研与传统中医理论相结合，发掘整理了数以百计的经典汉方，借鉴引入国际现代理念与前沿技术，依据传统中医"药食同源"的学说，筛选组合枸杞、橘皮、茶叶等多种天然植物原料，开发提炼成为具有抗熬夜功效的大众化时尚食品。◎

上面这篇新闻中核心事件是"宁波大学医学院研发成功抗熬夜的天然大众食品"。背景部分并不是先介绍食品而是对熬夜的原因及危害进行了补充说明，让受众对所接受的信息有一个全面完整的了解。

解释关系：当事件叙述中出现专业性、非常识性的内容时就要在背景中进行解释，这样，事件与背景就有了解释关系。

哈尔滨兽医研究所自主研发
非洲猪瘟疫苗取得阶段性成果
（央视网 2019 年 5 月 24 日《新闻直播间》）

扫码听
参考录音 1-4-7

●【事件】由中国农业科学院哈尔滨兽医研究所自主研发的非洲猪瘟疫苗取得了阶段性成果：成功创制非洲猪瘟候选疫苗。实验室研究结果表明，疫苗具有良好的生物安全性和免疫保护效果。

【背景】非洲猪瘟是由非洲猪瘟病毒感染家猪和各种野猪引起的一种急性、出血性、烈性传染病，被称作养猪业的"头号杀手"，目前尚无疫苗和有效防治药物。

截至目前，中国农科院完成了非洲猪瘟病毒全基因组测定，克隆和表达了相关基因，构建了模式动物和猪源天然免疫和炎症应答信号通路，筛选出多个

天然免疫抑制性病毒基因,完成部分基因免疫抑制机制研究。◎

上面这篇新闻核心事件中涉及"非洲猪瘟",一般受众可能不太了解。背景部分就对"非洲猪瘟"进行了解释。

(二)事件与评析:说明关系

新闻语篇中的评析是对新闻事件作出的评价或分析,是针对事件的结果或预期结果进行说明。评析的作用在于,通过对事件的价值、意义和影响进行说明,从而对受众进行引导或提出警示。

核心事件+相关事件 ——— 并列关系

2018 年全国科技工作会议在北京召开
(中国政府网 2018 年 1 月 9 日)

扫码听
参考录音 1-4-8

●【事件】日前,2018 年全国科技工作会议在北京召开。科技部部长万钢作了题为《高举习近平新时代中国特色社会主义思想伟大旗帜 为加快建设创新型国家努力奋斗》的报告。会议深入学习贯彻习近平新时代中国特色社会主义思想和党的十九大精神,深入实施创新驱动发展战略,分析当前创新发展新形势,明确科技创新工作新要求,研究部署 2018 年科技改革发展任务。

【评析】万钢在会上表示,5 年来,我国科技创新持续发力,科技实力大幅增强,已成为具有全球影响力的科技大国。◎

近年来,中国的科技进步举世瞩目,新闻的第二段是万钢对中国的科技发展进行评价、说明,间接地对受众进行引导,因此评析的功能一目了然。

(三)事件与事件

1.核心事件+预告事件:因果关系

在新闻中,对核心事件的发展或结果的预测,就是预告事件,核心事件与预告事件因此呈现出一种因果关系。

核心事件+预告事件 ——— 因果关系

大型儿童舞台剧《国家的孩子》精彩上演
（内蒙古日报 2023 年 9 月 13 日）

扫码听
参考录音 1-4-9

●【核心事件】近日,大型儿童舞台剧《国家的孩子》在乌兰察布市精彩上演,演员们真情演绎了"三千孤儿入内蒙"的民族团结佳话。

该剧通过《新名字》《风雪夜》等 13 个篇章,精彩呈现人民楷模都贵玛在上世纪 60 年代养育 28 个上海孤儿的感人故事,刻画了内蒙古人民像草原一样宽广的胸怀和国家大义,也把上海孤儿对草原母亲的依赖和感激报恩之情表现得淋漓尽致。

【预告事件】据了解,这部儿童舞台剧计划在内蒙古演出 20 场,让更多孩子了解这个故事,感受民族大爱。◎

核心事件中提到《国家的孩子》内容精彩、故事感人,既刻画了宽广胸怀和国家大义,又表现了感激报恩之情。因此,舞台剧计划演出 20 场。这样,预告事件与核心事件形成了因果关系。

> **核心事件+相关事件** ——— 并列关系

2. 核心事件＋相关事件:并列关系

俄罗斯国防部长绍伊古与伊朗总参谋长通电话
（网易 2020 年 1 月 7 日）

扫码听
参考录音 1-4-10

●【核心事件】俄罗斯联邦国防部长谢尔盖·绍伊古与伊朗武装部队总参谋长穆罕默德·巴格里将军之间进行了电话通话。两位军事领导人在谈话中就伊朗革命卫队"圣城旅"指挥官卡西姆·苏莱曼尼少将在巴格达国际机场附近遭暗杀事件和防止阿拉伯叙利亚共和国和中东地区局势升级的实际措施进行了讨论。

【相关事件】此外,谢尔盖·绍伊古与土耳其共和国国家情报组织负责人哈坎·费丹也进行了电话交谈。对话过程中,除了中东局势外,他们还讨论了北非局势,以及为减轻紧张局势和解决该地区危机局势而可能采取的联合行动。◎

绍伊古与伊朗、土耳其军方领导人通电话都发生在"苏莱曼尼遭暗杀"之后,两次通话有一定相关性,属于并列关系。

3.核心事件＋后续事件:连贯(承继)关系

澳大利亚西澳大利亚州遭遇严重洪灾
(央视网 2023 年 1 月 8 日《新闻直播间》)

扫码听
参考录音 1-4-11

●【核心事件】近日,澳大利亚西澳大利亚州遭遇有史以来最严重的洪灾。澳总理阿尔巴尼斯 7 号发表讲话,称洪水带来了毁灭性影响。位于西澳大利亚州北部的金伯利地区,此次受灾面积巨大,几乎是整个英国的三倍,该地区的费茨罗伊克罗辛小镇也是受洪灾影响最严重的几个地区之一。

【后续事件】7 号下午,西澳大利亚州政府表示,澳大利亚国防军已经出动了飞机,对受洪灾影响的社区进行救助。由于天气好转,飞机也能在费茨罗伊克罗辛小镇降落,从而运送了数千公斤的食物和医疗用品。◎

核心事件为西澳大利亚州遭遇洪灾。之后,澳国防军出动飞机救助。两个事件从时间顺序上看有承继关系。

四、新闻语篇各要素的配合

新闻的语篇结构是将新闻中事件、背景、评析各要素进行排列和组合的框架,主要有:时间顺序结构、逻辑顺序结构、倒金字塔结构、金字塔结构、悬念式。无论新闻采用倒金字塔还是金字塔结构方式进行写作,新闻主播都要对各要素进行细致分析,明确各要素的性质,协调各要素之间的关系。具体方法是:事件——找主干、抓重点;背景——下台阶、提速度;评析——变语气、表态度。当然,还要利用停连、语气、节奏等技巧分清层次。

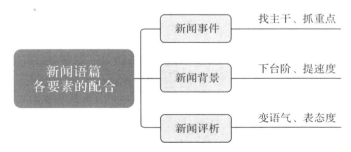

(一)事件:抓主干、找重点

导语中的核心事件与解释事件详情的主体部分形成新闻的主干,这部分是新闻中最重要的部分。我们在播报之前要将主干部分找准确,播报中主干部分的语速相对慢,语流起伏较大,音区相对较高,让重点更加突出。而非主干部分可以略微加速,语流起伏较小,以此与核心事件形成对比,突出主干。

扫码听
参考录音 1-4-12

我国首批援助非洲之角粮食今天启运(央视网 2011 年 9 月 2 日《新闻联播》)

核心事件	● 针对非洲之角因旱情出现的粮荒,我国政府日前决定向埃塞俄比亚、肯尼亚、吉布提、索马里四国提供总额近 7000 万美元的紧急粮食援助,今天首批援助粮食从天津港启运。
事件详情	根据和受援国协商,此次援助的粮食主要有小麦、大米、面粉、食用油四个品种。今天启运的第一批粮食全部是小麦,总计 1440 吨,预计本月底运抵埃塞俄比亚。9 月 3 号第二批援助粮食将从上海启运,随后其他各批援助粮食也将陆续启运。
相关事件	此外,我国援助给索马里的 1600 万美元粮食现汇,也已经在上周汇到联合国世界粮食计划署指定账户。
预告事件	商务部表示,今后还将根据非洲之角的灾情情况,确定下一步的援助计划。◎

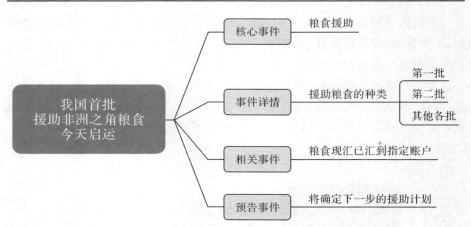

新闻语篇中,主干有什么特点呢?

1. 排序靠前。新闻写作中,往往将重要的内容放在前面说,即我们常说的"倒金字塔"结构。导语事件与事件详情往往放在新闻比较靠前的部分,或第

一、第二自然段。上面的新闻中核心事件是"我国向非洲四国提供粮食援助"，关键词是"粮食援助"。

2. 时间具体。下面这篇新闻有两个表示时间的词："近日""29 号"，一个模糊，一个具体。从结构上看，第一句实际上是背景，第二句才是主干与核心事件。

● 近日发生在欧洲的国际列车枪击案，引发各国对欧洲铁路安全漏洞的担忧。29 号，包括法国、荷兰在内的 9 个欧洲国家代表在法国巴黎举行会议，共同决定从四个方面加强铁路安保措施。◎

3. 字数较多。新闻主干是核心事件所在地，往往需要较多笔墨来表述，而不重要的部分如相关事件和预告事件往往字数较少。新闻《我国首批援助非洲之角粮食今天启运》的第一、第二段，有关"粮食援助"的部分共 180 字符；第三段有关"粮食现汇"，第四段的"预告"总共才 77 个字符。

4. 词语复现。主干部分的关键词会反复出现，我们看到"援助"这个词在第一、第二段中出现了 5 次，频率很高。因此我们也可以倒推，在新闻语篇中，反复出现的词，一定很重要，当它在导语中出现的时候，一定要加以强调。

5. 总分解证。新闻主体往往要对核心事件进行详细说明，由此形成了事件详情。详细说明的方法一般用总分或解证句群，因此总分解证手法的运用也是新闻主干的显著特征。

6. 多用长句。长句的逻辑关系严密，有利于将核心事件表述得更加清楚。例如并列、递进、转折、目的、条件等等。

7. 数字精确。数字适合反映客观的现象，具有广泛的社会性与认同感，最能直观表现事物的质量、体积、年龄、距离等等，简洁明了、包罗万象。在新闻中，用精确数字表现且数字运用较多的段落，往往是新闻的主干部分。

值得一提的是，我们不能将这些"路标与指引"教条化，结合上下文仍是最科学的阅读方法，并且这几个特点或表达形式不必同时满足。

我们现在对《我国首批援助非洲之角粮食今天启运》新闻语篇的几个部分进行配合分析。

第一段是导语,电视新闻播报时属于出镜口播,语速最慢、语势最高。播报时半坡起步,层层向语流高峰"粮食援助"推进,之后顺势而下。

第二段是对核心事件的详细介绍,语流不要起高,要用顺承的方式对导语进行衔接。在电视新闻节目中,往往出镜主播只播导语部分,配音员录制主体部分,因此在新闻合成之前配音员要掌握好音高,否则主体与导语"不搭界",像"两张皮"。

第三段、第四段不属于主干部分,可略微提速,重音只用给出"现汇""下一步"即可。

这样,新闻的主干部分就显得很突出,主次分明更利于传播。

最高   针对非洲之角因旱情出现的粮荒,我国政府日前决定向埃塞俄比亚、肯尼亚、吉布提、索马里四国提供总额近 7000 万美元的紧急粮食援助,今天首批援助粮食从天津港启运。

承接   根据和受援国协商,此次援助的粮食主要有小麦、大米、面粉、食用油四个品种。今天启运的第一批粮食全部是小麦,总计1440吨,预计本月底运抵埃塞俄比亚。9 月 3 号第二批援助粮食将从上海启运,随后其他各批援助粮食也将陆续启运。

提速   此外,我国援助给索马里的1600万美元粮食现汇,也已经在上周汇到联合国世界粮食计划署指定账户。

带过   商务部表示,今后还将根据非洲之角的灾情情况,确定下一步的援助计划。

需要注意,这条新闻中的预告事件并没有详细进行说明,因此可以把它当作"补充"部分,可以带过。有些新闻语篇中的预告事件有提醒、强调、告知的作用,需要慎重对待。如下例。

浙江局地遭受罕见短时强降雨
转移群众 63000 多人
（新华网 2016 年 9 月 16 日）

扫码听
参考录音 1-4-13

核心事件	● 受台风"莫兰蒂"影响,浙江各地普降中到大雨,温州、台州、丽水等地出现大雨和暴雨,局部特大暴雨。

续表

事件详情	14 号 8 点至 15 号 19 点,浙江全省降雨量 97 毫米,其中温州、台州、丽水、宁波均超过 100 毫米,温州达到 144 毫米。全省共有 9 座大中型水库超汛限水位。15 号 19 点,温州市文成县降雨达到 434 毫米、台州市黄岩区 400 毫米,短时降雨达到百年一遇。
后续事件	降雨导致温州泰顺境内河水普遍暴涨、局部发生山洪,多条公路交通中断,部分乡镇停电,房屋积水内涝严重,三座被列为全国重点文物保护单位的古廊桥被冲垮;截至 15 号下午 2 点,温州文成县受灾乡镇 17 个,受灾人口 4.28 万人,房屋倒塌 15 间,公路中断 5 条次,损坏输电线路 4 条次,损坏通信线路 4 条次,农作物受灾面积达 2.91 千公顷。浙江省防汛防台抗旱指挥部办公室相关人员介绍,截至 15 号 18 点,浙江在此次防御台风的过程中已转移群众 63459 人。
预告事件	浙江省气象部门预计,台风"莫兰蒂"即将减弱为热带低压,15 号夜里进入江西境内,浙江降水主要将集中在 15 号夜间。此外,今年第 16 号台风"马勒卡"将于 17 号进入东海,最强可达强台风级到超强台风级,给浙江沿海带来 12 级以上大风。◎

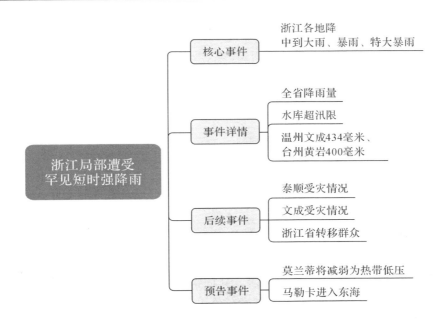

这一篇新闻当中,预告有着重要作用,不能一笔带过,像"热带低压""江西""15 号夜间""马勒卡""强台风""超级台风""12 级"等信息对人民生活有着重要影响,必须在预告中给予强调。

这篇新闻的后续事件也很重要,第一从新闻属性看,"交通""电力""通信""农作物"都属于关乎民生的大事;第二从新闻语篇看,后续事件字数仍然很多,作者要交待的事情很重要,因此,要将这篇新闻的后续事件也作为重要内容来处理。

(二)背景:下台阶、提速度

背景的播报需要将其与核心事件分离开,除了停顿之外,在语流音高上也应该略低一些,我们称之为"下台阶",以略低的音区让受众感受到时间线索的变化以及主次的区别。离"现在"近的主干部分,音区高、语速慢;离"现在"远的旁支部分,音区低、语速快。

扫码听
参考录音 1-4-14

中国西北地区首个"无废城市"建设试点启动
(中国新闻网 2019 年 7 月 20 日)

● 青海省西宁市"无废城市"建设试点启动仪式今天在西宁市举行,标志着开启了中国西北地区首个"无废城市"建设试点工作。

据介绍,无废城市就是以创新、协调、绿色、开放、共享的新发展理念为引领,通过推动形成绿色发展方式和生活方式,持续推进固废源头减量和资源化利用,最大限度减少填埋量,将固废环境影响降至最低的城市发展模式,也是一种先进的城市管理理念。◎

"无废城市"建设试点启动仪式在西宁启动

据介绍,无废城市就是……

(三)评析:变语气、表态度

评析对社会舆论有一定的引导作用,主播在进行新闻传播时不可避免地融入主观认识、思想内涵、审美追求。新闻报道不是冷冰冰的文字堆砌,也不可能做到毫无倾向的冷漠中立,应该在公正、客观中透露出态度与看法,含而不露地用语言引导受众。因此,在评析部分,语气应该有所变化,让隐藏在事件背后的态度有所显露,以达到最佳的引导作用与传播效果。实际上,新闻播报的态度不仅仅在评析中体现,在核心事件当中就应当有所流露,只不过评析部分的语气显得更为浓郁一些。

扫码听
参考录音 1-4-15

欧盟公布分摊难民配额方案

（央视网 2015 年 9 月 9 日《新闻联播》）

核心事件	● 面对愈演愈烈的欧洲难民危机,欧盟委员会主席容克今天公布了欧盟各国分摊难民配额的方案。
事件详情	根据这份新方案,欧盟各国将按配额分担总计 16 万名难民。德国的配额为 4 万人,法国为 3 万 1 千人,西班牙接近 2 万人,其余国家分摊 7 万人。每个国家分摊的配额与其经济水平、人口和失业率等因素相关。这份方案将于本月 14 号由欧盟各国内政部长讨论。方案一旦通过将具有强制性。针对这种配额制,欧盟内部一直存在分歧。
外部评析	俄罗斯外长拉夫罗夫同一天表示,目前欧洲的难民危机,很大程度上是由于欧洲国家盲目追随美国的外交政策引起的,西方国家有责任尽力为这些难民提供人道主义援助。
外部评析	分析认为,难民问题错综复杂,不是简单地开放边境、接收难民就能解决的。应对难民问题,西方国家不仅要切实承担起应尽的历史责任,更应该追根溯源,对其中东政策以及干涉主义做法作出深刻反思。◎

练习

扫码听
参考录音 1-4-16

我国再次发射"一箭双星"

（央视网 2019 年 11 月 17 日《新闻直播间》）

●【口播】11 月 17 号 18 点,我国在酒泉卫星发射中心用快舟一号甲运载火箭,以一箭双星的方式成功将全球多媒体卫星系统 α 阶段 A、B 卫星发射升空。卫星顺利进入预定轨道,任务获得圆满成功。

【配音】全球多媒体卫星系统 α 阶段 A、B 卫星是中国科学院微小卫星创新研究院在轨交付的国际合作商业项目。卫星主要用于通信技术试验,用户为德国公司。

快舟一号甲运载火箭是一款小型固体运载火箭,采用国际通用接口,主要为低轨小卫星提供发射服务。◎

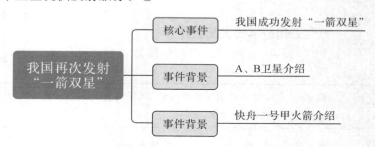

中欧班列(郑州)恢复常态化开行
(央视网 2020 年 2 月 17 日《新闻直播间》)

扫码听
参考录音 1-4-17

●【口播】今天上午 9 点 30 分,中欧班列(郑州)春节后第一趟出口的中亚班列从中铁联集郑州中心站顺利发车。

【配音】该趟班列满载 41 组集装箱,运输的货物种类包括机电设备、金属制品、精密元器件、生活日用品等,总重 615.8 吨,目的地为乌兹别克斯坦。这标志着在新冠疫情阻击战进入决战决胜时期,中欧班列(郑州)开始恢复常态化开行。

中欧班列(郑州)春季首发班列开行之后,将常态化并加密运行,全力以赴确保高质量完成全年开行目标,为对接陆上、海上、空中、网上"四路协同"、建设"连通境内外、辐射东中西"国际物流通道枢纽提供新动能。◎

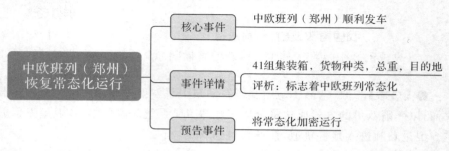

厦门一建设中地铁口附近发生地面坍塌
幸无人员受困

（央视网 2019 年 12 月 13 日《新闻直播间》）

扫码听
参考录音 1-4-18

●【口播】厦门一建设中地铁口附近发生地面坍塌。厦门轨道交通集团有限公司官方微博今日刊发消息称,地铁 1 号线已全线恢复正常运营。

【配音】昨晚 9 点 50 分左右,位于厦门江头吕厝附近一建设中地铁 2 号线缓建口发生地面坍塌,疑因水管断裂造成大量的积水涌入 2 号线站厅、站台、轨行区,又漫延至 1 号线吕厝站厅。

今天,厦门轨道交通集团有限公司官方微博发布通报称,经过连夜处置和安全检测,已确认地铁 1 号线已具备正式运营条件。暂停运营的莲坂站、莲花路口站、吕厝站、乌石浦站、塘边站已于上午 11 点 06 分恢复通车,全线恢复正常运营。◎

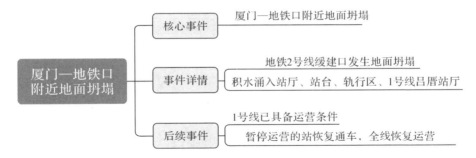

珠海 291 斤隐患豆制品流入市场
追回 203 斤!

（中国新闻网 2019 年 12 月 13 日）

扫码听
参考录音 1-4-19

●【口播】珠海市香洲区市场监督管理局昨天发出通报:珠海粤淇食品有限公司 12 月 11 号 23 点至 12 号 1 点生产的油炸豆制品存在食品安全隐患,该批产品中已有约 291 斤流向市场,香洲区医疗机构暂未接获市民因食用油炸豆制品引起不适的报告。

【配音】珠海市香洲区市场监督管理局已第一时间启动应急预案,责令该公司封存尚未出厂的涉事产品，召回已出售涉事产品并立即停产整顿。截至目前，涉事产品已召回 203 斤。经专业部门检测，召回产品暂未发现异常。

珠海市香洲区市场监督管理局提醒：为保障市民生命健康，请避免食用该公司上述时间段生产的油炸豆制品；如已购买，请及时按原渠道退回。主管部门将继续敦促企业尽快收回涉事产品，继续加强在全区范围内的食品安全检查排查力度，及时公布后续相关处理情况。◎

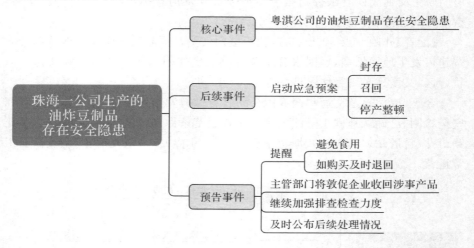

广西Ａ级景区将对全国医务工作者及家属
全年免费开放

（央视网 2020 年 2 月 15 号《新闻直播间》）

扫码听
参考录音 1-4-20

●【口播】广西壮族自治区文化和旅游厅 15 日发布公告，自疫情结束景区重新开放运营之日起至 2020 年 12 月 31 号，广西国有 A 级旅游景区和部分非国有旅游景区对全国医务工作者实行免费开放政策。

【配音】广西文旅厅表示，在新型冠状病毒肺炎疫情面前，全国广大医务工作者冲锋在前、无私奉献，舍小家为大家，在疫情防控第一线救死扶伤英勇斗争，有力捍卫了人民群众的生命安全和身体健康。

为致敬医者仁心，褒扬人间大爱，广西文旅厅决定：广西国有 A 级旅游景区和部分非国有旅游景区对全国医务工作者实行免费开放政策，并提供系列贴心服务。全国医务工作者及其同行的父母、配偶、子女凭有效证件至景区售票处可办理免门票手续。医务工作者团体参观游览，可与景区提前预约。◎

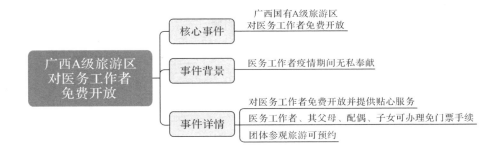

新疆北部吉木乃降大雪"闹海风"
致 80 余人被困

（央视网 2019 年 11 月 16 日《新闻直播间》）

扫码听
参考录音 1-4-21

●【口播】受强冷空气影响，新疆北部气温骤降至零下 20℃以下。11 月 15 号晚，阿勒泰地区吉木乃县城至口岸区域迎来今年第一场"闹海风"，风力达到八九级，能见度不足 50 米，80 余人被困。

【配音】新疆阿勒泰边境管理支队恰尔夏特边境检查站及时启动应急预案，对进出吉木乃口岸的车辆进行交通管制，检查站民警充当"临时交警"，疏通交通，防止发生各类车辆事故。同时，该检查站民警先后帮助 80 余名受"闹海风"影响的当地牧民群众，提供休息场所和热汤饭。截至今天 12 点，道路基本畅通，被困人员得到转移，该站民警及时设置谨慎驾驶警示牌，提醒过往车辆减速慢行。

"闹海风"是一种回流性大风并伴有吹雪、雪暴等天气。身临"闹海风"区的人说，"闹海风"有时又像大海起波涛的声音，同时雪被拍打到脸上立刻化掉，有一种生疼的感觉，迎着风呼吸比较困难。◎

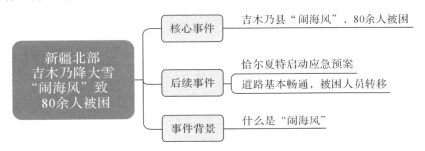

第二届中国国际进口博览会闭幕

（央视网 2019 年 11 月 10 日《新闻联播》）

扫码听
参考录音 1-4-22

●【口播】第二届中国国际进口博览会今天在上海闭幕，进口博览局相关负责人透露，本届进博会经贸成果丰硕，第三届招展工作正在进行。

【配音】第二届进博会延续"新时代，共享未来"的主题，共有 181 个国家、地区和国际组织参会，3800 多家企业参加企业展，超过 50 万名境内外专业采购商到会洽谈采购。截至 11 月 10 号中午 12 点，累计进场超过 91 万人次。

第二届进博会交易采购成果丰硕，按一年计，累计意向成交 711.3 亿美元，比首届增长 23％。为期 3 天的供需对接会上，来自 103 个国家和地区的约 1367 家参展商、3258 家采购商进行了多轮"一对一"洽谈，达成成交意向 2160 项。

关于第三届招展的情况，中国国际进口博览局相关负责人透露，截至目前，已有 230 多家企业签约报名第三届企业展，其中世界 500 强和龙头企业超过 80 家。

据介绍，进博会闭幕后，国家综合展将在 11 月 13 号到 20 号向社会观众免费开放，目前已有 40 万人预约前往观展。◎

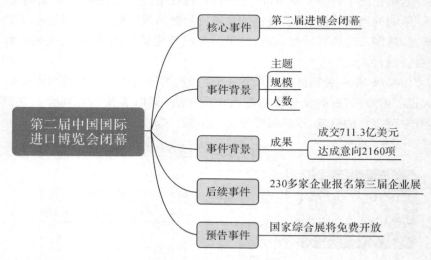

广东高明凌云山森林火灾
外线明火基本扑灭

（央视网 2019 年 12 月 9 日《新闻直播间》）

扫码听
参考录音 1-4-23

●【口播】继续关注广东佛山高明凌云山山火的扑救情况。记者从高明山火指挥部了解到,经过连续多天的奋力扑救,截至昨晚 6 点 30 分左右,外线明火基本扑灭,火灾形势得到有效控制,目前火场清理和守护工作正在进行中,暂未收到人员伤亡和重要设施损毁的报告。

【配音】昨天中午,荫岗水库、石洲二凌云等区域明火基本被扑灭,下午 1 点 30 分,随着当地风力减小,火情扑救外围干扰因素逐渐减弱。现场指挥部迅速组织力量对东北松柏村等剩余明火区域进行集中扑灭。经过近 5 个小时的奋战,截至晚上 6 点 30 分左右,凌云山外线明火基本被扑灭,火灾形势得到有效控制。

根据现场指挥部要求,相关单位须迅速执行灭火后 48 小时值守制度,增派力量对过火区域实施网格化管理,责任到人,加强驻守巡查,防止死灰复燃。

12 月 5 号,佛山高明区荷城街道凌云山发生火情,广东省应急管理厅迅速调派广东省航空护林站直升机 7 架,组织省内多支专业森林消防队伍以及佛山军分区、民兵、武警部队等 42 支扑救队伍约 4000 余人全力施救,并从福

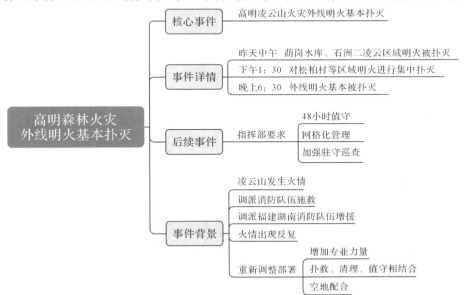

建,湖南调派森林消防队伍增援。扑救过程中受风力、风向和地形等因素影响,火场火情一度出现反复。现场指挥部统筹调度各方力量,全力施救。经过重新调整部署,增加专业力量,采用专业扑救、清理、值守相结合的灭火方式,空地配合,全力做好扑救,火情逐步受控。◎

石家庄正定国际机场
因大雾取消 51 个航班

（央视网 2019 年 12 月 9 日《新闻直播间》）

扫码听
参考录音 1-4-24

●【口播】因大雾天气,石家庄正定国际机场能见度达不到起降标准,截至 12 月 9 号 9 点,该机场进港取消 23 个航班,出港取消 28 个航班,大雾天气预计 11 点以后好转。

【配音】目前,华北地区进入大雾多发季,中央气象台继续发布大雾黄色预警。预计 9 号早晨至上午,京津冀等地有大雾,其中河北东南部部分地区有能见度不足 200 米的强浓雾,局部地区有能见度不足 50 米的特强浓雾。

河北机场管理集团有限公司表示,12 月 7 号—8 号,石家庄正定国际机场因大雾有 46 个航班取消,13 个航班延误。对此,机场积极做好特殊天气的旅客服务工作,根据航空公司安排,为航班取消和延误的旅客提供住宿或餐食。候机楼内增加了流动服务员接受旅客问询,及时通过电台、大厅广播、航班延误报告告知栏等方式及时通报机场雾情和航班情况。提醒广大旅客,如遇特殊天气出现高速关闭等情况,请尽量选择搭乘石家庄国际机场旅客班车前往机场,或乘坐高铁至正定机场站后搭乘免费摆渡车前往候机楼。◎

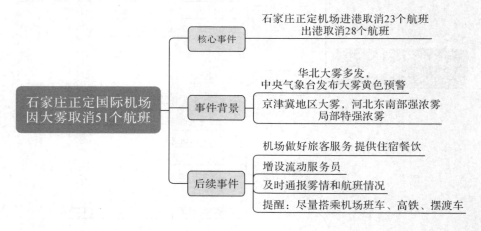

吉林森林公安破获一起跨省特大
非法收购濒危野生动物制品案

（央视网 2019 年 12 月 9 日《新闻直播间》）

扫码听
参考录音 1-4-25

●【口播】经过连续数月的缜密侦查,吉林省森林公安局 20 号破获一起跨省特大非法收购、出售珍贵濒危野生动物制品案,抓获犯罪嫌疑人 9 人,扣押国家一级重点保护野生动物和各类野生动物 381 只。

【配音】今年 3 月,吉林省森林公安局接到群众举报称:吉林省梅河口市居民王某通过微信在网上非法贩卖国家一级保护野生动物。今年 4 月 20 号,吉林省森林公安局成立由网安、刑侦、森侦等部门组成的 5 个抓捕工作组,分别赶赴黑龙江哈尔滨、辽宁大连、广东广州等地同时实施抓捕行动,共抓获犯罪嫌疑人 9 人,扣押国家一级保护野生动物、各类野生动物 381 只。这其中,包括球蟒、蜥蜴、龟类、盔犀鸟头骨等动物死体 149 只,球蟒、蜥蜴、龟类、娃娃鱼、懒猴、鳄鱼、鸵鸟等野生动物活体 232 只。

目前,首批被检察机关提起公诉的 7 名犯罪嫌疑人已获一审判决,以王某为首的犯罪团伙分别被判处 5 年至 3 个月不等的有期徒刑,并处 6 万至 3000 元不等的罚金。◎

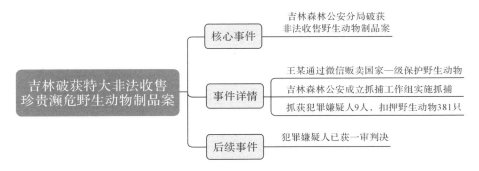

宜昌一轿车撞上护栏爆燃
路过市民及时救人

（央视网 2023 年 2 月 1 日《朝闻天下》）

扫码听
参考录音 1-4-26

●【口播】近日在湖北宜昌市峡州大道快速路上,一辆白色小轿车突然失控撞向路边护栏并起火冒烟,情况十分危急。那这个时候呢,路过的人们立即伸出了援手。

【配音】公共场所视频显示,当天上午 7 点 46 分,在宜昌市峡州大道灵宝互通段,一辆白色轿车失控,撞上护栏后冒出火光和浓烟。事故发生后,路过的车辆纷纷伸出援手。有两名男士先后冲上去将事故车司机救出,其中一位救人男子是一名民警,当时开车上班经过事故现场。

在救援过程中,大家有的帮忙拨打报警电话,有的帮忙清理路面护栏,防止发生二次事故。

就在事故车辆司机被救出不到两分钟,事故车辆突然爆燃,车身瞬间被大火淹没。很快,交警和消防人员赶到现场将大火扑灭,事故未造成人员伤亡。◎

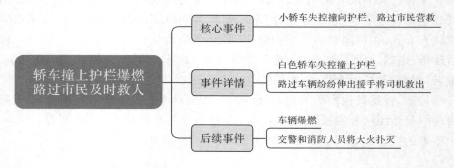

韩国发生 20 多车相撞事故致 1 死 28 伤
有害气体泄漏

（央视网 2020 年 2 月 17 日《新闻直播间》）

扫码听
参考录音 1-4-27

●【口播】韩国全北地方警察厅和全北消防本部透露,当地时间 17 号中午 12 点 23 分左右,在完州至顺天高速公路上的隧道里,发生 20 多辆车相撞事故,造成 1 人死亡、28 人受伤。

【配音】由于事故发生的撞击,隧道内的罐车起火,泄漏的有毒气体笼罩了隧道。据悉,到目前为止,当局尚不清楚罐装的化学物质成分。

韩国警方表示,虽然控制了事故现场周围,正在进行人员救助,但因有毒气体的泄漏,预计死亡人数还会增加。

另外,全北警察厅相关人士表示,现场被黑色气体覆盖,很难救出人员。预计在火灾被扑灭之后,可以确认确切的受害规模。◎

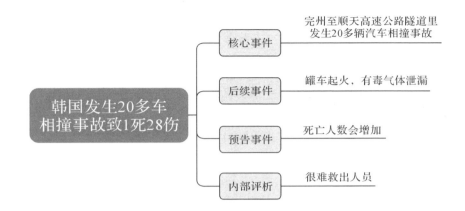

韩国发生20多车
相撞事故致1死28伤

核心事件 —— 完州至顺天高速公路隧道里
发生20多辆汽车相撞事故

后续事件 —— 罐车起火，有毒气体泄漏

预告事件 —— 死亡人数会增加

内部评析 —— 很难救出人员

澳大利亚昆州4岁男孩
遭袋鼠袭击伤痕累累

（央视网 2020 年 2 月 14 日《新闻直播间》）

扫码听
参考录音 1-4-28

●【口播】近日，澳大利亚昆州北部发生一起袋鼠袭击人事件。一名 4 岁小男孩户外玩耍期间突然遭到袋鼠袭击，男孩母亲急忙上前击退"暴徒"。男孩身上有多处伤痕，现已住院治疗。

【配音】据报道，事发时，伊利亚和他的兄弟正在凯恩斯的一个运动场上玩，袋鼠突然追赶他，并将其击倒在地。

伊利亚的母亲在受访时说，袭击是如此的"无情和恶毒"。她说，在袋鼠开始追赶她时，她成功地将其赶走。

据报道，伊利亚身上有多处伤痕，包括面部、背部等。他已经缝了 25 针，目前仍在凯恩斯医院。◎

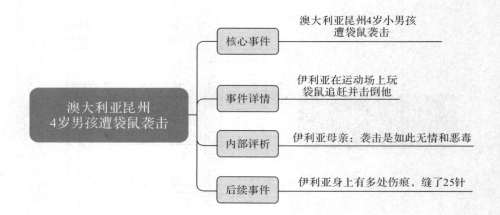

扫码听
参考录音 1-4-29

美国兆彩开出 2 亿美元头奖
"幸运儿"仍未出现

（央视网 2020 年 2 月 13 日《新闻直播间》）

● 【口播】美国新泽西州乐透局 12 号证实,爱迪生市一家便利店售出一张价值超 2 亿美元的兆彩彩票。目前,中奖者还未兑奖。

【配音】据报道,该乐透 11 号开奖,中奖号码为 4、6、32、52 和 64,大彩球号码则是 6。中奖彩票价值 2.2 亿美元。

报道称,便利店店主当天收到乐透局局长送来的 3 万美元奖金奖励。如果中奖者选择一次性领走奖金,可获得 1.42 亿美元的税前收入,目前中奖者还未兑奖。

根据新州州长墨菲上月签署的法案,允许中乐透者匿名领奖,以保护中奖者隐私。目前全美包括新泽西州在内,共有 7 个州允许乐透匿名领奖。因此即使此次新州中奖者领奖,外界也可能不会知道其族裔和身份。

曾为一名乐透中奖者担任代理律师的安德鲁称,强行要求中奖者公布身份就像"在鲨鱼群丢下一块肉",中奖者会成为所有别有用心人群的目标,他们会面对成百上千的骚扰、所谓的投资专案而感到手足无措。◎

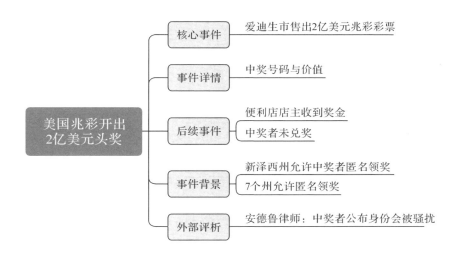

意大利祭出最严交通法
严惩驾车玩手机
（央视网 2020 年 1 月 8 日《新闻直播间》）

扫码听
参考录音 1-4-30

●【口播】日前，意大利国家众议院正式通过《道路交通安全法》的修正案，该修正案再次提高了对驾车使用手机和超速行驶的处罚力度，其中，驾车玩手机最高罚金可达 1697 欧元，超过了普通员工一个月的月薪。

【配音】据报道，修正案规定，驾车使用智能手机的最高罚金，将从目前的 422 欧元提高至 1697 欧元。倘若再犯，在处以罚金的基础上将暂扣 3 个月驾照。

据报道，驾车玩手机和超速行驶是在意大利引发交通事故的最主要原因，新修正的交通法规重点加大了对超速和驾车玩手机的处罚力度。除此之外，从 2024 年开始，政府还将引入给校车所有座位强制配置安全带的相关规定。

另外，新交规还修正了关于自行车等非机动车的相关管理规定，并规范了城市道路安全设计的相关措施。诸如车辆途经学校周边道路时，车辆限速均调整为每小时 30 公里，并建议在学校附近使用抬高式人行道斑马线，为过往车辆增加阻力，强行促使过往车辆减速。◎

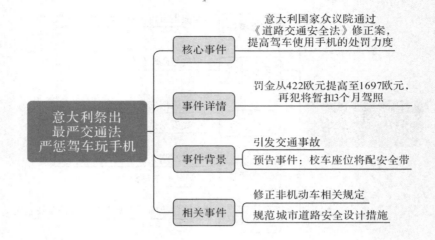

意大利祭出
最严交通法
严惩驾车玩手机

核心事件 —— 意大利国家众议院通过
《道路交通安全法》修正案，
提高驾车使用手机的处罚力度

事件详情 —— 罚金从422欧元提高至1697欧元，
再犯将暂扣3个月驾照

事件背景 —— 引发交通事故
预告事件：校车座位将配安全带

相关事件 —— 修正非机动车相关规定
规范城市道路安全设计措施

美国东部遭遇今年首场暴风雪袭击
部分学校停课

（央视网 2019 年 12 月 4 日《新闻直播间》）

扫码听
参考录音 1-4-31

●【口播】从当地时间 2 号起，美国东北部遭遇今年首场暴风雪袭击，目前已对多个州及地区造成严重交通影响。

【配音】根据美国国家气象局报告，从上周起，暴风雪天气从加州向东北移动，在当地时间 3 号已到达美国东北部多个州及加拿大南部。截至当地时间 3 号中午，在全美范围内已经取消了 700 多次航班，延误班次超过 5000 架次，这些航班主要是飞往美国东北部地区的。

当地时间 3 号，纽约州宣布进入紧急状态，部分学校停课。马萨诸塞州的波士顿在 3 号也关闭了所有的公立学校。同时，暴风雪造成新泽西州约有 2 万户停电。暴风雪还给公路出行带来很大影响，多条州级公路被关闭，还有许多车辆被困在公路上。

在当地时间 3 号中午，美国国家气象局再次对缅因州北部发布暴风雪警告，称当晚暴风雪的降雪量可能会达到约 20～40 厘米，提醒当地居民注意出行安全。◎

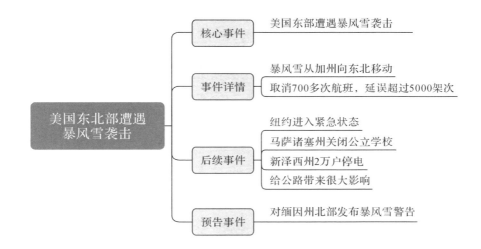

欧洲 9 国决定采取措施
加强铁路安全和反恐合作

（央视网 2015 年 8 月 30 日《新闻联播》）

扫码听
参考录音 1-4-32

●【口播】近日发生在欧洲的国际列车枪击案，引发各国对欧洲铁路安全漏洞的担忧。29 号，包括法国、荷兰在内的 9 个欧洲国家代表在法国巴黎举行会议，共同决定从四个方面加强铁路安保措施。

【配音】当天，法国、德国、英国、意大利、西班牙、比利时、卢森堡、荷兰和瑞士 9 国的内政部长和交通部长，负责相关问题的欧盟委员，以及欧盟反恐事务协调人参加了这次研讨对策会议。

会后发表的联合声明说，9 国将从四个方面保障铁路安全：第一是在火车站和火车上增加对乘客身份和行李的检查；第二是在国际列车上加强多国警察参与的混合式巡逻；第三是加强各国间信息和情报的共享；第四则是推广国际长途列车车票记名制度。

声明呼吁欧洲国家交通运输企业增强与警察、宪兵的合作，增强联动，以推动欧盟内相关工作的开展。声明说，欧洲国家需要早日推动旅客信息共享，以迅速识别那些试图进入和过境申根区国家的危险分子。与会代表还呼吁在申根国家入境口岸增加检查。同时呼吁欧盟委员会增强对武器的立法，打击武器走私。◎

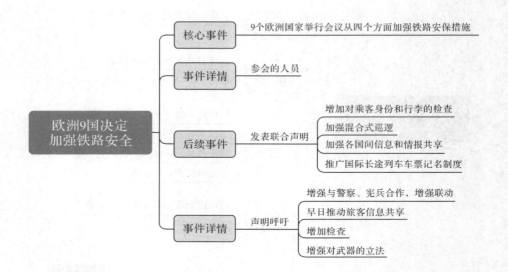

提示：导语部分的第一句话是背景，第二句话才是核心事件。

李在镕案一审将宣判
不许电视台直播、禁止媒体拍摄

（央视网 2017 年 8 月 24 日《新闻直播间》）

扫码听
参考录音 1-4-33

●【口播】韩国首尔中央地方法院将于明天下午对韩国三星电子副会长李在镕行贿前总统朴槿惠一案进行一审宣判。首尔中央地方法院 23 号表示，该院合议庭决定不允许电视台对 25 号的宣判进行实况直播，同时禁止媒体在法庭内的一切拍摄行为。

【配音】法庭方面表示，李在镕等被告人向法院提交了不同意摄影和直播宣判情况的意见。在权衡直播宣判所能实现的公共利益和可能给被告人带去的损失后，法庭认为不应允许媒体对宣判情况进行直播。法庭还考虑到"无罪推定原则"，也就是任何受刑事控告者，在被证实和判决有罪之前，应推定无罪。

一直以来，根据相关规定，韩国一审和二审法庭在开始法庭审理和辩论后禁止一切录音、录播和转播。但今年 7 月 25 号，韩国大法院修改规则，允许一二审法庭自行决定是否直播，只要审判长认为公共利益和知情权更重要，即使没有获得被告同意，也可以允许直播。◎

提示:从新闻语篇结构和上下文内容来看,核心事件是"法院不允许电视台直播"而不是"李在镕案"本身。

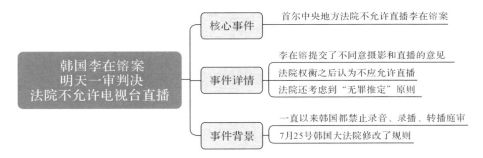

"白头盔"组织一创始人
在土耳其神秘身亡
(央视网 2019 年 11 月 14 日《新闻联播》)

扫码听
参考录音 1-4-34

●【口播】曾被质疑制作虚假叙利亚化武袭击视频的"白头盔"组织的创始人之一梅西耶尔近日在土耳其伊斯坦布尔死亡,俄罗斯和叙利亚批驳西方媒体蓄意抹黑俄罗斯。

【配音】11 号,多家媒体曝出梅西耶尔从伊斯坦布尔的一座居民楼坠亡,目前土耳其警方正在对此展开调查。

而在他的死因还没有公布的情况下,美国、英国等多家媒体就将俄罗斯与这一事件联系起来。对此,俄罗斯媒体报道称,西方媒体一如既往地迅速给俄罗斯扣上了黑锅。

公开资料显示,梅西耶尔现年 48 岁,是一名英国前情报官员。2013 年,他参与创建"白头盔"组织。该组织一般在叙利亚反政府武装控制区活动,宣称是中立、公正的人道救援组织。然而它发布的不少视频被证实造假。2018 年 4 月,"白头盔"发布的这段所谓化武袭击视频成为美英法等国对叙利亚发动军事袭击的借口,但该视频随后被多家媒体证实是"自导自演"。

叙利亚《祖国报》12 号报道称,"白头盔"组织的建立和一些西方国家关系密切。在这些内幕曝光后,利用"白头盔"的那些国家就开始杀人灭口。◎

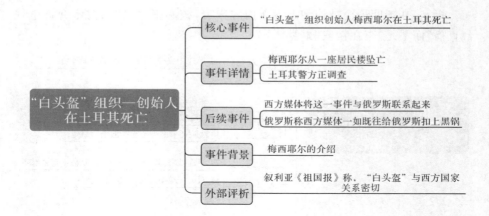

美国遭遇四十年来最严重流感
已致六千人死亡！
（北京时间网 2020 年 1 月 23 日《北京你早》）

扫码听
参考录音 1-4-35

●【口播】据美国有线电视新闻网报道，按照美国国家过敏和传染病研究所预计，2019—2020 年的流感季将是美国 40 年以来最严重的流感季之一。根据美国官方数据显示，截至目前，已有 1300 万人感染了流感，现已造成至少 6000 人死亡，随着流感的蔓延这个数字仍在不断上升。

【配音】美国的一些医院正在采取紧急措施来防止病毒的传播，不仅严格限制访客的数量，还要求所有进入医院的访客必须佩戴口罩。由于疫情的严重程度不断加深，威斯康星州的儿童医院甚至开始禁止 12 岁以下的儿童来医院问诊。

同时为了防止美国国内新型冠状病毒的传播，美国国防部部长埃斯珀近日批准开放四个军事基地用于隔离检疫，可对 1000 人进行临时检疫。不久前从中国返回的 200 余名美国人正在南加州的一个军事基地接受强制性的检疫隔离。

为了防止疫情进一步扩大，美国联邦政府已经将新型冠状病毒宣布为国家公共卫生紧急事件，而且还颁布了严格的限制措施，禁止近期去过中国的外国公民进入美国。

美国国土安全部代理副部长奇内利宣布，从 2 月 2 号起来自中国的航班将只能在指定的七个美国机场入境，同时白宫方面也在 1 月 29 号成立了应对

新型冠状病毒的工作小组。美国常务副国务卿在发布会上表示，中美将继续保持密切合作关系，一起渡过难关！◎

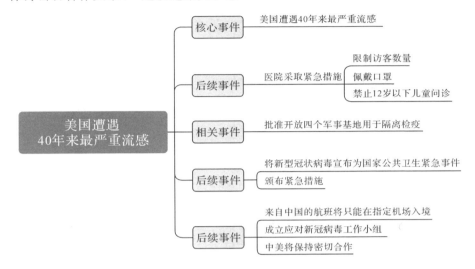

罕见粉色"魔鬼鱼"再现澳海岸
5年前首次被发现

（央视网 2020 年 2 月 18 日《新闻直播间》）

扫码听
参考录音 1-4-36

●【口播】在距离澳大利亚东部昆士兰州海岸 85 公里的艾略特夫人岛旁，一只名为"克鲁索探长"的罕见粉色蝠鲼再次现身。

【配音】这只粉色的双吻前口蝠鲼于 2015 年首次被发现，人们以电影《粉红豹》中的角色"克鲁索探长"为其命名。

双吻前口蝠鲼，又称巨型魔鬼鱼，是蝠鲼中体型最大的种类，体宽可以达到 10 米，重量可达 3 吨，常见于太平洋、印度洋和大西洋的亚热带和热带水域。它们的外表通常是深灰色、褐色和黑色。

"克鲁索探长"的体型相对不算大，体宽 3.35 米。研究人员认为，基因变异是它拥有奇特身体颜色的原因。其他原因在对"克鲁索探长"的胃部进行皮肤活检后被排除，例如皮肤疾病或受特殊饮食的影响等。

据悉，此次与"克鲁索探长"一同出现的还有 7 只普通黑白色的雄性蝠鲼，它们可能是按物种习惯，为争夺一只雌性而聚集在一起。◎

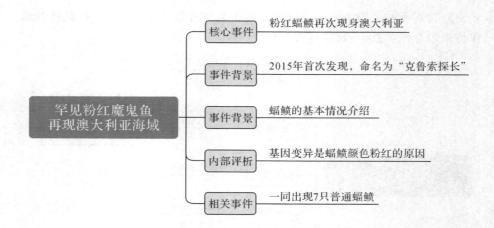

罕见粉红魔鬼鱼
再现澳大利亚海域

核心事件	粉红蝠鲼再次现身澳大利亚
事件背景	2015年首次发现，命名为"克鲁索探长"
事件背景	蝠鲼的基本情况介绍
内部评析	基因变异是蝠鲼颜色粉红的原因
相关事件	一同出现7只普通蝠鲼

奥地利警方在一货车车厢
发现数十具疑似难民尸体

（央视网 2015 年 8 月 28 日《中国新闻》）

扫码听
参考录音 1-4-37

●【口播】27 号，奥地利警方在奥地利东部的布尔根兰州发现了数十人在一辆厢式货车内死亡。警方认为这些死亡人员是来自叙利亚、阿富汗或者是其他国家的非法移民。

【配音】当天，奥地利布尔根兰州警方正在一条高速公路上巡查，一辆厢式货车停在应急停车带上，而司机却不见踪影，这引起了警方的注意。警方检查发现货车车厢里竟然装着数十具尸体。

布尔根兰州警方表示，预计要到 28 号，也就是今天才能准确统计出尸体的数量。目前尚无法确认这些人的死因，从尸体状态可以判断，他们已经死亡一段时间了。警方发现，这辆厢式货车挂匈牙利牌照，匈牙利警方正在协助调查这一事件，重点搜寻货车司机的下落。

近些年来，部分来自西亚和北非等战乱国家和地区的民众试图通过海路、陆路偷渡到欧洲发达国家，途中悲剧频发，不少人命丧途中。

26 号，一艘满载非法移民的偷渡船在驶离利比亚后不久发生事故，造成 50 人死亡，被发现时他们都在船最底层的货舱里，很有可能是吸入发动机废气导致窒息死亡的。

同样在 26 号，又一批非法移民从土耳其启程前往希腊，他们所乘的船只被土耳其海岸警卫队拦截，200 多名非法移民被安置到土耳其的村庄。

根据国际移民组织的统计,2014 年有超过 3281 名非法移民在通过海路前往欧洲的过程中死亡,而截至本月 25 号,今年的这一数字已经达到 2373 人。国际移民组织预计,如果不加以阻止,今年死亡的非法移民人数将超过去年。◎

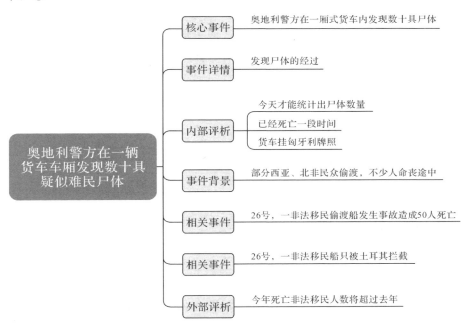

国际空间站宇航员首次品尝
太空蔬菜:味道好极了

(央视网 2015 年 8 月 12 日《新闻直播间》)

扫码听
参考录音 1-4-38

●【口播】10 号,国际空间站上的宇航员首次试吃了空间站种植的蔬菜。太空蔬菜的种植为今后人类长距离太空探索提供了物资储备。

【配音】宇航员们当天试吃的是空间站温室培养箱里种植的生菜。在试吃之前,宇航员使用特制的清洁剂对菜叶进行了消毒。随后这些菜叶被拌上油醋汁,制成了一道沙拉。

宇航员本次试吃后剩下的菜叶,将择机运回地球,进行下一步研究。

宇航员在国际空间站种菜早有先例,早在 2009 年,俄罗斯宇航员苏拉耶夫就开始在空间站里种菜,不过当时种菜只是宇航员舒缓压力的一种手段。由于担心受到宇宙微生物污染,太空蔬菜从没被食用过。

目前,宇航员的所有食物都是定期由飞船送到空间站的,不仅运费高昂,而且新鲜蔬菜水果的数量非常有限。如果未来人们前往火星或进行长距离太空探索,食物就不太可能依靠飞船补给。去年,美国宇航局启动了空间站的种植项目,第一批收获的生菜在成熟后被送回了地球,并经过了安全检测,证实太空种菜不会受到污染。今年 7 月 8 号,宇航员激活了新一批生菜种子,经过30 多天的培植,收获了第二批生菜。◎

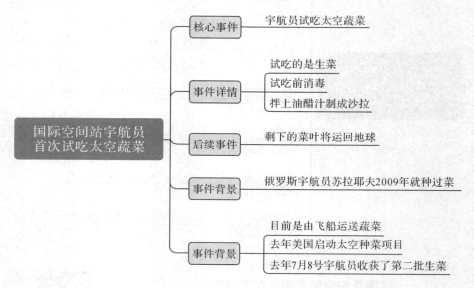

美国费城两列车相撞
至少 42 人受伤
(央视网 2017 年 8 月 23 日《朝闻天下》)

扫码听
参考录音 1-4-39

●【口播】当地时间 22 号凌晨,美国东部费城郊区的上达比小镇发生一起火车相撞事故,造成包括工作人员在内的至少 42 人受伤。

【配音】据目击者称,一列火车在进站时撞上了停靠在站台的另一列空车,车内乘客始料不及纷纷倒地。据铁路运营商称,目前所有伤者都已被送往附近医院救治,其中四人伤势严重,所幸均无生命危险。

　　有目击者称,相撞的列车在此前站点就出现了稍稍开过站台随即往后倒车的情况,他怀疑火车本身有可能存在故障,而火车在站台内相撞也存在着人为调度失误的可能性,目前相关部门正在调查本次事故原因,此前一度暂停的交通已经恢复。

　　2015 年,费城附近曾发生一起火车脱轨事件,当时事件造成了 8 人死亡、超过 200 人受伤。事故的原因之一就是驾驶员在拐弯时没有减速。此外基础设施老旧也是美国轨道交通事故频发的一个原因。

　　就在今年 2 月,同样是在这个车站就发生过一起由于人为调度失误造成两辆列车相撞 4 人受伤的事故。短短几个月内类似事故再次发生,无论本次事故的调查结果如何,相信都应引起有关部门的重视。◎

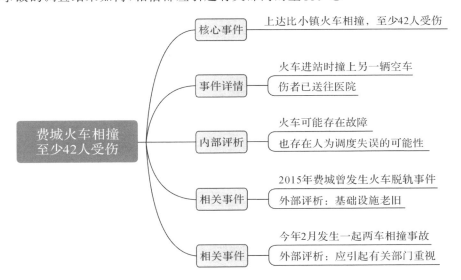

巴基斯坦白沙瓦清真寺爆炸
已造成 61 人死亡 157 人受伤
（央视网 2023 年 1 月 31 日《新闻直播间》）

扫码听
参考录音 1-4-40

　　●【口播】巴基斯坦西北部开伯尔—普什图省首府白沙瓦市的一座清真寺,当地时间 30 号发生爆炸。截至当地时间 31 号凌晨,爆炸已造成至少 61 人死亡,并有 150 多人受伤。白沙瓦警察局长当天表示,这是一起自杀式爆炸袭击,巴基斯坦塔利班发言人否认与爆炸案有关。

【配音】据了解,事发时清真寺内有三四百人,袭击者进入清真寺后在一层引爆炸弹,清真寺第二层被完全炸毁坍塌,导致一层大量人员被埋,地下一层部分人员被埋或被困。目前救援人员仍在积极营救并调动大型设备清理废墟,据警方估计,目前仍有数十人被埋在废墟下。

由于这座清真寺位于警察局院内,因此死伤者大多数是去做礼拜的警察,警方目前正在就袭击者如何穿过层层严密安检进入清真寺内作案进行调查。

当地时间 31 号凌晨,巴基斯坦塔利班发言人称他们和此次爆炸案没有关系。此前多家巴基斯坦媒体报道,巴基斯坦塔利班称对这起爆炸事件负责。

爆炸发生后,巴基斯坦全国各地都处于高度戒备状态,检查站安保加强,部署了额外的安全部队。

这是白沙瓦不到一年时间里发生的第二起严重爆炸袭击。2022 年 3 月,当地一座清真寺发生自杀式爆炸袭击,造成至少 60 人死亡、近 200 人受伤。◎

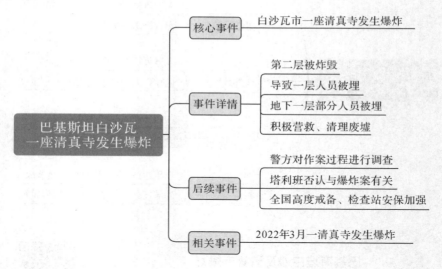

思考题

1. 什么是新闻语篇?

2. 新闻语篇中有哪些要素?

3. 新闻主干的特征有哪些?

4. 播报时,怎样协调新闻语篇各要素的关系?

中编　技巧篇

第二章　播报技巧

第一节　稿件准备：深入的理解与准确的表达

新闻稿件大多是由记者撰写的，稿件是新闻播报的依据。新闻主播在播报之前需要对稿件进行全面、细致的分析。许多电视主播经常说，在工作中编辑们都在外面催，让主播们赶紧交出录音，他们得根据录音剪辑画面。因此，根本来不及进行稿件的分析与准备，往往只能看一遍，甚至一遍不看就要录音了。

俗话说"熟能生巧"，掌握一定方法之后，经过大量的实践，准备稿件会越来越熟练。"催录音"不能成为"不备稿"的理由，不能为了抢时间而忽略播报的准确性，降低新闻播报的水准。

前面几节我们从微观到宏观对新闻语篇中的各个要素进行了分析与学习。在准备新闻稿件时，要先从宏观开始，再到微观，逐层进行理解与分析，这样才能做到目的明确、导向正确、态度鲜明，才能做到语流顺畅、重音准确、停连合理。

扫码听
参考录音 2-1-1

美黑人青年遭枪杀案被告被判无罪（央视网 2013 年 7 月 14 日《新闻联播》）

核心事件	●【口播】曾被社会广泛关注的黑人青年遭枪杀一案 13 号宣判，案件被告、佛罗里达州社区协警齐默尔曼被判无罪，当庭释放。
事件详情	在经过两天、长达约 16 个小时的审议之后，由包括 5 名白人女性在内的 6 名女性组成的陪审团判定，齐默尔曼的二级谋杀罪不成立。
	法官宣布齐默尔曼当庭释放。判决宣读时，齐默尔曼的家人在法庭上旁听，而马丁的父母则不在场。

续表

事件背景	去年 2 月 26 号晚上,17 岁的黑人青年马丁前往父亲女友的住所,当时 28 岁的社区协警齐默尔曼看到马丁后,打电话报警,称看到一名"形迹可疑者"。随后,齐默尔曼尾随马丁并与其发生扭打,最终齐默尔曼开枪将马丁打死。
内部评析	齐默尔曼的律师称,齐默尔曼的行为属于自卫,枪杀案当晚,马丁首先攻击齐默尔曼,并将他打伤。由于认为自己的生命受到威胁,齐默尔曼开枪打死马丁。但检方认为,齐默尔曼说谎。
外部评析	尽管齐默尔曼开枪打死马丁的事实没有人质疑,但当天的判决意味着陪审团认为检方没能毫无疑点地证明齐默尔曼这一行为违反了法律。
后续事件	齐默尔曼被判无罪后,法庭外支持马丁的民众举行大规模抗议,认为判决不公。
内部评析	马丁家人的律师表示,他们接受现在的判决结果,但是感到非常伤心。马丁的父亲在社交网站上发文说:"我的心碎了,希望同样的悲剧不要再发生。"
相关事件	由于不少人认为枪击事件背后有种族因素,因此这一案件在全美引发广泛关注。警方在案发一个月后才正式逮捕齐默尔曼,曾引发席卷美国的抗议浪潮。案件审理过程中还数次出现更换法官、质疑陪审团人选等风波。◎

一、划分结构

熟练掌握新闻语篇结构,能够快速清晰地了解新闻事实,能够为准确地表达奠定基础。新闻分为核心事件、背景、评析三个部分,播报时要以核心事件为重点,将"新闻眼"交代清楚,引发受众的兴趣,产生了解新闻事实的愿望。背景部分更多是交代新闻的来龙去脉,相当于事件的"前因",以便让受众全面了解新闻事实。评析具有较强的指向性,揭示新闻的意义所在,主播要利用评析语气的变化将受众的思想引向社会主流价值。

二、确定基调

客观公正是新闻报道的要求,但每篇新闻都有其传播目的、传播要求、社会背景、时代特征,纯客观的报道是不存在的。因此,主播在播报时,要恰如其分地把握语言内涵,让播报有血有肉。

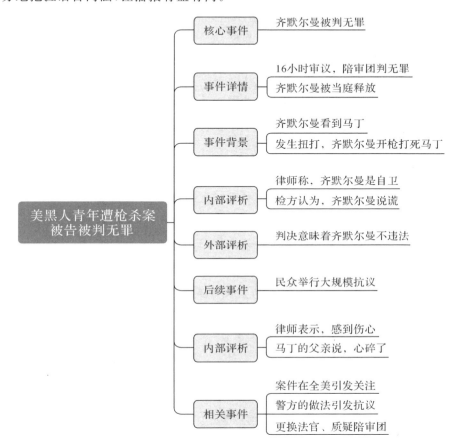

(一)明确目的

显然,新闻通过白人警察被判无罪的核心事件,再次揭露了美国长期存在的种族歧视问题。我们通过以下句子就可以感受到作者的意图。

判决宣读时,齐默尔曼的家人在法庭上旁听,而马丁的父母则不在场。

齐默尔曼被判无罪后,法庭外支持马丁的民众举行大规模抗议,认为判决不公。

马丁家人的律师表示,他们接受现在的判决结果,但是感到非常伤心。马丁的父亲在社交网站上发文说:"我的心碎了,希望同样的悲剧不要再发生。"

由于不少人认为枪击事件背后有种族因素,因此这一案件在全美引发广泛关注。警方在案发一个月后才正式逮捕齐默尔曼,曾引发席卷美国的抗议浪潮。案件审理过程中还数次出现更换法官、质疑陪审团人选等风波。

新闻的倾向性一目了然,这要求主持人在播报评析部分的时候要利用语气的变化充分展现出新闻的意图和目的。

(二)联系背景

1.美国长期存在种族歧视问题。

2.美国经常以"人权"为借口对他国指手画脚。

三、归并句子

1.案件被告、佛罗里达州社区协警齐默尔曼被判无罪,当庭释放。(连贯)

"案件被告、佛罗里达州社区协警齐默尔曼"是同位语直连

"被判无罪,当庭释放"为连贯关系,直行衔接

2.齐默尔曼的家人在法庭上旁听,而马丁的父母则不在场。

转折关系,语流上行

3.去年2月26号晚上,17岁的黑人青年马丁前往父亲女友住所,当时28岁的社区协警齐默尔曼看到马丁后,打电话报警,称看到一名"形迹可疑者"。随后,齐默尔曼尾随马丁并与其发生扭打,最终齐默尔曼开枪将马丁打死。

连贯句群,直行衔接。

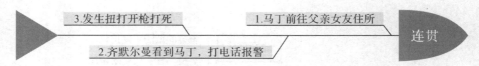

4.齐默尔曼的行为属于自卫,枪杀案当晚,马丁首先攻击齐默尔曼,并将他打伤。

解证关系,先停顿,后下行

5.由于认为自己的生命受到威胁,齐默尔曼开枪打死马丁。但检方认为,齐默尔曼说谎。

转折关系,两部分对比

6.尽管齐默尔曼开枪打死马丁的事实没有人质疑,但当天的判决意味着陪审团认为检方没能毫无疑点地证明齐默尔曼这一行为违反了法律。

转折关系,语流上行

7.法庭外支持马丁的民众举行大规模抗议,￫认为判决不公。

因果关系,语流下行

8.他们接受现在的判决结果,￪但是感到非常伤心。

转折关系,语流上行

9.由于不少人认为枪击事件背后有种族因素,￪因此这一案件在全美引发广泛关注。

因果关系(原因在前),语流上行

四、找准重音

1.通过新闻属性。根据新闻眼和新鲜点确定重音。如:

齐默尔曼被判无罪,当庭释放

2.通过传播目的。根据播报态度与传播目的,将利于引导传播目的的词汇与短语进行重音处理。如:

5 名白人女性

3.通过语言逻辑。比如转折关系,突出强调转折后的结果:

但检方认为,齐默尔曼说谎

4.通过情感。在一些情感浓郁的语句和词汇中,或修辞手法出现时,往往需要强调用以突出感情倾向与语气变化。如:

感到非常伤心;我的心碎了

五、串联稿件

最后将整篇稿件串联一遍,以口语化的方式进行叙述。

曾被社会广泛关注的黑人青年遭枪杀一案 13 号宣判,案件被告、佛罗里达州社区协警齐默尔曼被判无罪,当庭释放。

在经过两天、长达约 16 个小时的审议之后,由包括 5 名白人女性在内的 6 名女性组成的陪审团判定,齐默尔曼的二级谋杀罪名不成立。

法官宣布齐默尔曼当庭释放。判决宣读时,齐默尔曼的家人在法庭上旁听,而马丁的父母则不在场。

去年 2 月 26 号晚上,17 岁的黑人青年马丁前往父亲女友住所,当时 28 岁的社区协警齐默尔曼看到马丁后,打电话报警,称看到一名"形迹可疑者"。

随后,齐默尔曼尾随马丁并与其发生扭打,最终齐默尔曼开枪将马丁打死。

齐默尔曼的律师称,齐默尔曼的行为属于自卫,枪杀案当晚,马丁首先攻击齐默尔曼,并将他打伤。由于认为自己的生命受到威胁,齐默尔曼开枪打死马丁。但检方认为,齐默尔曼说谎。

尽管齐默尔曼开枪打死马丁的事实没有人质疑,但当天的判决意味着陪审团认为检方没能毫无疑点地证明齐默尔曼这一行为违反了法律。

齐默尔曼被判无罪后,法庭外支持马丁的民众举行大规模抗议,认为判决不公。

马丁家人的律师表示,他们接受现在的判决结果,但是感到非常伤心。马丁的父亲在社交网站上发文说,"我的心碎了,希望同样的悲剧不要再发生"。

由于不少人认为枪击事件背后有种族因素,因此这一案件在全美引发广泛关注。警方在案发一个月后才正式逮捕齐默尔曼,曾引发席卷美国的抗议浪潮。案件审理过程中还数次出现更换法官、质疑陪审团人选等风波。

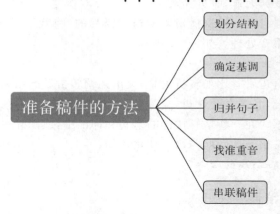

练习

扫码听
参考录音 2-1-2

2019 北京世园会安徽日
非遗展演吸引游客
(央视网 2019 年 6 月 10 日《新闻直播间》)

● 【口播】9 号,2019 北京世园会安徽日活动开幕。在古村落般的安徽园里,非遗项目、传统戏曲等吸引着大批游客。

【配音】安徽园如同一座依山而建、傍水而居的徽州古村落。入口是一座近 10 米高的牌坊,它是由 20 多位非遗传承人在一块上千吨的整石上手工雕刻而成。

安徽日活动举办期间,黄梅戏、徽剧和花鼓灯等也在世园会轮番上演。此外还举办安徽文化和旅游展,重点推介黄山、天柱山、九华山等 11 个安徽 5A 级景区以及芜湖铁画等文创产品。◎

提示:语篇结构

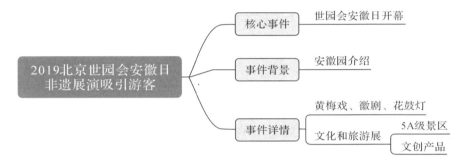

全国少数民族运动会火种采集成功

(央视网 2019 年 5 月 9 日《新闻直播间》)

扫码听
参考录音 2-1-3

● 【口播】8 号,第 11 届全国少数民族传统体育运动会火种采集暨互联网火炬传递仪式在河南省登封市举行。

【配音】上午 11 点,火种采集仪式正式开始,伴随着悠扬的 24 节气歌,火种采集使者从观星台梯走向采火器。在采火器前,火种采集使者利用阳光汇聚点燃采火棒。在这座 700 多年的世界文化遗产前,千年古韵和少数民族运动会连在一起。

西湖大学校长施一公、中央广播电视总台央视新闻主播海霞分别担任第一棒和第二棒火炬手。为期 121 天的互联网火炬传递也自此拉开了第 11 届全国少数民族运动会序幕。

据介绍,第 11 届少数民族传统体育运动会将于 2019 年 9 月 8 号至 16 号在河南省郑州市举行。◎

提示:①语篇结构

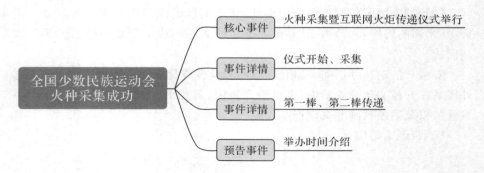

② 长句解析：连贯句群

上午 11 点，火种采集仪式正式开始，伴随着悠扬的 24 节气歌，火种采集使者从观星台梯走向采火器。在采火器前，火种采集使者利用阳光汇聚点燃采火棒。在这座 700 多年的世界文化遗产前，千年古韵和少数民族运动会连在一起。

广西资源遭暴雨袭击
多个乡镇受灾

（央视网 2019 年 6 月 10 日《新闻直播间》）

扫码听
参考录音 2-1-4

● 【口播】从 8 号晚上开始，广西桂林市资源县遭受暴雨袭击，多个乡镇河流水位暴涨。

【配音】9 号，桂林市资源县气象台及水文水资源局分别发布了暴雨红色预警和洪水黄色预警。目前资江在资源县城河段的水位为 376.25 米，超警戒水位 0.05 米。洪水造成河流水位上涨，农田和道路被淹，当地已启动防汛四级响应。

受强降雨影响，瓜里乡、车田苗族乡等地出现多处塌方。

灾害发生后，当地相关部门立即开展抢险抗灾并对相关路段进行实时监控，防止发生二次灾害。

在紫云县江口村，由于突降大雨，有两人被困山上。接到报警后，当地消防人员携带安全绳、救生衣、挂钩等救援工具前往救援，将两名被困人员转移至安全区域。◎

提示：①语篇结构

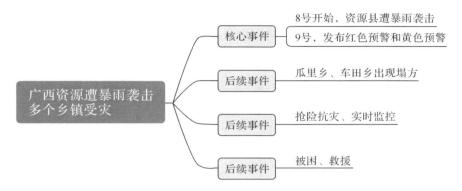

②长句解析：连贯句群

在紫云县江口村，由于突降大雨，有两人被困山上。接到报警后，当地消防人员携带安全绳、救生衣、挂钩等救援工具前往救援，将两名被困人员转移至安全区域。

一安徽船舶在福建漳州遇险
4名船员全部获救

（央视网 2019 年 6 月 20 日《朝闻天下》）

扫码听
参考录音 2-1-5

●【口播】18 号，一艘安徽阜阳籍货船与另一艘船舶发生碰撞后，自行航行进入福建漳州水域，船体破损进水，随时有倾覆的危险。当时船上还有 4 名船员，情况危急。

【配音】当天早上 7 点左右，漳州市海上搜救中心接到报警电话后，立即启动应急预案，一方面要求船上 4 名船员全部穿戴好救生衣，检查救生艇筏，密切监测船上油水舱液位，随时做好弃船准备；另一方面调派两艘海事巡逻艇，迅速前往现场救助。上午 9 点左右，海事部门指挥这艘货船在漳州东山水域冲滩，防止船舶沉没。随后将船上的 4 名船员转移至海事巡逻艇上。

此外，为了避免燃油泄漏，海事部门同时调派清污船卸驳船上存油，并在该轮周围布设围油栏。下午 3 点，这艘货船除了在卸油过程中发生少量燃油泄漏外,其他燃油已全部卸驳完毕。海事巡逻艇在事故现场持续进行监控。

这艘货船总长 126 米,宽 21 米,总重量超 7000 吨。

目前对该货船的后续抢险处置仍在进行中,漳州海事局已启动相关事故调查工作。◎

提示:①语篇结构

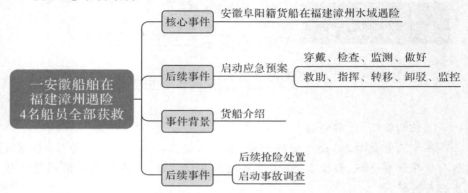

②长句解析:解证句群

当天早上 7 点左右,漳州市海上搜救中心接到报警电话后,立即启动应急预案,一方面要求船上 4 名船员全部穿戴好救生衣,检查救生艇筏,密切监测船上油水舱液位,随时做好弃船准备;另一方面调派两艘海事巡逻艇,迅速前往现场救助。上午 9 点左右,海事部门指挥这艘货船在漳州东山水域冲滩,防止船舶沉没。随后将船上的 4 名船员转移至海事巡逻艇上。

此外,为了避免燃油泄漏,海事部门同时调派清污船卸驳船上存油,并在该轮周围布设围油栏。下午 3 点,这艘货船除了在卸油过程中发生少量燃油泄漏外,其他燃油已全部卸驳完毕。海事巡逻艇在事故现场持续进行监控。

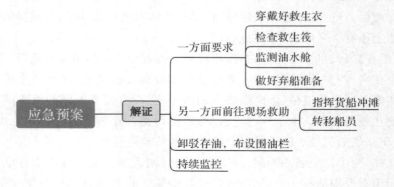

强降雨袭扰我国多地
国道 215 线当金山段多处边坡垮塌

（央视网 2019 年 6 月 21 日《新闻直播间》）

扫码听
参考录音 2-1-6

●【口播】受持续降雨影响,昨天凌晨,位于青海、甘肃、新疆三地交界处的国道 215 线当金山段多处发生边坡垮塌和泥石流,造成道路中断。

【配音】昨天,甘肃酒泉出现大范围降雨天气,在酒泉阿克塞县,降雨引发山洪,造成国道 215 线当金山段出现坍塌,道路交通受到影响,所幸未造成人员伤亡。

当地立即组织抢险救灾人员赶赴现场,开展路面抢修,对道路设置警示标志。交警部门对该路段的过往车辆实行临时管制,预防道路交通事故发生。由于该路段是青海省海西蒙古族藏族自治州通往甘肃敦煌的唯一道路,为防止可能出现的交通拥堵和人员被困,海西州交警部门在大柴旦和冷湖等地对车辆进行了安全提示和劝返。目前该路段仍在紧急抢修中。

交警部门提醒广大司乘人员,服从交警指挥,关注实时路况信息,调整出行安排。◎

提示:①语篇结构

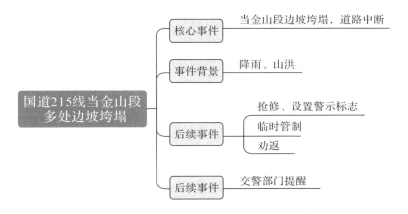

②长句解析:并列句群

　　当地立即组织抢险救灾人员赶赴现场,开展路面抢修,对道路设置警示标志。交警部门对该路段的过往车辆实行临时管制,以预防道路交通事故发生。由于该路段是青海省海西蒙古族藏族自治州通往甘肃敦煌的唯一道路(这一句拉平带过),为防止可能出现的交通拥堵和人员被困,海西州交警部门在大柴旦和冷湖等地对车辆进行了安全提示和劝返。

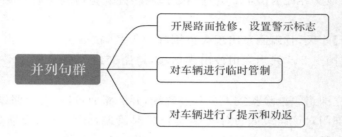

　　并列句群
　　　开展路面抢修,设置警示标志
　　　对车辆进行临时管制
　　　对车辆进行了提示和劝返

我维和医疗队成功救治车祸伤员

（央视网 2019 年 6 月 21 日《新闻直播间》）

扫码听
参考录音 2-1-7

　　●【口播】近日,联合国驻马里综合稳定特派团一名当地雇员遭遇车祸被送往联马团中国二级医院,我国第七批赴马里维和医疗队接诊后立即对其进行救治。

　　【配音】这名联合国当地雇员前几天被汽车撞伤,胸部在联马团埃及一级医院就诊后并未减轻疼痛,被转送至中国二级医院治疗。

　　了解情况后,医疗队立即组织相关医生对患者进行病情会诊,并进行了 X 光、彩超等辅助检查。

　　【同期声】中国第 7 批赴马里维和医疗队医生李本章:我们发现患者左侧六、七肋骨骨折,肋膈角变钝,存在胸腔积液,极有可能是血胸,需要进行胸腔穿刺治疗。

　　【配音】由于血胸有引起呼吸困难和感染的风险,医生决定立即实施胸腔穿刺术。但是 X 光检查显示,这名患者是罕见的镜像人,穿刺术存在一定风险。

　　【同期声】中国第 7 批赴马里维和医疗队医生申建:他的心脏和肝脏都长在正常人的反面,这对我们的穿刺操作造成了一定的影响,我们在临床上也很少遇到这样的情况。

【配音】为了确保手术百分百安全,医生在彩超引导下对患者位置进行了准确定位,并进行胸腔穿刺术,抽出胸腔内血性液体,使患者转危为安。随后几天经过进一步抗炎止血等对症治疗,目前这名患者已经脱离了生命危险。◎

提示:①语篇结构

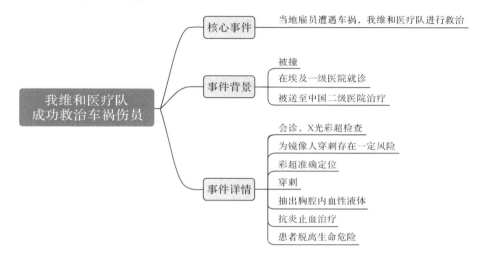

②同期声

同期声即同期录音,也被称为现场声。区别于主播出镜口播和配音,新闻节目中的同期声是指在拍摄画面的同时进行录音的方法,多用于新闻采访和现场报道,以突出新闻内容的真实感、权威性以及观众的参与感。另外,同期声采访中的语速与主播语速不同,运用同期声能够让语言节奏具有多样性。同期声可以替代新闻导语之外的任何一部分,如事件详情、评析、背景介绍等。

当新闻配音中穿插同期声时,配音员要了解采访对象说话的内容,以保持叙事内容与语流的承接性。特别是同期声中提到过的内容、强调过的重音,配音时主播就不必再次进行强调了。

如果配音稿件中有引出下文的句子,就要留有悬念,让同期声采访来解答疑问;如果配音稿件中有总结意味的句子,则要承接上文内容,变化语气起到评析的作用。总而言之,同期声属于新闻语篇中的一部分,不要将其排除在语篇之外,主播要从全局考虑,结合上下文,将语篇处理得更有整体感。

北京大兴国际机场将竣工
飞行程序获批 机场具备通航条件

（央视网 2019 年 6 月 6 日《新闻直播间》）

扫码听
参考录音 2-1-8

● 【口播】记者从北京大兴国际机场建设指挥部获悉，大兴机场飞行程序正式获得民航华北地区管理局批复，包括机场飞行程序、运行最低标准及机场使用细则。作为大兴机场开航筹备的重要节点，此项工作的完成标志着大兴机场已具备通航条件，为工程验收和机场开航奠定了坚实基础。

【配音】为全面验证飞行程序、检验机场建设成果，大兴机场分别于 2019 年 1 月和 5 月进行了投产校验飞行和真机试飞。其中，投产校验飞行历时 34 天、112 小时，对本场飞行程序、助航灯光、导航设备等进行了全方位校验；于 5 月 13 号开始的试飞工作将持续到 9 月。5 月 13 号进行的基本试飞由南航、东航、国航及厦航共同参与，对进近、进港和离港程序进行了实地试飞，并由国航对全部飞行程序进行了模拟机试飞，验证了飞行程序的安全性和适用性。

下一步，大兴机场还将于 8 月至 9 月开展机场低能见度专项试飞和全面试飞，确保机场投入运行后空地协同、顺畅高效。

据悉，北京大兴国际机场将于 6 月 30 号竣工，于 9 月 30 号前正式开航。◎

提示：①语篇结构

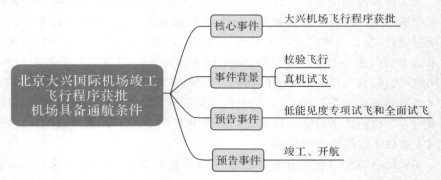

②长句解析：总分句群

为全面验证飞行程序、检验机场建设成果，大兴机场分别于 2019 年 1 月和 5 月进行了投产校验飞行和真机试飞。其中，投产校验飞行历时 34 天、112 小时，对本场飞行程序、助航灯光、导航设备等进行了全方位校验；于 5 月 13

号开始的试飞工作将持续至 9 月。5 月 13 号进行的基本试飞由南航、东航、国航及厦航共同参与，对进近、进港和离港程序进行了实地试飞，并由国航对全部飞行程序进行了模拟机试飞，验证了飞行程序的安全性和适用性。

中国大熊猫
亮相莫斯科动物园
（央视网 2019 年 6 月 6 日《朝闻天下》）

扫码听
参考录音 2-1-9

●【口播】大熊猫是名副其实的中国国宝，它们憨态可掬、与世无争的模样早就赢得了全球各地人们的宠爱。如今来自中国的两只大熊猫在俄罗斯莫斯科动物园亮相，在正式亮相前，央视记者提前来到莫斯科动物园探访。

【配音】今年 4 月 29 号，中国大熊猫如意和丁丁抵达俄罗斯，开启为期 15 年的中俄大熊猫保护研究合作项目，目前它们俩已经顺利地落户莫斯科动物园。为迎接它们，莫斯科动物园改造了大熊猫馆，修建了包括室内外活动场所、食物调制间、竹子保鲜室、监控室等设施，并购置了全新的硬件设备。

莫斯科动物园园长弗拉基米罗夫娜说，俄罗斯人早就迫不及待地想到动物园来看大熊猫了。

据了解，近段时间以来，中国专家一直与俄方工作人员一起精心照顾这对大熊猫，帮助他们适应在莫斯科动物园新家的生活。动物园定期从四川空运竹子、竹笋，大熊猫可以从中国竹子和俄罗斯竹子中选择最可口的食物。

来自中国大熊猫保护研究中心的饲养员王平峰告诉记者，如意和丁丁已经基本适应了在莫斯科的生活。

2019 年 2 月 28 号，中国野生动物保护协会与莫斯科动物园签订了关于开展大熊猫保护研究合作的协议。按照协议规定，俄罗斯莫斯科动物园还提前派遣专职饲养人员及兽医前往中国大熊猫保护研究中心，学习大熊猫饲养及医疗技术。

在中国接受培训的饲养人员伊琳娜说，自己觉得很幸福，因为饲养大熊猫是每一个动物园饲养员的梦想。

莫斯科动物园园长告诉记者,这对大熊猫不仅是中俄友谊的使者,也为提高中俄两国濒危物种和生物多样性保护水平打开了新的机遇。◎

提示:这篇新闻的核心事件只存在于导语部分,正文全部是背景与评析。播报时,不必将语流扬得太高,可用轻松活泼的基调展现新闻内容。

语篇结构

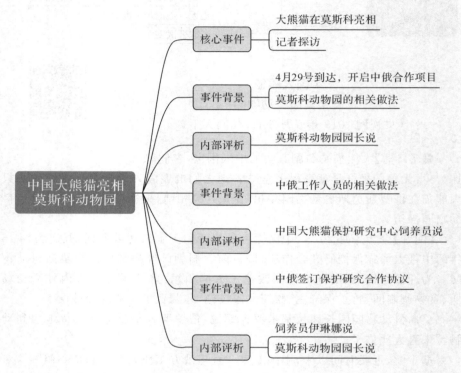

平潭海峡公铁两用大桥
最大跨度航道桥元洪航道桥合龙
（央视网 2019 年 6 月 6 日《新闻直播间》）

扫码听
参考录音 2-1-10

●【口播】昨天上午,福建平潭海峡公路铁路两用大桥最大跨度的航道桥元洪航道桥成功合龙。

【配音】6 月 5 号上午 10 点 18 分,随着一块重量 452.1 吨的钢桁梁被起重机提升到元洪航道桥中部的指定位置,元洪航道桥成功合龙。据了解,元洪航道桥为钢桁混合梁斜拉桥,主跨达 532 米,可以满足 5 万吨级船舶在一个小孔内双向通航。由于大桥所在的平潭海峡每年 6 级以上大风超过 300 天,为了快速、安全、高质量地完成钢桁梁架设施工,元洪航道桥钢桁梁采用总结段全焊、多结段连续匹配制造。

平潭海峡公路铁路两用大桥全长 16.34 公里,连接福建长乐和平潭综合实验区。大桥上层设计为双向时速 100 公里的六车道公路,下层为时速 200 公里的双线铁路,是合福铁路的延伸和京台高速公路的重要组成部分。大桥共设有元洪航道、鼓屿门水道、大小练岛水道三座斜拉主航道桥。

目前元洪航道桥、大小练岛水道的航道桥已经完成合龙,最后一座鼓屿门水道航道桥也将于今年 9 月底合龙。全桥预计在今年 10 月实现贯通。◎

提示:①语篇结构

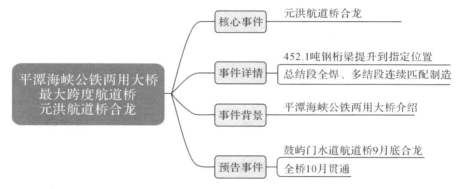

②专用语言

航道桥;元洪航道桥;合龙;钢桁(héng)梁;混合梁;斜拉桥;主跨;总结段;多结段;全焊;鼓屿门水道;大小练岛。

英国伦敦东部一住宅楼起火
（央视网 2019 年 6 月 10 日《中国新闻》）

扫码听
参考录音 2-1-11

●【口播】当地时间 9 号,英国伦敦东部的一栋住宅楼起火,当地消防人员紧急展开灭火行动。

【配音】据消防部门提供的最新消息,目前大火已经被基本扑灭。当时目击者拍摄的画面显示,大火持续燃烧,火舌蔓延出窗户,消防人员在紧急灭火。当地消防人员表示,他们是在 9 号下午 3 点 31 分接到报警电话的。接到报警后他们立即派出消防车赶往现场进行灭火行动。尽管救援及时,但由于火势凶猛,大火仍导致住宅楼多户房屋受损。目前经过消防人员的努力,大火已经被基本扑灭。

　　当地消防部门表示,除了两名消防员受轻伤外暂无其他人员伤亡消息,起火原因尚不清楚。

　　大约两年前,位于伦敦西部肯辛顿区的格伦费尔大楼凌晨发生大火,火灾共造成 71 人遇难。◎

　　提示:语篇结构

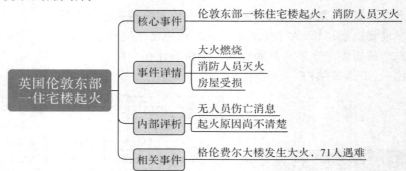

卢旺达举行庆典
纪念解放 25 周年
（央视网 2019 年 7 月 5 日《新闻直播间》）

扫码听
参考录音 2-1-12

　　●【口播】7 月 4 号是非洲国家卢旺达的解放日。1994 年 7 月 4 号,卢旺达爱国阵线军队占领了基加利,结束了震惊世界的卢旺达大屠杀。从此呢,每年的解放日卢旺达都要举办各种庆典活动。而今年因为是 25 周年,更是举行了盛大的阅兵式。

　　【配音】当地时间 7 月 4 号上午 10 点半,卢旺达解放 25 周年庆典在首都基加利的国家和平体育场举行,庆祝卢旺达解放 25 周年。卢旺达总统保罗卡加梅在庆典上检阅了由军队和警察组成的阅兵方阵。非洲多国领导人和国际组织代表等参加庆典并一起观看了阅兵式和随后的舞蹈演出。除庆典外,卢旺达还举行了重走解放路"解放战争主题电影"首映和民生项目落成仪式等庆祝活动。◎

　　提示:①背景在前。这篇新闻首先是介绍背景——1994 年 7 月 4 号,结束卢旺达大屠杀。表达时,语势不要起太高,要为核心事件"阅兵式"留余地。

②语篇结构

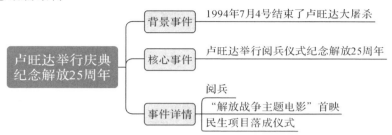

背景事件　　1994年7月4号结束了卢旺达大屠杀

核心事件　　卢旺达举行阅兵仪式纪念解放25周年

卢旺达举行庆典纪念解放25周年

事件详情　　阅兵
　　　　　　"解放战争主题电影"首映
　　　　　　民生项目落成仪式

坦桑尼亚一油罐车爆炸
至少 60 人死亡

（央视网 2019 年 8 月 11 日《第一时间》）

扫码听
参考录音 2-1-13

●【口播】当地时间 10 号上午,坦桑尼亚东部莫罗戈罗省发生一起油罐车爆炸事故,造成至少 60 人死亡、70 多人受伤。

【配音】当地官员表示,一辆油罐车当天上午在莫罗戈罗省行驶途中因躲避摩托车导致翻车,车上装载的燃油泄漏引发附近民众哄抢。随后油罐车发生爆炸,造成大量人员伤亡。

事故发生后,消防人员和警察已赶赴现场实施救援,受伤人员已被陆续送往医院抢救,但死亡人数还有可能进一步上升。

另据美联社报道,在东非常发生百姓在偷燃油时被炸死的事件。2013 年乌干达首都坎帕拉郊区发生了一起类似的致命事故,造成至少 29 人死亡。◎

提示:①语篇结构

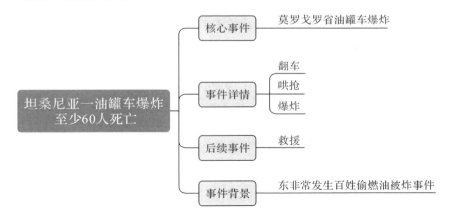

核心事件　　莫罗戈罗省油罐车爆炸

事件详情　　翻车
　　　　　　哄抢
　　　　　　爆炸

坦桑尼亚一油罐车爆炸至少60人死亡

后续事件　　救援

事件背景　　东非常发生百姓偷燃油被炸事件

②长句解析:连贯句群

一辆油罐车当天上午在莫罗戈罗省行驶途中因躲避摩托车导致翻车,车上装载的燃油泄漏引发附近民众哄抢。随后油罐车发生爆炸,造成大量人员伤亡。

解证句群

在东非常发生百姓在偷燃油时被炸死的事件。2013年乌干达首都坎帕拉郊区发生了一起类似的致命事故,造成至少29人死亡。

泰国南部一检查站遭袭
致 4 死 3 伤

（央视网 2019 年 7 月 25 日《新闻直播间》）

扫码听
参考录音 2-1-14

● 【口播】据泰国媒体 24 号报道,泰国南部北大年府一安全检查站 23 号晚遭到袭击,致 4 人死亡、3 人受伤。

【配音】据媒体称,设在道路上的一个安全检查站先是发生爆炸,随后多名蒙面者开枪袭击工作人员并逃逸。

泰国军方称,事件发生于当地时间 23 号 20 点左右,死者和伤者为军方人员和当地志愿安保人员,目前尚不清楚袭击者的人数和身份,军方正在追捕袭击者。

泰国总理兼国防部长巴育 24 日对遇难者家属表示哀悼,要求当地相关部门做好救治和抚恤工作,同时下令军警密切追查袭击者及背后团伙。巴育同时对泰国南部三府局势表示关切。他表示将进一步加强安保措施,为当地民众创造和平生活环境。

北大年、那拉提瓦和也拉是泰国最南端的三个府,通常被称为泰南三府。自 2004 年以来,泰南三府的分离主义分子经常在当地制造爆炸袭击事件,已造成约 7000 人死亡。◎

提示:语篇结构

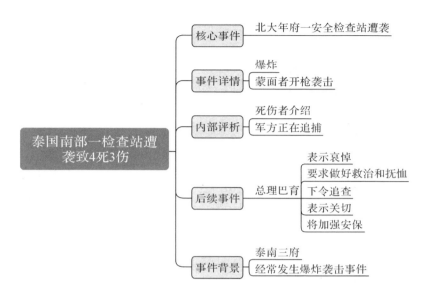

哥伦比亚地方检察院
遭手榴弹袭击

（央视网 2019 年 7 月 9 日《新闻直播间》）

扫码听
参考录音 2-1-15

●【口播】当地时间 8 号凌晨 3 点，哥伦比亚北桑坦德省奥塔尼亚市检察院遭到了手榴弹的袭击，所幸的是袭击发生于凌晨时分，检察院内没有人员，事故仅造成了部分建筑物损毁。

【配音】监控录像显示，检察院连续发生至少 3 次爆炸，当地警方表示，这是最近两周以来北桑坦德省发生的第 15 起暴力袭击事件。初步调查显示，哥伦比亚第二大反政府武装民族解放军很可能制造了此次袭击，目的是报复政府军 6 月底开始在当地发动的武装打击行动。

在同一天，在哥伦比亚的纳里尼奥省的乔柯市一处警察巡逻站也遭遇了爆炸物的袭击，造成至少一名巡警死亡，另有一人受伤。目前警方仍在追查袭击者。

提示：语篇结构

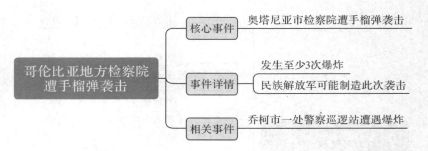

巴黎圣母院周边
开始深度清理铅污染

（央视网 2019 年 8 月 15 日《新闻直播间》）

扫码听
参考录音 2-1-16

●【口播】今年 4 月法国巴黎圣母院遭遇的火灾除了让这座全球知名的建筑受损严重,还留下了威胁人体健康的安全隐患——铅污染。从本月 13 号起,法国巴黎市政府开始对巴黎圣母院附近区域进行铅污染的深度清理。

【配音】从本月 13 号起,法国巴黎市政府开始在巴黎圣母院附近区域使用高压喷洒的方式,向周围土壤释放能去污的表面活性剂和胶黏剂,从而深度清理因圣母院大火造成的铅污染。据当地媒体报道,相关部门将在清理行动结束时回收这些表面活性剂和胶黏剂,整个过程至少需要 5 天时间。

巴黎警察局 12 号封锁了巴黎圣母院周边一带的交通,以便在 13 号开始清理工作。交通封锁将持续至 23 号,期间巴黎圣母院附近的部分地铁站和公交站将关闭,公交车改道行驶。

4 月 15 号,巴黎圣母院突发火灾,圣母院的屋顶和塔尖被烧毁,但主体建筑得以保存。环境保护组织随后发出警告,圣母院被焚毁的建筑材料中所含的大量铅随着大火散播到空中和周边,威胁附近居民尤其是儿童的健康。◎

提示:①语篇结构

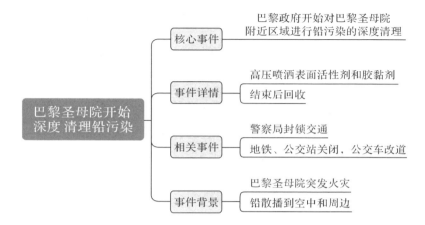

②长句解析：因果句群

从本月 13 号起，法国巴黎市政府开始在巴黎圣母院附近区域使用高压喷洒的方式，向周围土壤中释放能去污的表面活性剂和胶黏剂，从而深度清理因圣母院大火造成的铅污染。

"从而"一词引导的句子为因果复句。但是本篇新闻中的导语中已经提到过"深度清理铅污染"，因此，这一句中的"深度清理"不必重复强调。而应将重点放在"高压喷洒""表面活性剂""胶黏剂"上，以详细介绍"深度清理铅污染"的方法。

叙利亚政府军
一架战机被击落
（央视网 2019 年 8 月 15 日《朝闻天下》）

扫码听
参考录音 2-1-17

●【口播】叙利亚国家通讯社 14 号报道，叙利亚政府军的一架战机当天在西北部伊德利卜省被击落。

【配音】据报道，当时这架战机是在执行任务捣毁极端组织征服阵线总部时遭到武装分子袭击的，战机上的飞行员生死未卜。另据路透社报道，征服阵线表示他们击落了叙利亚政府的一架苏 22 战机,该战机从霍姆斯省一个空军基地起飞。

伊德利卜省是叙利亚反政府武装和极端组织在叙利亚现在控制的最后一块主要地盘,叙利亚军方重启伊德利卜省的军事行动。

据叙利亚国家通讯社报道,继 11 号收复伊德利卜省战略要地霍柏特之后,叙利亚政府军继续展开军事行动,于 14 号收复了霍柏特周边 4 个村镇。收复行动造成反政府武装分子大量伤亡,残余武装人员逃往附近的城市汉谢洪。◎

提示:语篇结构

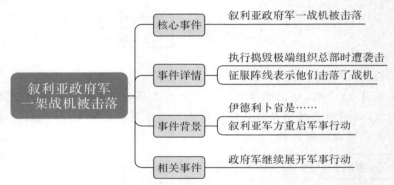

俄罗斯一客机起火迫降
41 人遇难
(央视网 2019 年 5 月 6 日《第一时间》)

扫码听
参考录音 2-1-18

●【口播】俄罗斯一架客机 5 号从莫斯科谢列梅捷沃机场起飞后起火,飞机随后返航,并且在机场迫降。据俄罗斯 24 频道援引俄侦查委员会的消息报道说,这起事故已经造成 41 人遇难。中国驻俄罗斯大使馆在 5 号证实,事故飞机上没有中国公民。

【配音】从现场视频中可以看到,这架飞机在落地时冒出滚滚黑烟,火焰和浓烟几乎完全覆盖了飞机的后半部分,所过之处的机场草坪上留下一串燃烧的火焰。有消息人士对俄罗斯媒体称,着陆时飞机左侧机翼剧烈燃烧,一些乘客在飞机尚在滑行时就从机舱跳出。视频显示,在飞机停稳后机身后部迅速被火焰吞没,机身前部两侧有逃生滑梯展开,部分乘客逃离火场。

据报道,这架苏霍伊超级 100 型客机当地时间 5 号 17 时 50 分从莫斯科谢列梅捷沃机场起飞前往俄罗斯西北部城市摩尔曼斯克,机上共有 78 人,包括 73 名乘客和 5 名机组人员。

　　事发后,莫斯科谢列梅捷沃机场一度关闭,目前处于限流模式运行,机场仅保留一条跑道供飞机起降。莫斯科多莫杰多沃机场向部分谢列梅捷沃机场的航班开放。◎

　　提示:语篇结构

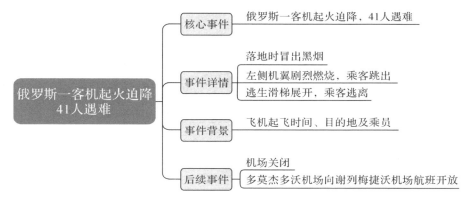

利比亚的黎波里
非法移民安置中心遭空袭

（央视网 2019 年 7 月 5 日《新闻直播间》）

扫码听
参考录音 2-1-19

　　●【口播】来关注利比亚首都的黎波里非法移民安置中心遭空袭的事件,目前事件造成的死亡人数还在上升。据遭袭的非法移民安置中心公布的信息,死亡人数可能达到 60 人,另有 77 人受伤。而联合国方面已对该事件予以强烈谴责。联合国安理会还在当地时间 3 号晚举行了闭门会议。

　　【配音】联合国秘书长发言人 3 号表示,联合国秘书长古特雷斯对此次空袭感到愤怒并已经要求对此展开独立调查。联合国秘书长利比亚问题特别代表加桑·萨拉姆当天发表声明,强烈谴责此次空袭。萨拉姆表示,这一行为已经明显相当于战争罪。联合国难民署方面也对空袭表示强烈谴责并呼吁对非法移民展开人道主义援助。联合国难民署方面还表示,目前救援行动仍在继续开展。

　　据了解,这个非法移民安置中心内有 600 多人,基于当地紧张局势,事发前,联合国方面已经呼吁所有人员尽快从这个安置中心撤离但并没有奏效。

　　据报道,支持利比亚民族团结政府的武装力量,有部分军营就位于发生空袭的这一地区。利比亚民族团结政府发表声明,指责利比亚国民军发动了野蛮空袭,利比亚国民军对此予以否认。

目前利比亚两大势力割据对峙。利比亚民族团结政府与支持它的武装力量控制西部部分地区,国民代表大会则在东部城市图卜鲁格另建政府,与哈夫塔尔领导的国民军联盟控制东部和中部地区、南部主要城市及部分西部城市。◎

提示:①语篇结构

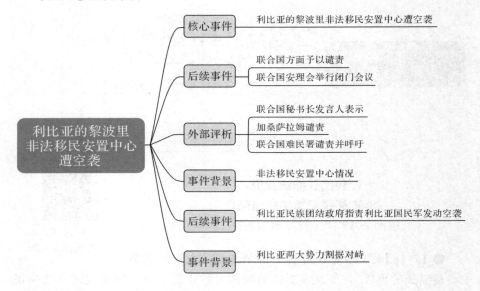

②长句解析:因果句群

据报道,支持利比亚民族团结政府的武装力量,有部分军营就位于发生空袭的这一地区。利比亚民族团结政府发表声明指责利比亚国民军发动了野蛮空袭,利比亚国民军对此予以否认。

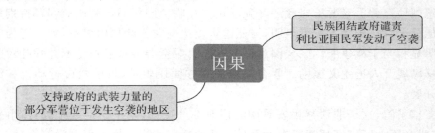

③总分句群

目前利比亚两大势力割据对峙。利比亚民族团结政府与支持它的武装力量控制西部部分地区,国民代表大会则在东部城市图卜鲁格另建政府,与哈夫塔尔领导的国民军联盟控制东部和中部地区、南部主要城市及部分西部城市。

米佐塔基斯
宣誓就任希腊总理

(央视网 2019 年 7 月 9 日《朝闻天下》)

扫码听
参考录音 2-1-20

●【口播】当地时间 8 号中午,希腊新民主党主席基里亚科斯·米佐塔基斯宣誓就任希腊总理。当晚希腊新内阁成员名单公布,新内阁成员将于 9 号集体宣誓就职。

【同期声】希腊总理基里亚科斯·米佐塔斯基:昨天,希腊民众赋予我们一项改变希腊的使命,我们将全力履行这一使命,艰苦的工作今天开始了。我有充分的信心,尽我们全力去应对挑战。

【配音】基里亚科斯·米佐塔基斯于 1968 年出生于希腊一个政治世家,他的父亲康斯坦丁·米佐塔基斯曾出任希腊总理。进入政界前,他在英国和希腊主要从事投行和金融分析工作。米佐塔基斯 2004 年成为希腊议会议员;2013 年至 2015 年 1 月担任希腊行政改革部长;2016 年 1 月被选为新民主党主席,并担任至今。

在 7 号的希腊议会选举中获胜后,米佐塔基斯当晚表示,他将致力于深化改革,推动希腊经济进一步复苏。

有分析指出,尽管新民主党在财政统筹、经济发展和吸引投资方面有较丰富的经验,但是要想实现竞选承诺,如实现大幅度、大范围减税和提高最低生活标准的计划,还会受制于国际债权人的监管与约束。紧缩还是松绑,仍然是新一届希腊政府在国际债权人与希腊各界之间很难找到平衡点的一项巨大挑战。◎

提示:①语篇结构

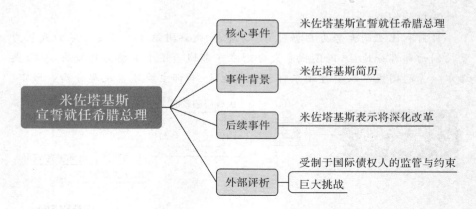

②长句解析:转折句群

尽管新民主党在财政统筹、经济发展和吸引投资方面有较丰富的经验,但是要想实现竞选承诺,如实现大幅度、大范围减税和提高最低生活标准的计划,还会受制于国际债权人的监管与约束。

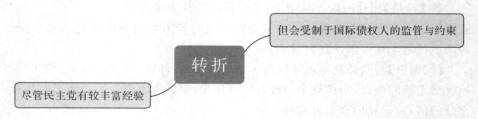

突尼斯一非法移民船沉没
80多人恐遇难
（央视网 2019 年 7 月 5 日《新闻直播间》）

扫码听
参考录音 2-1-21

● 【口播】国际移民组织日前称,一艘载有非法移民的船只 3 号在地中海沉没,80 多人失踪,可能已经遇难。

【配音】国际移民组织称,3 号,一艘载有非法移民的船只在突尼斯附近海域失事,船上搭载的 86 人仅 4 人获救,另外 82 人下落不明,可能已经遇难。4 名获救者被送往突尼斯,其中 1 人已经死亡。

据悉,这艘船从利比亚出发驶往欧洲,搭载的非法移民来自马里、科特迪瓦、塞内加尔等国。船只严重超载,失事时船上人员大部分选择了跳海。

而在当地时间 4 号,意大利一艘人道主义救援船在地中海中部海域附近救起 54 名非法移民,其中包括 11 名孕妇和 4 名儿童。据报道,这 54 人搭载一艘橡皮艇,试图从利比亚偷渡至欧洲意大利。意大利救援船希望将这些非法移民转移至最近的安全港口兰佩杜萨。不过意大利内政部长马泰奥萨尔维尼在社交网站上表示,他反对该救援船进入意大利境内,并建议该船前往突尼斯。

2011 年卡扎菲政权被推翻以来,利比亚政局陷入持续动荡,政府无法对海岸线和陆上边界实施有效管控,许多非法移民抵达利比亚,以此为中转站横跨地中海偷渡至欧洲国家。国际移民组织 6 月发布的一份报告显示,179 万非法移民 2014 年至 2018 年在地中海死亡、失踪。◎

提示:语篇结构

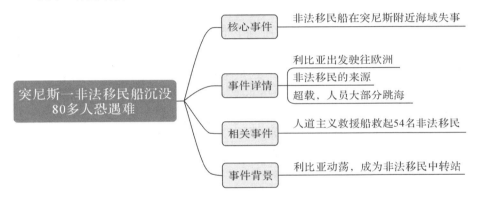

思考题

1. 怎样准备稿件?
2. 什么是背景? 怎样联系背景?
3. 什么是基调? 怎样确定基调?
4. 怎样划分新闻稿件的结构?

第二节　变速:疏密有致的对比推进

节奏是任何艺术创作都必不可少的手段。在播音当中,抑扬顿挫、轻重缓急不仅能形成声音形式的变化,更能体现思想感情的波澜起伏。一成不变的节奏只会让受众感到沉闷、乏味,令人昏昏欲睡,甚至因为重点不够突出而令听者不知所云。

我们知道,简洁、明快、连贯、流畅是新闻播报的要求,新闻播报的速度也比诗歌、散文的速度快很多。当前,新闻播报的语速越来越快,广播新闻播音语速已经达到每分钟260字以上,不少电视主播在一些片段中语速甚至高达一分钟300字以上。这对主播的表达能力提出了很高的要求。但是,新闻播报并不是越快越好,不能为了快而快,更何况新闻分为时政新闻、社会新闻、民生新闻、文体新闻等,不同新闻的播报对速度的要求也不一样。新闻主播仍应该以表达准确为目的,在此基础上追求节奏的变化。因此我们提倡有快有慢,在疏密有致的节奏变化中体现传播目的、表达意图和语言个性。

变速,是语言表达节奏上形成的对比,有了对比就有了变化,有了变化就有了主次。张颂教授指出:"只有对比,才有可能向前推进;只有推进,对比才会有生命活力。"变速不仅仅是从听觉上能产生有快有慢的节奏感,更能够将新闻的重点凸显出来,更好地让受众接受新闻重点。我们知道,在短时间内,重点越少,受众越容易理解与掌握。相反,重点越多,受众就越不容易听懂。因此,新闻主播要通过减速来突出重点,通过加速来将不那么重要的部分略过。

一般来说,电视新闻播音的语速快于广播新闻播音,新闻正文部分的语速快于导语(口播)部分,背景部分的语速则快于正文部分,评析部分的语速则慢于背景部分。

一、小句中"旁支"加速

在小句中,状语、介词短语、插入语都属于非主干部分,这些"旁支"可加速带过。

(一)话头

所谓"话头"是信息来源的指示信息,是主谓句主语之前的成分,语言学中将这些成分称为"超句句段",因此可以加速带过。

● 据报道,伊朗卫生部长纳马基表示,目前伊朗国家动员计划相关人员已经完成了1400万人的疫情排查工作,其中73435人发现有相关症状,1605人入院治疗。◎

扫码听
参考录音 2-2-1

● 据知情人士透露,英国首相约翰逊发布的新版脱欧协议中拟作出让步,允许北爱尔兰地区在2021年过渡期结束后,继续维持欧盟单一经济区的地位4年,直至2025年底。◎

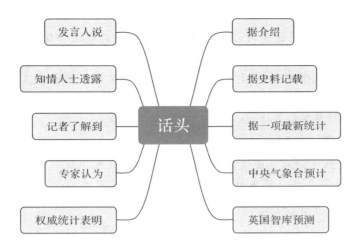

（二）"除了……"

● 快速通关"绿色通道"将以往试运行期间的农产品清单目录扩大至农副产品,除了水果、蔬菜外,还有干果、花生、葵花籽、番茄酱、面条等特色产品,均可通过"绿色通道"实现快速通关。◎

扫码听
参考录音 2-2-2

（三）"在……的同时"

● 7 号至 8 号,北京石刻艺术博物馆举办"第七届五塔寺端午文化嘉华"民俗文化活动,为来馆的各界观众提供一次假日休闲娱乐的传统文化盛宴。节日期间,观众们可以在领略石刻艺术的同时,观看端午历史文化展览,书画笔会、儿童五子棋比赛,参与到包粽子比赛活动中。◎

扫码听
参考录音 2-2-3

● 财政部强调,各省份要落实"省负总责"的要求,将新增中央财政专项扶贫资金主要用于深度贫困地区脱贫攻坚;在支持"三区三州"的同时,重点加大对"三区三州"外贫困人口多、贫困发生率高、脱贫难度大的深度贫困地区的投入力度。◎

（四）"与……相比""相较于……"

● 2021 年 1—2 月,中国品牌乘用车共销售 136.2 万辆,同比增长 87.5%,占乘用车销售总量的 42.6%,占有率比上年同期提升 3.1 个百分点。与上年同期相比,各主要外国品牌销量同比均呈快速增长,其中美系和法系增速更

扫码听
参考录音 2-2-4

为显著。◎

● 可以说,在短时间内,人类在载人航天领域的突破和探索,无外乎是建造和升级空间站、重返月球、载人登陆火星。相较于载人登陆火星的未知性和重返月球的有限探索意义,空间站建造显然是载人航天领域更具积极价值的科学实践,并且能够成为一个新的国际合作大平台,以科技联系世界,带动世界各国和平利用探索外太空。◎

(五)"随着……"

● 随着秋冬季局部疫情基本结束,服务业景气度迅速恢复,供求同步上升。调查样本企业普遍表示,疫后市况的进一步复苏,提振了新项目与顾客数量。◎

扫码听
参考录音 2-2-5

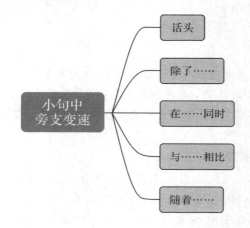

二、长句中"主偏"变速

偏正关系的句子由正句和偏句两部分组成,两者的关系是不平等的,有主有次。正句是基本的、主要的,因此在播报时要慢慢说,说清楚;偏句起修饰、限制作用,是辅助的、次要的,可以加速、拉平、带过。

前面我们提到过,"目的""因果""转折""选择(已定)""递进""让步""补充""条件(非必要)"属于偏正关系的长句,在实际表达过程中,可以有主有次、有快有慢地表达。

需要注意的是"必要条件",条件双方要进行呼应与对话,双方语速统一。因此在播报时,不能为了变速而变速,而应当根据语言的逻辑性与表达语境进行节奏的变化。

(一)目的句变速

● 为推进粤港澳大湾区建设,结合本地促消费政策,深圳市人民政府近期联合人民银行开展了数字人民币红包试点。◎

扫码听
参考录音 2-2-6

(二)补充句变速

● 今天,四川成都同步开通三条轨道交通线路,分别是地铁 5 号线一二期、10 号线二期及有轨电车蓉 2 号线,总里程达 101 公里,创下我国城市轨道交通一次性开通运营新纪录。◎

扫码听
参考录音 2-2-7

(三)条件句变速(非必要)

● 北京师范大学中国公益研究院儿童福利与保护研究中心主任张柳告诉记者:如果我们想让儿童的问题被发现、被解决,全面持续的数据是非常重要的。有了数据,我们才能看到孩子的状况,知道我们需要提供什么样的制度设计,评估孩子们的问题是否得到改善。◎

扫码听
参考录音 2-2-8

(四)递进句变速

● 现在不只是服刑人员未成年子女这块缺少定期公布的统计数据,展开一点说,儿童相关的数据也是相对缺乏的。◎

扫码听
参考录音 2-2-9

(五)转折句变速

● 尽管今天上午北京的降雪就会逐渐结束,天气将慢慢转晴,不过雪后气温低迷,公众还需做好防寒保暖工作。◎

扫码听
参考录音 2-2-10

(六)让步句变速

● 与在线支付相比,数字人民币离线支付的功能更受人们关注。即使没有联网,也能在线完成支付。◎

扫码听
参考录音 2-2-11

(七)因果句变速

● 当地时间 20 号晚 8 点 30 分左右,日本关东、东海和近畿等地上空出现了一个大"火球",这颗"火球"划过天际后消失在夜空中,整个过程持续数秒。据报道,由于时间不算太晚,多地民众都目睹了"火球"划过夜空的奇观。◎

扫码听
参考录音 2-2-12

(八)选择句变速(已定)

● 中国尊重所有国家享有平等的权利。事实上,不是中国不再尊重美国,而恰恰是美国首先不再尊重中国。◎

扫码听
参考录音 2-2-13

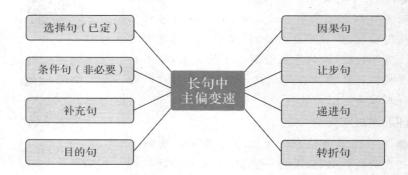

三、句群中"插入句"加速

在句群中,有时会插入一些句子以进行补充说明或背景介绍。为了让主干部分更加清晰,在播报"插入句"的时候要加速、拉平、带过,突出主要句群的结构与意义。

电力部门尽职尽责
确保汉十高铁安全运行
(央视网 2019 年 12 月 10 日《新闻直播间》)

扫码听
参考录音 2-2-14

● 针对持续低温天气,在汉十高铁云梦东站,国网云梦县供电公司工作人员加强户外线路及设备的防寒防冻隐患排查,加大室外重点设备区域的巡检力度。牵引变电所是高铁动车组牵引供电系统的心脏。供电与铁路部门紧密配合做好汉十高铁云梦东牵引变电所的绑定工作。◎

这个句群属于并列句群,介绍云梦县供电公司为高铁安全运行实施的保障措施:加强隐患排查、加大巡检力度、配合做好牵引变电所绑定工作。而"牵引变电所是高铁动车组牵引供电系统的心脏"这一句属于插入部分、补充说明,要下台阶、加速。下面这一篇新闻中"由于该路段是青海省海西蒙古族藏族自治州通往甘肃敦煌的唯一道路"也是插入句。

国道 215 线当金山段发生边坡垮塌
多部门组织抢险救灾

（央视网 2019 年 6 月 21 日《新闻直播间》）

扫码听
参考录音 2-2-15

● 受持续降雨影响,昨天凌晨,位于青海、甘肃、新疆三地交界处的国道 215 线当金山段多处发生边坡垮塌和泥石流,造成道路中断。

当地立即组织抢险救灾人员赶赴现场,开展路面抢修,对道路设置警示标志。交警部门对该路段的过往车辆实行临时管制,预防道路交通事故发生。由于该路段是青海省海西蒙古族藏族自治州通往甘肃敦煌的唯一道路,为防止可能出现的交通拥堵和人员被困,海西州交警部门在大柴旦和冷湖等地对车辆进行了安全提示和劝返。目前该路段仍在紧急抢修当中。◎

在新闻中,有些句子会以完全重复的形式第二次出现,这样的句子无须再次进行强调,可以加速带过。下面这篇新闻中"而它们南迁的时间也会比往年有所推后"第一次出现在导语部分,第二次完全重复属于长句中的"补充"句,可以加速带过。

新疆玛纳斯国家湿地公园
迎来 4 万多只越冬候鸟

（央视网 2019 年 10 月 31 日《新闻直播间》）

扫码听
参考录音 2-2-16

● 这两天,新疆玛纳斯国家湿地公园迎来了包括灰雁、鸿鹅在内的 4 万多只越冬候鸟。由于今年气温较往年相对偏高,迁徙越冬的候鸟数量比往年增加了近两倍,而它们南迁的时间也会比往年有所推后。

在玛纳斯国家湿地公园核心区,灰雁、鸿鹅等正在栖息觅食。湿地公园管理局的工作人员介绍,由于今年气温偏高、湿地内食物充足,越冬候鸟比往年提前一周到来,而它们南迁的时间也会比往年有所推后。

玛纳斯国家湿地公园位于世界候鸟迁徙三号线,是候鸟飞越天山的能量补充站。◎

四、语篇中功能变速

(一)背景加速

新闻所传递的信息通常具有新鲜、新奇、热门、重要的特点,但背景与核心事件相比就不那么新鲜了,它只是起到解释、说明的作用。因此背景部分可略微加速,语流略平,音高略低,以突出核心事件的主要地位。

美国国会众议院通过对"北溪-2"制裁条款
德国政府予以谴责
(央视网 2019 年 12 月 13 日《新闻联播》)

扫码听
参考录音 2-2-17

● 美国国会众议院 11 号通过 2020 财年国防授权法案,其中包括要求美国政府对"北溪-2"天然气项目相关方实施制裁的条款。据媒体报道,制裁条款涉及参与建设该项目的德国企业及个人、俄罗斯天然气工业石油公司,还有负责此次铺设管道的船只等。

德国联邦经济和能源部等多个政府部门和政党 12 号对该法案予以谴责。德国外交部表示,欧洲的能源政策应由欧洲决定,不由美国决定,德国坚决拒绝外部干涉。对此,俄罗斯外交部副部长格鲁什科 12 号表示,美国的制裁行为目的很明显,就是为了自身利益,同时让欧洲人承担损失。

【背景加速】"北溪-2"项目旨在铺设一条由俄罗斯经波罗的海海底到德国的天然气管道,可绕过乌克兰把俄罗斯天然气输送至德国。◎

(二)评析减速

评析是对新闻事件本质进行分析和探讨,对事件的价值、意义和影响进行说明。从社会功能上来说,评析更具引导作用,是国家与民众联结的纽带,既对国家的政策、法规进行传播,又对民众的要求、意愿、生活状态进行传递。评析的语言逻辑性强、长句多,因此,播报时需要减速来将是非、曲直传递出去,从而引发受众思考。

美联储加息推动美元持续走强
对世界经济构成风险

（央视网 2023 年 1 月 5 日）

扫码听
参考录音 2-2-18

● 美联储本轮加息周期使得美元持续走强，国际资金回流美国，造成不少国家和地区通胀高企、货币贬值，甚至面临债务违约等风险，还令发达经济体承压。去年 10 月下旬，东京外汇市场日元对美元汇率一度跌破 150：1，刷新 1990 年 8 月以来的最低点。去年欧元兑美元汇率持续下行，创下 20 年来欧元兑美元首次跌破平价的纪录。

【评析减速】美国经济政策具有显著的风险外溢效应，对 2023 年的世界经济构成风险。一方面，美国持续激进的货币和金融政策导致美元升值，增大新兴经济体资本外流的风险，引发全球市场流动性的危机。另一方面，美国经济政策调整破坏全球价值链稳定，直接影响世界其他地区产业发展、物价和就业稳定。◎

（三）描述减速

描述是更加生动、形象、细致的叙述。描述的对象包括事物具体形象、操作手法、事件进展过程，其语言更加口语化。因此，播报时应该将语速放慢，尽量将事物细节表达清晰。视频新闻播音要注意有声语言与画面的配合，配音时主播要提前想象一下电视画面的节奏，便于编辑后期剪辑。纯音频新闻由于没有画面进行补充，更需要减速将事物绘声绘色地表达清楚。

世界机器人大会
手术机器人显本领

（央视网 2022 年 8 月 21 日《新闻直播间》）

扫码听
参考录音 2-2-19

● 正在北京举行的 2022 世界机器人大会上，36 种新品机器人全球首发，应用领域不断拓宽，这些机器人到底有什么真本领呢？让我们去现场一探究竟。

【描述减速】您现在看到的是在手术台车中的一枚正在被剥壳的鹌鹑蛋。蛇形臂连接的手术终端正慢慢地从蛋膜上剥离蛋壳，而蛋膜则完好无损。据了解，这是一款单孔手术机器人，仅通过一个小孔置入一个多通道鞘管，递送一只 3D 电子高清内窥镜和三支手术工具，在主刀医生"遥操作"控制下就能完成各种精细手术动作。◎

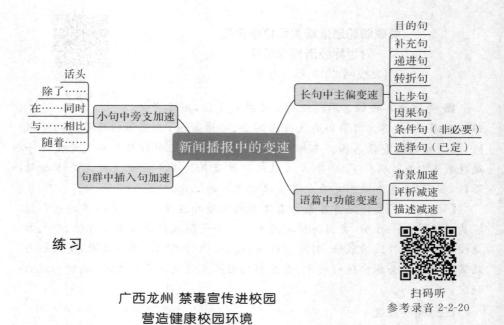

练习

广西龙州 禁毒宣传进校园
营造健康校园环境
（央视网 2023 年 2 月 19 日《新闻直播间》）

扫码听
参考录音 2-2-20

●【口播】为全面提升青少年识毒、防毒、拒毒的意识和能力，春季开学后，广西龙州禁毒宣传进校园活动陆续开展。

【配音】在龙州城南新区小学毒品预防教育基地，民警图文并茂地向学生们讲解毒品的危害以及青少年如何抵御毒品侵害等知识，同时通过真实的涉毒案例，深刻解析了毒品给个人、家庭、社会带来的危害。

据了解，当地禁毒宣传进校园活动还要向乡、镇、村、屯学校延伸，实现禁毒宣传第一课在全域各中小学校的全覆盖，积极营造健康无毒的校园环境。◎

提示：导语中目的句加速；后续事件加速。

2019 网络安全智能制造大会
在长沙举行
（央视网 2019 年 12 月 1 日《新闻直播间》）

扫码听
参考录音 2-2-21

●【口播】2019 网络安全智能制造大会近日在长沙举行，此次大会聚焦网络安全防护、人才培养和技术创新等方面，探索建立自主可控的网络安全生态系统。此次大会上有近 400 家国内外企业,展示了众多行业前沿制造产品。

【配音】这是一辆确认停好的网联汽车,一个黑客只需要通过代码和地址的输入就能打开车载音箱、雨刷器甚至开走汽车。从路由器智能门锁到共享电动车、自动贩卖机等,在此次大会的智能破解大赛上逐一被破解。

在 5G、人工智能、互联网、云计算等技术的快速发展下,网络安全威胁已经从数字世界进入到物理世界,攻击形式也将更复杂、更难以防范,也对网络安全技术保障提出了新要求。◎

提示:描述减速

电子社保卡界面升级
操作更加便捷

（央视网 2023 年 2 月 18 日《新闻直播间》）

扫码听
参考录音 2-2-22

●【口播】如今电子社保卡的功能越来越完善,在日常生活中也被我们广泛使用。近日,电子社保卡微信小程序和客户端的界面换新,民众使用将更加便利快捷。

【配音】在电子社保卡小程序里,底部菜单栏新增加了人社办事与便民生活两个入口,关于就业、创业、社会保障、人才、人事、劳动关系、社会保障卡等事项的办理都归在人社办事里。而便民生活里则是生活缴费、查找就医购药网点等。界面上新增了搜索栏,可以直接搜索相关服务。根据个人用户的使用习惯,会把使用最多的服务项目整理到这个"为你推荐"中,便于以后查找使用。电子社保卡开通的亲情服务和长辈版都放在了首页醒目的位置,方便帮助老年人办理业务事项。此次更新的电子社保卡界面特别上线了居民服务一卡通专区,目前可以查到部分省份能够应用一卡通的医院、药店、酒店、景区、图书馆、博物馆的名单,还可以查询一卡通使用明细,不管是支付结算还是待遇发放,都能一目了然。◎

提示:这篇新闻的服务功能较强,播报时在界面中的栏目与服务部分要减速,与电视画面进行配合,以便让受众更加清楚地了解操作方法。

"爱国主义电影主题教育
金鸡校园行"启动

（央视网 2020 年 10 月 13 日《新闻袋袋裤》）

扫码听
参考录音 2-2-23

● 为迎接即将于厦门举办的第 33 届中国电影金鸡奖活动，9 号上午，"爱国主义电影主题教育金鸡校园行"活动在福建省厦门实验小学启动。

活动当天，主办方特意选取了爱国主义电影《英雄小八路》片段让同学们进行表演，勾起了大家对那段英勇奋斗史的红色记忆。厦门实验小学的同学们生动演绎了电影中的经典桥段，用自己的方式穿越时空致敬经典，让 60 多年前的历史片段重现在观众面前。

据了解，电影《英雄小八路》1961 年上映，还原了厦门 1958 年"8·23"金门炮战中涌现出的少年群体的英勇事迹。1978 年 10 月，这部电影的主题歌《我们是共产主义接班人》被确定为中国少年先锋队队歌。◎

提示：背景加速

《永乐大典》的回归和再造
主题展览在广东展出

（人民网 2021 年 8 月 15 日）

扫码听
参考录音 2-2-24

●《永乐大典》的回归和再造主题展览日前在广东省立中山图书馆展出。

本次展览由广东省立中山图书馆联合国家图书馆共同举办，展示《永乐大典》的编纂历程、体例及内容、流散与收藏、搜集出版和回归等情况。展览遴选了广东省立中山图书馆馆藏的 50 余个版本，包括明清刻本、民国印本、当代仿真影印本等。

《永乐大典》是我国古代最大的一部类书。这部旷世奇书内容丰富、版式精美，却又命运多舛、屡遭浩劫。

中山图书馆相关负责人介绍，《永乐大典》的流散与聚合，是近代以来中华古籍保护事业的缩影，也是"文运同国运相牵，文脉同国脉相连"的明证。◎

提示：背景加速；评析减速

"时代楷模"北京榜样优秀群体
先进事迹报告会在北京举行

（央视网 2019 年 6 月 14 日《新闻直播间》）

扫码听
参考录音 2-2-25

● "时代楷模"北京榜样优秀群体先进事迹报告会今天在北京举行。

"北京榜样"优秀群体是新时代奋斗者的杰出代表,是美好幸福生活的创造者、守护者。这些源自基层、植根平凡、充满正能量的榜样人物,用实际行动深刻诠释了首都市民"热情开朗、大气开放、积极向上、乐于助人"的优秀品质。

中央和国家机关党员干部代表、北京市四套班子成员、首都各界干部群众代表、大中小学生和媒体代表约 800 人参加报告会。◎

提示:评析减速

福州市提高自闭症儿童
康复服务补助标准

（新华网 2021 年 8 月 12 日）

扫码听
参考录音 2-2-26

● 福建省福州市民政局近日出台政策,将自闭症儿童康复服务补助标准从每年不超过 2 万元提高到 2.5 万元。对于贫困自闭症儿童,其康复服务补助标准将从每年不超过 2.3 万元提高到 2.8 万元。

自闭症也称孤独症,是一种神经发育障碍。我国自闭症儿童大多依靠康复机构进行辅助治疗,目前许多机构面临较大生存压力。

对此,福州市提出,对定点民办自闭症康复机构每服务 1 名自闭症儿童每个月给予 300 元补助。场地租金以实际支出为基数按 30% 给予补贴。水电费参照儿童福利机构水电费标准执行。

下一步,福州市还将新建一所公办新型特殊教育学校,并鼓励更多社会力量参与自闭症儿童康复救助服务。◎

提示:背景加速

"中国西藏·扎西德勒"西藏
唐卡艺术展在马耳他拉开帷幕

（新华网 2021 年 8 月 26 日）

扫码听
参考录音 2-2-27

● "中国西藏·扎西德勒"西藏唐卡艺术展 20 号以线

下和线上相结合的方式在马耳他正式拉开帷幕。

本次展览选取了 20 余幅极具代表性的精品佳作，涵盖了齐吾岗派、勉唐派等多个画派，向马耳他民众全面展现西藏唐卡艺术的独特魅力，让他们近距离感受藏民族的非凡智慧和藏族艺术的匠心独具。

西藏自治区文化厅厅长晋美旺措表示，"中国西藏·扎西德勒"唐卡艺术展在马耳他成功举办，必将拉近两国绘画艺术爱好者的距离，同时也必将进一步促进两国在文化等领域的交流与合作。

"中国西藏·扎西德勒"西藏唐卡艺术展将持续到下个月 6 号。◎

提示：评析减速

2019 中国家长大会
在湖北举行

（央视网 2019 年 12 月 1 日《新闻直播间》）

扫码听
参考录音 2-2-28

● 由中国关心下一代工作委员会事业发展中心主办的 2019 中国家长大会近日在湖北五峰举行。

本届大会的主题是关注教育精准扶贫与留守儿童家庭教育。围绕目前留守儿童出现的家庭教育缺失问题，国家关工委、各地教育部门负责人、专家学者以及家长代表纷纷建言献策并启动教育精准扶贫与留守儿童家庭教育服务工程。搭建网络教育平台，研发适合于外出务工者学习的家长教育课程，借助移动互联网技术为留守儿童提供精准的教育服务。多方共建农民工家长学校，把优质家长教育资源送到工厂工地，送到离留守儿童父母最近的地方。多部门联动共建实践区，探索成片区改善留守儿童成长环境的新思路、新举措。◎

提示：解证句群。这篇新闻第二段的结构比较复杂，播报前要理清"教育精准扶贫与教育服务工程"的内容，句群结构为解证，不要播成一堆并列句子。

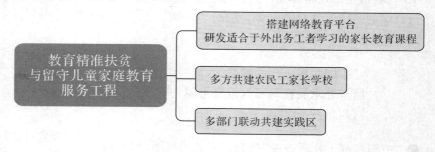

商合杭高铁全线贯通

（央视网 2020 年 6 月 29 日《新闻直播间》）

扫码听
参考录音 2-2-29

●【口播】商合杭高铁是我国八纵八横高铁网的重要组成部分。28 号，商合杭高铁合肥至湖州段正式开通运营。至此，商合杭高铁实现全线贯通，河南、安徽、浙江三省实现高铁无缝对接。

【配音】上午 10 点 40 分，从安吉站首发的复兴号高 9397 次列车缓缓启动，开往杭州东站。不少民众表示，商合杭高铁贯通后，不仅圆了家门口的高铁梦，更让安吉的发展走上了快车道。

据了解，新开工的商合杭高铁合肥至湖州段线路全长 309 公里，设计时速 350 公里，该线经浙江湖州站与南京至杭州高铁接轨，通达杭州。

通过商合杭高铁，安吉将与中部地区和长三角区域的多个城市实现高铁直达，互动和合作也将变得更为畅通。◎

提示：背景加速；评析减速

英国伦敦桥发生持刀伤人事件
伦敦市长：警方仍在对该案件展开调查

（央视网 2019 年 11 月 30 日《新闻直播间》）

扫码听
参考录音 2-2-30

● 伦敦市长萨迪克汗当地时间 11 月 30 号表示，有关伦敦桥发生的持刀伤人事件还有很多疑问，等待进一步的解答，针对此事件的调查仍在进行当中。他表示，伦敦政府绝不会向极端分子让步，政府将维护社会经济秩序，保证伦敦市民的生活不被打扰。目前警方仍在对事件袭击者的住宅进行搜查。

当地时间 29 号下午，英国伦敦桥上发生一起持刀伤人事件，造成 2 名市民死亡、3 人受伤，袭击者也被警方开枪打死。据警方透露，凶手曾在 2012 年被判处恐怖主义罪名成立，2018 年 12 月有条件获释。

当地媒体报道称，凶手在有条件获释期间再次制造恐怖袭击，这让民众对英国政府尤其是安全部门提出质疑。◎

提示：背景加速；评析减速

尼日尔多地发生霍乱疫情
已造成 35 人死亡
（新华网 2021 年 8 月 20 日）

扫码听
参考录音 2-2-31

● 尼日尔公共卫生部 19 号发表声明说，本月中旬以来该国多地发生霍乱疫情，已造成 35 人死亡。

尼日尔公共卫生部长伊利亚苏·马伊纳萨拉在声明中说，该国津德尔、马拉迪、多索等 6 个大区先后出现霍乱疫情，截至 16 号，累计报告确诊病例 845 例，其中死亡 35 例。

尼日尔卫生部呼吁民众遵守卫生防疫规定，出现疑似症状时及时报告，勤洗手，注意饮用水卫生。

尼日尔 2018 年曾发生霍乱疫情，累计确诊病例 3000 多例，其中死亡 60 余例。

霍乱是由霍乱弧菌引起的急性肠道传染病，主要通过不洁净水源和食物传染，患者常出现呕吐、腹泻、脱水和高烧等症状，重症和延误治疗可致死亡。◎

提示：背景加速

思考题

1. 为什么在新闻播报中需要进行变速？
2. 小句中的旁支指的是什么？
3. 新闻播报中，哪些长句可以进行主偏变速？
4. 为什么播报背景时要加速，播报评析时要减速？

第三节　消除习惯性重音：让杠精无话可说

重音的概念大家都非常熟悉，平时说话时，一般不会出现问题，因为每个人对自己的表达目的都很清楚。但是，一些主播在播他人撰写的新闻稿件时，容易出现习惯性重音的问题。也就是说，在播报时由于个人的理解与表达习惯的原因，强调了不应该强调的词或短语，造成语意模糊，影响接受效果。这些习惯性强调的词大多为副词、形容词、关联词，而且在不同的文体、不同语境中反复强调。这样的表达使原有重音失去了突出的地位,从而混淆语义,模糊表达目的。

新闻的重音有其特殊性。一方面遵守汉语语法的规范,形成了语义重音,即一个句子中为了表达语义上的相对重要性而出现的重音;另一方面还要遵循新闻的属性,即新闻新鲜的、有价值的内容。语义重音的把握需要主播熟练掌握汉语语法的规范与规律;而新鲜点与价值的捕捉则需要有敏锐的新闻嗅觉和日积月累的训练。

我们现在尝试着播报下面这条新闻,会不会习惯性强调某些词或短语:

荷兰足协在其官方社交账号发文宣布,现年 35 岁的荷兰球星罗本~~正式~~宣布退役。

一些主播在这篇新闻中,处理得最明显的词是"正式"。有观众听了之后就纳闷儿了,罗本"正式"宣布退役,什么意思啊?以前"彩排过退役吗"?还有"逗你玩儿"的退役吗?生活中如果有人这样反问,人们会称他为"杠精"。反过来想,如果不是重音表达错了,怎么会有杠精反问呢?

杠精反问很正常,这是由于"无意隐含性对比"造成的歧义。"无意隐含性对比"即不恰当地强调了某个词或短语,与潜在的某个词或短语形成了对比,造成语句目的出现偏差,从而误导受众的理解,引起歧义或反义。

在一些新闻稿件中,形容词、副词的滥用也容易导致语义的模糊和混淆,李良荣教授曾尖锐指出这种弊端。一方面,形容词、副词会吸引阅读者的注意力,另一方面滥用的形容词、副词会损害新闻的客观、公正。比如:"广大群众一致表示"中"一致"这个词,既不够严谨,也容易给阅读者和主播带来困扰。因此,树立以"动词"为核心的阅读和播报习惯是非常重要的,正如西方新闻界的名言说的那样:你应该像找对象那样找动词。

一、习惯性重音的表现

(一)口语习惯

日常口语并不等于播报语言,前者更具有随意性,而后者需要立足全篇、适应语境。研究表明,口语中人们将重音频繁地用在宾语、定语、定语中心词和状语上。因此,新闻主播应克服口语习惯,在深入理解稿件的基础上进行传播。

1.您~~正在~~收看的是××电视台××××频道。(我"刚才"收看的是什么频道呢?)

2.这里是××频道和××频道并机直播的《××××》。("分机"直播我就不看了?)

3.这里是由加多宝独家冠名播出的《中国×××》。("合伙儿"赞助的节目就不行?)

4.感谢智能手机品牌vivo对本栏目的大力支持。(有"偷懒"支持的吗?)

5.以上就是今天《××××》的全部内容。(那"以下"是"部分"内容?)

6.很多朋友问我,你家宝宝喝什么奶粉。我不盲从,我选择适合中国宝宝体质的飞鹤奶粉。(你不盲从,那谁盲从?)

(二)语音缺陷

由声调或格式掌握不熟练导致的某些音节过重。在普通话语音中,一声、四声的调值分别为55和51,音高起点最高,容易在表达上超过其他声调而显得过重。另外,许多专有名词有固定的格式,运用不规范或有方音色彩的主播容易造成个别词读得过重,形成无意隐含性对比。

1.县人大常委会副主任在会上说……(不是正的,就被瞧不起?)

2.今天上午,第15届中国国际动漫节开幕。("国内"动漫节在哪儿?)

3.彩塑京剧脸谱、曹氏风筝、彩蛋绘制、北京塑、京派剪纸等手工艺展品也将悉数到场。(到底展览啥了?)

4.新华社消息……(还有"旧"华社?)

5.由中国戏曲学院举办的"第八届京剧学国际学术研讨会"在北京召开。("美术"学院也不会刨活儿啊?)

6.小葵花妈妈课堂开课啦!(爸爸课堂放学了?)

(三)词汇聚焦

如果不从全篇语义出发,我们容易被语句中一些有色彩的词汇吸引,将注意力聚焦在它们上,如形容词、副词、数词等,也就是所谓的"见字出声"。如果说口语习惯性重音是下意识强调,词汇聚焦造成的习惯性重音则是有意识为之。

1.在乌苏镇,凌晨两点就能看到红红的太阳。(你老家有"绿绿"的太阳?)

2.南京市目前已经出现科研单位与生产部门多形式、多层次的联合。(好多!)

3.《木又寸》像是写给这个世界的一封温情的书简,问候所有现在的和曾经的儿童们。(还有冷酷的书简吗?)

4.公安部治安管理局建议"发起人一定要谨慎从事",不能让无辜的心灵受伤。（想干啥？）

5.城建部门表示,接下来将~~重点~~解决"建筑工地施工扰民、执法部门冷硬拖卡、窗口单位不规范、不文明纠纷"等问题。（到底啥是重点？）

6.泸州市级~~重点~~项目蓝田过江通道（长江五桥）及连接线工程今天开工建设。（因为"重点"所以重音？）

7.只要伊拉克总统萨达姆充分同联合国合作,对伊战争就可以~~完全~~避免。（不充分合作就能部分避免？）

8.位于深圳市大鹏新区的液态天然气地下存储工程,一期项目需要在填海后的人工陆地上开发两个~~巨型~~基坑,再在基坑内建造用于储存液化天然气的~~巨型~~罐体。（只剩下"大"了！）

9.下一步施工方还将对隧道的混凝土加固、装修、通风设施、应急设备、排水系统等工作进行完善,以确保~~整个~~施工任务的~~顺利~~推进。（半个工程充满坎坷？）

10.国家林业部门的鸟类专家~~首次~~采集野生候鸟血样,监测禽流感疫情。（第二次采集谁的血样？）

11.目前,还没有组织声称对~~本次~~爆炸事件负责。（对上次爆炸负责？）

12.厄瓜多尔队球员恩纳·瓦伦西亚通过点球方式打入~~本届~~世界杯第一粒进球。（俺也不关心上一届啊！）

(四)断章取义

小时候朗读,看见标点符号就停顿,导致我们的阅读都是以小句为单位进行重音的选取,而忽略了句子与句子、句子与段落、段落与语篇之间的联系。罗莉教授提到重音处置的原则是"准确、鲜明、有机、自然"。这里的"有机"就是指构成文章的各部分互相关联协调,具有不可分的统一性。重音的选择应该从整体到部分进行统一的考量,才能符合写作目的与表达要求。

由于采用了真瓶回收以及以假乱真的包装技术,~~普通~~消费者用~~肉眼~~很难识别。（特殊消费者用义眼就能看出来？）

二、消除习惯性重音的方法

(一)理清逻辑 顺应语流

要想消除习惯性重音,首先要找到正确的逻辑重音,让逻辑焦点克服自然口语,在理解感受全篇新闻的基础之上实现语句或语段的表达目的。另外,重音要和语流结合在一起。以前我们常听到"次要重音"的说法,但由于人的发声器官无法像机器那样将音高、音长、音强作精确、刻板地量化区分,处理不好会影响"主要重音"的地位,也就是说"次要重音"这个概念是能理解但做不到。因此只能在语流的起伏中将内容表达得更加明确,表达时我们可以将重音放在语流的波峰上,以顺势而上、顺势而下的行进路线进行语言的对比与推进。

(二)规范口语 思维先行

有很多语言习惯都是从口语中来的,新闻主播的语言来源于口语但高于口语。如果生活中不养成良好的表达习惯,生活语言势必会影响工作语言。一些主播在生活中使用方言,在工作中再切换成普通话,播报中就会或多或少流露出一些方言色彩。重音也一样,如果生活中习惯性强调某些词,工作中也会造成习惯性重音。因此,生活中尽量规范语言,让思维先行,真正做到"深入理解—具体感受—形之于声—及于受众"。

(三)熟悉语法 掌握逻辑

重音的表达有高低强弱、快慢停连等方法,重音的种类又分为并列性、对比性、呼应性、递进性等多种类型。要熟练掌握使用方法与种类,必须对汉语语法有深刻了解。就拿呼应性重音来说,存在主谓呼应、动宾呼应、主宾呼应。因此掌握汉语句子的成分非常重要,即主语、谓语、宾语、定语、状语、补语。另外,递进性重音、转折性重音又与复句的逻辑关系密切相关,主播还应能准确判断复句之间的逻辑关联,这样才能更准确地锁定重音。

(四)结合语境 了解背景

许多重音与新闻语篇上下文关系密切,因此要找准重音必须对全篇新闻进行整体把握,不能孤立地看一句话就确定重音。因此把握上下文语境对于重音的选取非常重要。而播报语境则是广义背景,播出节目的性质、对象、时间等都是主播需要考虑的。

背景分为新闻事件背景与播出背景。新闻事件背景在前面我们已经训练过,播出背景则是目前国内、国际的社会环境,也就是把新闻内容及主播的工作放在一个社会大环境中去看待,这样能够帮助主播从全局高度认识新闻事件及播出目的,让新闻播报工作更有针对性与指向性。

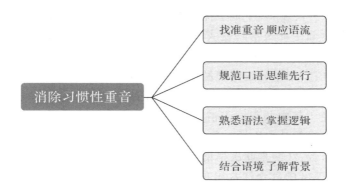

练习

中国人民银行 2020 版熊猫金银币发行

（央视网 2019 年 10 月 31 日《新闻直播间》）

扫码听
参考录音 2-3-1

●【口播】30 号，中国人民银行正式发布 2020 版熊猫
金银币一套，12 枚。其中熊猫普制金银纪念币 6 枚，熊猫精制金银纪念币
6 枚。

【配音】2020 版熊猫金银纪念币正面图案均为北京天坛祈年殿并刊国民
年号，背面图案均为熊猫食竹图，并刊面额、重量及成色。设计者宋丽娜告诉
记者，2020 版熊猫币的设计理念是 2019 版的延续。

我国熊猫金币从 1982 年开始发行，每年发行一套。到 2020 年共发行了
39 版。◎

习惯性重音：中国~~人民~~银行~~正式~~发布 2020 版熊猫金银币一套。

江西持续向旱情严重村庄送水
保障群众饮水

（央视网 2019 年 10 月 31 日《新闻直播间》）

扫码听
参考录音 2-3-2

●【口播】江西是此次旱情比较严重的省份，因为连续
数月降水极其稀少，江西部分地区的群众饮水出现困难。当地政府部门组织
力量向旱情严重的村组送水，解决群众饮用水难题。

【配音】在江西丰城曲江镇杰路村，这里的群众一直依靠地下井水生活。

由于长时间没有降雨,多个地下深井干枯见底。当地政府协调消防车运水,同时组织党员干部每日送水到受灾村组,保障当地 400 多户群众日常饮用水。截至目前,已持续送水 100 多吨,有效缓解了群众饮水困难。

在江西九江,干旱导致共青城市修水县、永修县、武宁县等部分村庄村民饮水困难。从 9 月开始受灾县当地相关部门持续为饮水困难群众送水,累计送水 300 多吨。其中共青城市消防部门持续送水达 30 多次,累计 200 多吨,有效保障了居民的基本生活。◎

习惯性重音:江西是此次旱情比较严重的省份,因为连续数月降水极其稀少,江西部分地区的群众饮水出现困难;由于长时间没有降雨,多个地下深井干枯见底。

陕西安康核桃喜丰收
遍地"金果果"

（央视网 2019 年 10 月 30 日《新闻直播间》）

扫码听
参考录音 2-3-3

●【口播】金秋十月是丰收的季节,陕西安康的核桃迎来了一个大丰收,首届安康富硒核桃采摘系列活动近日拉开序幕。

【配音】在安康市汉滨区茨沟镇王猛村核桃种植基地,往日宁静的核桃园变得热闹起来,青皮核桃缀满枝头,到处是忙着采摘核桃的村民,满眼都是丰收的景象。

据了解,安康地处秦岭腹地,优良的生态环境、天然的富硒资源使之成为中国优质核桃生产最佳分布区之一。截至 2018 年底,全市核桃种植面积已达 186 万亩,产量 3.04 万吨,产值 7.63 亿元,带动 7.2 万农户,38.94 万人增收致富,人均增收 860 元。同时当地开发出系列核桃加工产品,核桃就地转换率为 70%,有效提高了核桃产品的附加值。◎

习惯性重音:陕西安康的核桃迎来了一个大丰收;首届安康富硒核桃采摘系列活动近日拉开序幕;同时当地开发出系列核桃加工产品;有效提高了核桃产品的附加值。

第十二届
中国音乐金钟奖揭晓

（央视网 2019 年 10 月 30 日《新闻直播间》）

扫码听
参考录音 2-3-4

●【口播】经过 8 天的复赛、半决赛和决赛,有近 300

名选手参赛的第 12 届中国音乐金钟奖 28 号晚上在成都闭幕。颁奖典礼暨闭幕音乐会上,多项大奖逐一颁发。

【配音】第 12 届中国音乐金钟奖声乐设民族组和美声组比赛,器乐分为小提琴组比赛和二胡组比赛。马小明、李鳌、党华丽、高白等 20 名选手成为这一国家级音乐大奖金钟奖的获奖者。

本届金钟奖评委迪里拜尔、黄华丽、王宏伟与部分获奖选手为观众带来精彩演出。

中国文联、中国音协授予曹鹏和郑秋枫终身成就音乐艺术家荣誉称号。94 岁高龄的曹鹏曾指挥录制《龙须沟》等几十部中国电影音乐。88 岁高龄的郑秋枫的代表作品是《我爱你中国》《帕米尔,我的家乡多么美》《蓝精灵之歌》等。◎

习惯性重音:经过 ~~8~~ 天的复赛、半决赛和决赛,有近 ~~300~~ 名选手参赛的第 12 届中国音乐金钟奖 28 号晚上在成都闭幕;颁奖典礼暨闭幕音乐会上,多项大奖 ~~逐一~~ 颁发;马小明、李鳌、党华丽、高白等 20 名选手成为这 ~~一国家级~~ 音乐大奖 ~~金钟奖~~ 的获奖者。

2019 年深圳 WTA 年终总决赛·双打小组赛
张帅 斯托瑟组合拿下年终总决赛首胜
（央视网 2019 年 10 月 30 日《朝闻天下》）

扫码听
参考录音 2-3-5

●【口播】体育方面来关注正在深圳进行的 WTA 年终总决赛。在 29 号下午进行的一场双打较量当中,张帅搭档斯托瑟 2 比 1 逆转徐一璠和达布罗斯基,拿下一场关键的比赛。

【配音】本场比赛 4 号种子徐一璠和达布罗斯基对阵身穿绿色上衣的 7 号种子张帅/斯托瑟。

首盘上来,张帅/斯托瑟连保带破取得 3∶0 的领先。但开局不利并没有影响到徐一璠和达布罗斯基的斗志,两人在前场的截击和积极跑动逐渐扭转了场上局面,尤其是徐一璠在网前的灵敏,关键时刻能够得分,十分给力。徐一璠和达布罗斯基连追 5 局,并且在她们的发球胜盘局稳稳保发,以 6 比 4 先下一城。

第二盘张帅/斯托瑟作出调整,尤其针对达布罗斯基的截击,张帅多次将球打得更快、更刁钻。在 4 比 4 平后,张帅/斯托瑟连保带破 6∶4 扳回一盘。两人这一盘挽救了全部 9 个破发点。

决胜盘,张帅/斯托瑟乘胜追击,以 10 比 5 击败对手,将小组赛的战绩刷

新为一胜一负。而徐一璠和达布罗斯基遭遇小组赛两连败。◎

习惯性重音：来关注~~正在~~深圳进行的 WTA 年终总决赛；徐一璠和达布罗斯基对阵身穿~~绿色~~上衣的 7 号种子张帅/斯托瑟；两人在前场的截击和积极跑动~~逐渐~~扭转了场上局面；徐一璠在网前的灵敏~~关键~~时刻能够得分；张帅~~多次~~将球打得更快、更刁钻。

世界文化遗产冲绳首里城发生大火
首里城遭严重破坏 4200 平米被烧毁
（央视网 2019 年 10 月 31 日《新闻直播间》）

扫码听
参考录音 2-3-6

●【口播】当地时间 31 号凌晨，位于日本冲绳县那霸市的世界文化遗产首里城发生大火。据最新消息，那霸市消防局称火灾已经造成正殿、南殿、北殿等 6 栋约 4200 平方米的建筑烧毁，暂时没有人员伤亡的报告。

当地消防队接获通报后，立即派出大批人员救火。截至当地时间早晨 7 点，大火仍未扑灭。冲绳县警方说，27 号起在首里城举行的一场旅游相关活动并持续到 31 号凌晨 1 点。目前还不清楚这次活动是否与起火有关。警方正在调查火灾原因。

首里城位于冲绳县琉球岛南部，建造于 13 世纪末至 14 世纪初。首里城在第二次世界大战期间基本被毁，于 1992 年进行了大规模的修复并与这一地区的其他琉球群岛遗址一起在 2000 年被联合国教科文组织列为世界文化遗产。◎

习惯性重音：据~~最新~~消息；~~立即~~派出大批人员救火；~~正在~~调查火灾原因；~~基本被毁~~；进行了~~大规模~~修复；~~世界~~文化遗产。

以色列外交部宣布罢工
无限期关闭全球使领馆
（央视网 2019 年 10 月 31 日《新闻直播间》）

扫码听
参考录音 2-3-7

●【口播】以色列外交部 30 号通过其官方社交账户发布声明说，由于与以色列财政部就津贴问题发生纠纷，以色列外交部从当天开始无限期关闭所有驻外使领馆。

声明说，由于财政部违反今年 7 月和外交部达成的共识，单方面改变实施了长达几十年的有关协定，外交部不得不关闭其驻外机构。罢工期间使领馆不再提供领事等服务。

为了谋求提高工资等需求,以色列外交部每隔几年就举行大罢工。2014年以色列曾经首次关闭了外交部总部以及全球使领馆,导致一系列对以色列的访问和以色列总理的出访被迫取消。◎

习惯性重音:~~官方~~社交账户;~~单方面~~改变了长达~~几十年~~的有关协定;2014年以色列曾经~~首次~~关闭了外交部总部;导致~~一系列~~对以色列的访问和以色列总理的出访~~被迫~~取消。

菲律宾南部
发生6.6级地震

（央视网2019年10月30日《新闻直播间》）

扫码听
参考录音 2-3-8

●【口播】菲律宾南部29号上午发生6.6级地震,震源深度7公里,多地有明显震感。地震导致当地多间民房损毁,大量民众紧急前往户外避难。另据报道,地震目前已经造成至少6人死亡。

此次地震的震中位于菲律宾棉兰老岛哥打巴托省的陆上,包括菲律宾南部最大城市达沃在内的多地均有强烈震感。地震来袭时多个办公楼中顶灯摇晃剧烈。香蕉园中用于催熟香蕉的水池也受到地震影响,水晃出一地。大量民众跑到户外避难,不少房屋在地震中受到损毁。

菲律宾位于环太平洋火山地震带,地震频发。菲律宾火山地震研究所有关此次地震的报告显示,此次地震为构造地震,不排除未来发生余震的可能。火山地震研究所也提醒当地居民注意防范余震风险。◎

习惯性重音:地震导致当地~~多间~~民房损毁;~~大量~~民众~~紧急~~前往~~户外~~避难;包括菲律宾南部~~最大~~城市达沃在内的多地~~均有~~强烈震感;另据报道,地震~~目前已经~~造成~~至少~~6人死亡;地震来袭时~~多个~~办公楼中顶灯摇晃剧烈。

突尼斯外长和防长
被解职

（央视网2019年10月30日《新闻直播间》）

扫码听
参考录音 2-3-9

●【口播】突尼斯总理府29号发表声明说,外长杰希纳维和国防部长泽比迪被解职。

声明说,突总理沙赫德是在与新任总统凯斯赛义德进行磋商后,决定解除上述两人职务的,并由司法部长贾姆希担任临时国防部长,外交国务秘书巴希托吉担任临时外交部长。

　　突尼斯原定 11 月举行总统选举,但因时任总统埃塞卜西 7 月 25 号病逝,总统选举提前举行。凯斯赛义德在 10 月 13 号举行的总统大选第二轮选举中胜出,10 月 23 号宣誓就职。据突尼斯宪法,突总统分管外交和国防事务。◎习惯性重音:决定解除~~上述~~两人职务的。

思考题

1. 什么是无意隐含性对比?
2. 习惯性重音是怎么产生的?
3. 习惯性重音的表现形式有哪些?
4. 怎样避免习惯性重音?

第四节　偷气:多连少停的动力保障

　　气是声音之本,是发声的动力。在多连少停的新闻播报中,气息的灵活运用就显得更为重要了。气息不但关乎声音的持久、情绪的饱满,更关乎新闻播报的基本要求与质量。只有具备灵活、扎实的气息运用能力,才能保证新闻播报的明快连贯、起伏多变、语尾不坠。

　　呼吸的原理与方式不再赘述,在这里我们主要训练新闻播报中的偷气技巧。有的老师说"会憋不如会偷",这句话是有一定道理的。在新闻播报这种节奏明快的语体当中,根本没时间做到"闻花香""半打呵欠"式的吸气方式,而代之以膈肌弹动的偷气方法,让语句更加连贯,真正做到"归堆儿""抱团儿"。

一、偷气的方法

　　我们可以观察一下婴儿的哭泣。婴儿的哭声响亮、结实、持久而不会嘶哑,很多声音专家说婴儿的发声模式近乎完美。很重要的原因是婴儿采用的就是腹内压的呼吸方式,哭泣时,他们的小肚子都是鼓鼓的,完全利用了膈肌与腹内压进行吸气,又摆脱了声带的束缚,"吸得深、用得省",婴儿当然不会声带疲劳。在连续的哭泣中,我们感觉不到婴儿在换气,就是因为他们采用了这样的吸气方式——人类吸气的出厂模式。

　　我们可以把腹内压产生的动力来源理解为膈肌以下、盆底肌以上以及中间的一圈肌肉,包括腹横肌、腹内外斜肌、多裂肌、腰方肌所围成的一圈肌肉。吸气时,膈肌和辅助肌群有力外弹、扩张,让腹腔体积增大、腹内压变小,从而使腹腔产生负压——腹内压。大气压高于腹内压时,气息就自动进入人体了。

简单地说,偷气时没有胸部吸气的动作,而是靠膈肌和腹肌往外短促地弹动。在句子的结尾或者句中顿挫的地方,利用膈肌下降,腹内肌群有力扩张,让大气压高于腹内压而产生气压差,从而获得一定气量。熟练之后,甚至可以做到一边说话,一边保持肌群的运动;一边出气振动声带,一边下降膈肌偷偷进气,在吸中呼、在呼中吸的循环呼吸模式。

练习时,可以每分钟 240 拍的形式,持续进行膈肌的弹动,只弹动,不吸气,体会一下自动进气的感觉。坚持 40 秒钟,再进行下一组练习。熟练之后,膈肌会变得灵活,控制自如。

二、偷气的运用

新闻播报中,偷气的位置比较讲究,不是想偷就偷、想换就换,而应该考虑表达的准确性与接受的习惯。因此,新闻播报中的偷气位置有其特殊性。我们来看这幅图。

"圣何塞赛赛赛赛出水平"这个有趣的标题,如果不用顿挫偷气的方式表达,无疑很难听懂。现在我们尝试这样播:

圣何塞赛—赛赛—赛出水平。(圣何塞赛指的是圣何塞 SAP 网球公开赛;赛赛指的是网球运动员郑赛赛)

是不是清晰很多? 以上小标题的播报也反映出偷气顿挫的一些规律。

(一)主语后

主语是执行句子的行为或动作的主体。主语后的偷气能产生停顿强调的效果,让语法成分明晰,句子主干突出、主谓分明。因此,主语后的停顿有区分语法成分与语义的作用,主谓之间也能形成呼应的效果。在新闻中,如果主语就是新闻眼,那么停顿加语流波峰会产生双核重合的着重效果。如果主语不是新闻眼,则将新闻眼放置于语流波峰,而主语后偷气顿挫,然后将语流层层向波峰推进。

● 国家主席习近平′19 日晚应约同俄罗斯总统普京通电话。◎

● 闭园近三个月的武汉市动物园′25 号重新开园。◎

● 中国中药协会阿胶专业委员会和中国畜牧业协会驴业分会′昨天在山东东阿县成立。◎

扫码听
参考录音 2-4-1

(二)重音前

在重音前后进行停顿具有突出重点、明确目的的作用,因此在重音前偷气产生顿挫效果,也能让重音的地位更加突出,语义更为清晰。

扫码听
参考录音 2-4-2

● 近日,澳大利亚研究人员首次证明,′力量训练′可以保护大脑中易受阿尔茨海默病影响的部位,从而防止该病患者大脑退化。◎

● 记者近日从山东省民政厅获悉,山东在全省建立了′困境儿童分类保障制度。截至 10 月底,山东已有′2.7 万余名孤儿和困境儿童获得基本生活保障。◎

● 近两天,也门的一所学校和一家医院先后遭到′空袭,造成约′30 人死亡,另有′数十人受伤。无国界医生组织指责是′沙特领导的多国联军制造了这两起空袭。不过沙特领导的多国联军′否认轰炸了学校,称轰炸的是′胡塞武装的一座训练营。◎

(三)复句中

复句由两部分或多部分小句组成,表达时理应连在一起形成一个整体。但复句比较长,如果不进行偷气就会造成句尾偏弱,声音色彩发生变化,还会影响下一个句子的衔接与表达,因此播报时要在复句中的各个小句之间进行偷气。

扫码听
参考录音 2-4-3

● 意大利北部邻近奥地利的阿乌里纳山谷地区昨天突发雪崩,'至少 4 人死亡,'目前还有 10 多名滑雪者被埋雪下,'救援难度很大。◎

● 法国媒体昨晚报道,在法国南部城市尼斯,一辆卡车冲入人群,'已造成数人死亡。法国滨海阿尔卑斯省政府说,当晚尼斯市发生的卡车冲入人群事件是一起"袭击"事件,'呼吁市民留在家中。◎

● 韩国国会预算政策处 3 号发布数据推算,由于今年年初以来访韩中国游客大幅减少,'韩国旅游销售减少 7.45 万亿韩元,'约合人民币 455 亿元。

数据表明:去年中国游客人均支出为 2059.5 美元,高于外国人平均支出水平的 1625 美元。今年前 9 个月,中国游客人数月均减少 36.6 万人,同比减少 329.4 万人。从各领域来看,购物减少 4.93 万亿韩元,'住宿业减少 1.12 万亿韩元,'餐饮业减少 8300 亿韩元,'交通业减少 300 亿韩元。去年,访韩外国人中访问首尔和济州的占 98.2%,因此这些地区相关行业受到的打击较大。◎

(四)呼应间

呼应是词语、短语、句子的搭配模式,即不同成分之间表现语义时存在的前呼后应的表达关系。在新闻播报时,呼应之间偷气而形成的小顿挫能够让两者形成前呼后应的对照,让语义更加清晰,利于受众接收与理解。

1.主谓呼应

● 日前,农业农村部和河北省人民政府在秦皇岛市联合启动"中国渔政亮剑 2019"全国海洋伏季休渔暨渤海综合治理专项执法行动。农业农村部要求,沿海各级渔业渔政主管部门'要加强海陆联动和部门协同,盯紧重点区域、

扫码听
参考录音 2-4-4

重点时段、重点对象,严厉打击各类违法捕捞活动行为。环渤海三省一市要尽快构建渔港、渔船、海水养殖相统一的渤海综合治理体系,不治乱象决不收兵。同时,沿海各级地方党委政府要继续关心支持渔政执法工作,加强渔政装备建设,强化渔政人员配备和执法经费保障,进一步提升渔政队伍执法效能。◎

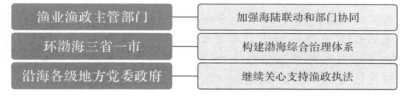

渔业渔政主管部门	加强海陆联动和部门协同
环渤海三省一市	构建渤海综合治理体系
沿海各级地方党委政府	继续关心支持渔政执法

2. 动宾呼应

● 为隆重庆祝中华人民共和国成立 70 周年，中央宣传部、教育部、共青团中央近日印发通知，部署'在全国中小学组织开展'"我爱祖国，同唱国歌"活动。◎

扫码听
参考录音 2-4-5

前一篇新闻中，也有许多动宾呼应。

部署 ── 开展 ── "我爱祖国，同唱国歌"活动

● ……要加强海陆联动和部门协同，盯紧重点区域、重点时段、重点对象，严厉打击各类违法捕捞活动行为。环渤海三省一市要尽快构建渔港、渔船、海水养殖相统一的渤海综合治理体系，不治乱象决不收兵。同时，沿海各级地方党委政府要继续关心支持渔政执法工作，加强渔政装备建设，强化渔政人员配备和执法经费保障，进一步提升渔政队伍执法效能。◎

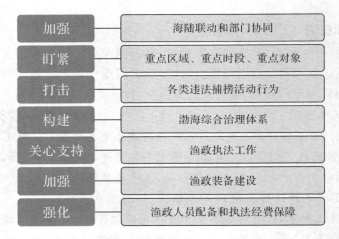

加强	海陆联动和部门协同
盯紧	重点区域、重点时段、重点对象
打击	各类违法捕捞活动行为
构建	渤海综合治理体系
关心支持	渔政执法工作
加强	渔政装备建设
强化	渔政人员配备和执法经费保障

● 中国国家铁路集团有限公司披露，7 月 1 号，2021 年铁路暑运正式拉开帷幕，8 月 31 号结束，共计 62 天。暑运期间，全国铁路预计发送旅客 7.5 亿人次，与 2019 年基本持平，客流高峰日预计发送旅客近 1400 万人次。

国铁集团运输部负责人介绍，暑期学生探亲、旅游等出行需求旺盛，铁路部门坚持'以旅客需求为导向，充分运用'12306 大数据分析掌握客流规律，精准实施'"一日一图"，持续优化'客运产品供给，不断提高'服务品质，努力让旅客出行体验更美好。◎

扫码听
参考录音 2-4-6

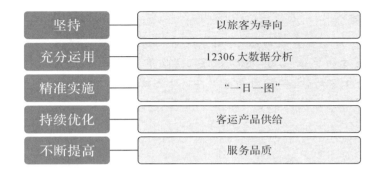

3. 主宾呼应

● 2019 年温布尔登网球公开赛男单八强名单出炉，从明天开始，德约科维奇′将迎战′戈芬，锦织圭′力拼′费德勒，佩拉′对阵′阿古特，奎雷伊′挑战′纳达尔。◎

扫码听
参考录音 2-4-7

4. 宾补呼应

● 9 月 22 号至 9 月 28 号，广东省公安厅在全省范围内集中组织开展网络安全执法检查"迎战冲刺"统一行动，对前期发现有突出安全问题的单位和企业进行"回头看"，及时查漏补缺，切实防范网络安全风险。行动期间，共整改各类安全隐患′1206 处，关停问题突出网站′222 个，清理违法信息′16344 条，下架违法有害 APP 应用′5817 款，发出整改通知书′422 个，行政处罚单位和企业′353 家。◎

扫码听
参考录音 2-4-8

（说明：现代汉语中没有"宾语补足语"这种说法，在此我们借用英语中的表述进行播报的训练。）

5. 动补呼应

● 日前，江阴高新区交出上半年成绩单，生产总值增长′9.7%，工业投入增长′超过 20%，全年引进外资任务完成过六成。◎

扫码听
参考录音 2-4-9

(四)长定语中的偷气

● 近日,国务院办公厅督查室通报了'国务院第七次大督查发现的'部分地方和单位'落实深化"放管服"改革'优化营商环境政策要求不到位'典型问题。其中,两个被"点名"的"一号难求"问题,直接戳中了群众办事遭遇的新"痛点":窗口限号。◎

扫码听
参考录音 2-4-10

当主干部分出现大量表示领属、性质、数量等修饰限定成分的名词、代词、形容词、数量词等定语时,主播容易一口气连着说完,受众听完摸不着头脑。因此在播报时,要先抓住主干部分。上面新闻的主干是:"国务院办公厅督查室通报了典型问题",其中"典型问题"前有许多修饰限定成分。我们要采用"倒推"的方式,一层一层抽丝剥茧,让语义清晰起来,即在完整定语后,作一个小的顿挫,以表明偏与正的关系。

练习

扫码听
参考录音 2-4-11

中国现实题材儿童剧
首次收获国际奖项
(中国新闻网 2019 年 9 月 29 日)

● 在刚刚结束的第 15 届布加勒斯特国际动画戏剧节上,由中国儿童艺术剧院国家一级编剧冯俐创作的现实题材独角戏《木又寸》荣获该戏剧节"最佳当代戏剧剧本"奖,并名列戏剧节获奖名单榜首。《木又寸》是中国儿童艺术剧院创排的第一部独角戏,讲述了一棵银杏树因为美丽而被移植到了城市,一路颠簸,在每一次迁徙和分离中,在人的世界里,经历着树的全新命运,慢慢熟悉身边世界发生的变化。作为一部意蕴深厚的现实题材作品,《木又寸》像是写给这个世界的一封温情的书简,问候所有现在的和曾经的儿童们。◎

提示：连贯句群

狮子林主题联展
在圆明园开展
（央视网 2019 年 10 月 29 日《新闻直播间》）

扫码听
参考录音 2-4-12

● 近期，一园南北，三狮竞秀——狮子林主题联展在圆明园正觉寺开幕，展期一个月。

苏州狮子林是苏州四大名园之一，始建于 1342 年，以假山奇峰闻名于世，这种营造方式到清乾隆时期达到鼎盛。据考，乾隆皇帝一生六下江南，从第二次南巡起每次都要游览苏州狮子林。回到北京，先后在承德避暑山庄和圆明园进行了仿建，形成了京都、塞北与江南三座狮子林鼎足而立的全盛局面。

秀丽隽永的苏州狮子林深蕴禅意，是江南园林的典型代表。圆明园和承德避暑山庄的狮子林建成后融合了皇家韵味，也形成了别具特色的风格。◎

第 44 届
世界遗产大会闭幕
（央视网 2021 年 8 月 1 日《新闻直播间》）

扫码听
参考录音 2-4-13

● 第 44 届世界遗产大会 31 号晚间在福州成功落下帷幕，本届世遗大会首次以在线形式审议世界遗产议题，大会新增 34 个世界遗产，3 个已列入项目实现重大拓展。

大会共审议了 36 项新遗产提名，其中 34 项获准列入《世界遗产名录》。其中，"泉州：宋元中国的世界海洋商贸中心"成为中国第 56 项世界遗产。

本届大会还对 200 多项世界遗产保护状况报告进行了审议，中国的长城、科特迪瓦的塔伊国家公园和科莫埃国家公园等 3 项遗产保护状况成为世界遗产保护管理范例；刚果民主共和国萨隆加国家公园从《濒危世界遗产名录》中移除；英国"利物浦海事商城"成为过去 10 年遭除名的首项世界遗产。◎

和邢铁路全线贯通
山西将成为能源运输新通道

（央视网 2021 年 8 月 7 日《24 小时》）

扫码听
参考录音 2-4-14

● 记者从中国铁建股份有限公司获悉，7 号，山西和
顺至河北邢台铁路全线贯通。和邢铁路全长 142.4 公里，西起山西省晋中市
和顺县，东至邢台市信都区，是我国的又一条能源运输大通道。

据负责施工的中铁十八局相关负责人介绍，和邢铁路全长 142.4 公里，全
线共打通穿越太行山脉的 21 座隧道，施工技术难度和安全风险国内罕见。

据悉，和邢铁路以货运为主兼顾客运，设计行车时速 120 公里，计划今年
年底正式投入运营，年货运能力将达到 4000 万吨以上。和邢铁路建成通车
后，将形成晋冀、中南物流大通道，有效解决邢台市区西北部铁路物流运输的
短板问题，不仅可大大降低能源运输成本，也将结束左权、和顺等太行山革命
老区不通火车的历史。◎

川陕甘高铁快运
物流基地开工

（央视网 2020 年 4 月 30 日《新闻直播间》）

扫码听
参考录音 2-4-15

● 28 号，川陕甘高铁快运物流基地在四川广元开工，
项目集高铁快运、物资收发、集散、仓储、配送等功能于一体，这是全国首个高
铁快运物流基地。

川陕甘高铁快运物流基地位于四川广元国家经开区盘龙工业园，基地规
划总用地 1600 余亩，预计 2021 年底建成投入运营，年吞吐货物将达 60 万吨
以上。广元川陕甘高铁快运物流基地建成后，将直接辐射绵阳、巴中及甘肃陇
南、陕西汉中等周边地区，带动本地特色农产品、新型工业、电商物流等相关产
业加速发展，促进产业链聚集。此外，川陕甘高铁快运物流产业还成立了合作
联盟，包括快递物流、交通运输、商贸物流等领域的 70 家联盟成员单位，将协
同创新推动高铁快运物流产业发展。◎

湖北首条 220 千伏
风电上网输电线路投产送电

（央视网 2020 年 4 月 29 日《新闻直播间》）

扫码听
参考录音 2-4-16

● 湖北电网复工复产后，首个投入运行的 220 千伏输变电工程孝昌闵集 220 千伏输变电工程近日投产送电，这也是湖北首条 220 千伏风电上网输电线路。

下午 5:00，变电站合闸送电，风电外送的大通道被彻底打通。大悟县是湖北东北部风电资源比较丰富的区域，根据当地"十三五"能源建设规划，2020 年风电装机将达到 703 兆瓦。

2020 年，总投资 143 亿元的湖北电网建设启动快进键。按照积极筹备、稳妥复工、试点先行、高标推进的原则，国网湖北电力统筹推进复工复产，确保防疫和复工两手抓两不误。从 3 月 19 号开始，恩施东 500 千伏变电站 220 千伏配套送出工程正式复工以来，到目前为止，湖北电网的基建工程已全部开建，直接带动 6 万人就业。◎

中国首列商用磁浮 2.0 版列车
完成达速测试

（央视网 2020 年 4 月 29 日《天下财经》）

扫码听
参考录音 2-4-17

● 昨天凌晨，中国首列商用磁浮 2.0 版列车在长沙磁浮快线跑出了 160 公里的时速，成功完成了最高设计速度的达速测试。

据了解，此次测试工作由中车株洲电力机车有限公司等多家企业及国防科技大学、同济大学、磁浮交通工程技术研究中心等多家科研单位共同开展，历时 10 个月。测速过程中攻克了中速悬浮稳定、车桥耦合、靴轨耦合等重大技术难题，克服了测试风险大、无成功案例借鉴及夜间天窗作业时间短等困难，最终列车顺利平稳地完成了每小时 160 公里的速度测试工作。

相比 1.0 版，2.0 版悬浮能力提高 6 吨，牵引功率提升 30%，速度提升 60%。时速 100 公里的磁浮 1.0 版列车适用于城区，时速 160 公里的磁浮 2.0 版列车，适用于中心城市到卫星城之间的交通。目前中车株机公司正在牵头加快研制时速 200 公里的磁浮 3.0 版列车，其适用于城际交通。◎

中央专项彩票公益金
支持乡村学校少年宫项目启动
（央视网 2011 年 9 月 5 日《新闻联播》）

扫码听
参考录音 2-4-18

● 为扎实推进农村未成年人思想道德建设，中央文明办、财政部、教育部 9 月 5 号在山东省淄博市联合举办中央专项彩票公益金支持乡村学校少年宫项目全国启动仪式。

乡村学校少年宫是指依托乡镇中心学校现有场地、教室和设施，进行修缮并配备必要的设备器材，依靠教师和志愿者进行管理，在课余时间和节假日组织开展普及性课外活动的公益性活动场所，面向乡镇学生免费开放，学生们可自愿选择参加乡村学校少年宫的各式活动项目。

山东淄博等地近年来开展了乡村学校少年宫探索，有效解决了当地农村未成年人活动场所匮乏、课外精神文化生活单薄、"留守儿童"失管失教等问题。◎

第 23 届
大连国际服装节开幕
（央广网 2012 年 9 月 9 日）

扫码听
参考录音 2-4-19

● 昨晚，第 23 届大连国际服装节暨国际狂欢节在大连星海广场隆重开幕。开幕式后，巡游狂欢表演《浪漫之都活力大连》在现场观众的欢呼声中拉开了序幕。

以"弘扬服饰文化、丰富人民生活、促进国际交流、推动经济发展"为宗旨的大连国际服装节，是我国举办时间最长、群众参与最广泛的集经贸、文化、旅游于一体的综合性交流平台和盛大城市节日之一，从 1988 年开始，大连国际服装节已成功举办了 22 届。历届服装节以其现代的国际化色彩、浓郁的服饰文化气息、喜庆的城市节日氛围、丰硕的经贸活动成果享誉海内外，对推动大连市打造服装名城，进一步扩大开放、加强国际交流、丰富人民生活等起到了积极作用，成为展示滨城新形象的一张亮丽名片和国际瞩目的城市品牌。◎

赶工期 抓进度
各地加紧推进重点工程建设

（央视网 2020 年 4 月 30 日《新闻直播间》）

扫码听
参考录音 2-4-20

● 在疫情防控常态化前提下，各地加紧推进重点工程建设，赶工期抓进度，施工现场一派忙碌。

4 月 29 号，随着最后一块重达 50 吨的节段梁拼装完成，建金高速兰江特大桥顺利合龙，这也标志着建金高速全线贯通。据了解，建金高速公路是国家"十三五"期间重点建设项目，是长春至深圳高速公路国二五的重要组成部分。高速全长 58.09 公里，从浙江建德到金华，计划今年年底建成通车。项目建成后将补齐国二五长深高速缺失部分，将杭新景、杭金衢和金丽温高速串联起来，为浙江省中西部地区提供一条快速南北向通道。

近日，粤港澳大湾区的重大民生工程——液态天然气地下存储工程开始进行深基坑的地下连续墙建设。位于深圳市大鹏新区的液态天然气地下存储工程一期项目需要在填海后的人工陆地上开发两个巨型基坑，再在基坑内建造用于储存液化天然气的巨型罐体。据了解，整个项目预计 2023 年底可投入使用，项目建成后将为粤港澳大湾区的天然气供应提供重要保障，缓解天然气供应紧张的现状。

29 号上午 10 点 18 分，郑万铁路重庆段小田坪隧道顺利贯通。据了解，小田坪隧道位于重庆市奉节县朱衣镇境内，全长 884 米，是目前郑万铁路正线的在建隧道当中地质较为复杂、施工难度较大的隧道之一。下一步施工方还将对隧道的混凝土加固、装修、通风设施、应急设备、排水系统等工作进行完善，以确保整个施工任务的顺利推进。◎

思考题

1. 新闻播音对气息的要求是什么？
2. 为什么在播报中需要进行偷气？
3. 偷气与换气的区别在哪里？
4. 新闻播报中，哪些地方可以偷气？

第五节　急稿播报：保证直播不翻车

　　广播电视媒体有时会发生这样的情况，由于事发突然，主播在临直播前才接到刚刚写好的稿件，甚至会在直播节目正在进行中插播突发新闻。急稿是新闻迅速快捷传播方式的体现，也是对主播业务素质的考验。主播们戏称急稿播音为"中大奖"。中央电视台的邢质斌、罗京、李修平、贺红梅、康辉、海霞、李梓萌都有急稿播音的封神之作，他们以扎实的语言基本功、稳定的心理素质保证了急稿顺利、完整地播出。在完全没有准备的情况下，甚至连"磕巴""回读"都没有，没有让直播变成"翻车"现场，实在令人钦佩。要想保证急稿播音不出错、少出错，主播们必须具备强大的心理素质、扎实的语言基本功。

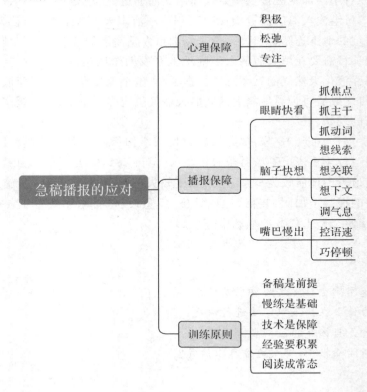

一、心理保障

在直播中突然接到急稿播音的任务，首先，主播不能有抵触心理，而应以积极、乐观的态度接受任务。"中大奖"的称谓就反映了主播面对艰巨任务时的积极态度。其次，要树立自信心。在教学中我们发现，一些播音主持专业的学生在自己练习的时候往往可以保证播报的顺利进行，可一旦有老师进行检查或者在话筒前、配音间进行播报时，水平就会大打折扣。一些年轻的主播在直播室也会出现类似现象，主要表现为注意力不能集中、自我暗示会出错、心态消沉、紧张，生理上出现心跳加快、呼吸急促、手脚冰凉、唇舌不受控制等。这些紧张心理产生的生理变化，很大程度是对自己播报水平的怀疑。因此主播要构建对播音主持工作的积极认知以及对自身业务水平的认知，暗示自己有能力完成播报任务。主播们平时要多培养积极情绪，这不仅有利于心理健康，还有利于建立良好的人际关系。积极的情绪有利于在紧张的外部环境中进行自我调节。

专注力也是让急稿播音顺利完成的重要保证。"全神贯注""聚精会神""专心致志"等词汇是长期以来对播音主持工作的形容。直播中的专注力是指主播的注意力自始至终集中在所从事的工作上，保持良好、清醒的自我状态，并能够调节意识、审视自我。许多主播反映，在工作中往往在节目开始时精力充沛、思想集中，但到了一定阶段就会出现注意力疲劳、专注度下降的现象。或者在一篇较长稿件的播报中，出现倦怠感，造成播报中的失误。主播在急稿播音中除了采用心理暗示强迫自己保持专注之外，特别要注重"好奇心"的树立。新闻的吸引力就在于"新"，主播在拿到急稿时，往往只能扫一眼标题或导语。从另一方面看，这有助于在工作中一边播报，一边带着求知欲去探求"新鲜感"，将新闻事件抽丝剥茧般地解读出来并传播出去。这样的先行解读与传播还会产生事业成就感，也有利于专注力的提高。此外，主播们在平时的生活中要有意识培养专注力，例如深度阅读、长稿件的播报等。

二、播报保障

播音主持工作是眼、脑、嘴的密切配合，并不是外界理解的"传声筒""复读机"。特别是急稿播音，对阅读能力、反应力、专注力、理解力、表达力都提出了更高的要求。有经验的主播将播报时的感官配合概括为"两快一慢"即"眼睛快看""脑子快想""嘴巴慢出"。

"眼睛快看",指的是眼动速度要快,扩大视域范围。快看,不仅仅是看文字,重要的是"抓焦点""抓主干"。抓焦点是运用新闻报道与写作的知识迅速找出"新闻眼"的过程,需要具备敏锐的视角与捕捉能力。关于迅速锁定"新闻眼"的方法,我们在第一章中已经作过介绍。

例如:越南公安部 7 日晚上发布公告说,越南公安部和英国执法机构确认 10 月 23 日在英国埃塞克斯郡集装箱货车中发现的 39 名遇难者都是越南人。

抓主干是运用现代汉语语法知识将句子与句群的主干与整片文字进行剥离,使文字脉络更加清晰。

小句,要迅速抓住动词。如:今年 1 月至 10 月 31 日,全国公安机关共侦破涉网案件 4 万多起,抓获犯罪嫌疑人 6 万多名,打掉多个利用"暗网"倒卖公民信息的犯罪团伙。

动词在句子中的重要性毋庸置疑,它影响到一个句子的独立性,新闻事件也是靠动词来展示事件的发生、发展及变化,因此找到了动词也就意味着抓住了句子的主谓部分,主干也就清晰了。我们之前提到过的动宾之间的小停顿,也是为了让主干更加清晰。

"脑子快想",指的是播报时大脑要快速运转,短时间内对文字进行分析,心理学上叫"眼脑直映"。有研究表明,播报是左右脑协调处理文字的运动过程,在快速的阅读过程中,大脑将文字以组、行、块为单位进行整合,将书面文字信息对眼睛的刺激迅速整理成文字图像,直接传送到大脑,以图像的形式记忆,再通过左右脑协调处理将文字图像解析出来,进行文字的理解、复述。

首先要带着好奇心探究新闻事件,在生活中要对新闻事件及社会现象抱有浓厚的兴趣,在播报时要带着新闻的敏感探寻事件的来龙去脉,这样就能够带着问题解读新闻,更能将新闻内容说清楚,并且保持一定的专注度。

其次要作预测。科学实验证明,受众听新闻并不是被动地接收,而是一边听,一边预测主播接下来说的话,一边修正,一边理解。主播在工作时,更应该做到预测下文。比如,通过导语,就能够预测新闻后续的句子或篇章。曹逢甫教授认为,主题对前面的句子或句群有联系和引介功能,对后面的句子或句群有串联和对比功能。例如:首句作为中心句子,可以预测后面的支撑句。如果遇到偏正句,可以利用正句预测偏句的内容。

再次要想线索。任何文字都有一定的线索,如时间线索、空间线索、事物线索、中心事件线索、人物线索等。急稿送来时,往往是一边播,一边寻找新闻写作的线索,线索清晰了,就能对接下来的文字进行预判,就不容易出错。

时间线索:新闻写作通常以事件发展的时间顺序为线索。如"工程施工"

"事故救援""案件侦破""体育比赛"等新闻题材。下面这篇是典型的体育新闻写作方法,按照赛事进展顺序进行撰写。播报这条"女排4连胜"的消息时,应抓取每局的亮点、比分、球星等信息点。如:张常宁、朱婷;第一局防守、拦网、25:17;第二局拦网、发球、25:10;第三局进攻,25:10。

● 来关注女排世界杯的消息:此前已经4连胜的中国女排对阵东道主日本女排,中国女排全场各项数据全面占优,3:0横扫对手,取得了5连胜,以一局未失的战绩领跑本届女排世界杯的积分榜。

本场比赛中国队派出了张常宁和朱婷搭档主攻。面对东道主,中国女排在第一局开局阶段一度3:6落后,但随着比赛的进行,中国女排在防守端出色的发挥逆转了场上的局势。这一局中国女排在拦网数据上以8:1遥遥领先。25:17中国女排先下一城。

第二局中国女排的拦网优势依旧明显,这一局中国女排继续通过拦网拿下6分,日本女排则是1分未得。与此同时,在发球环节,张常宁这一局一个人就拿下5分,中国女排一度取得23:7的领先。最终中国女排以25:10再下一局。

第三局中国女排依旧保持着火热的状态,全场比赛中国女排在进攻得分上以48:30遥遥领先,拦网和发球更是占据压倒性优势,25:17中国女排3:0锁定胜局,取得5连胜,张常宁拿下全场最高的19分。◎(央视网2019年9月20日《朝闻天下》)

空间线索:新闻写作通常以事物存在的形式为线索。如"工程""设施""景物"介绍等。下面这篇新闻涉及许多方位性和专业性的词汇,播报时可在脑中进行空间想象,让内部外部、地上地下、单元整体形成对比,使语言与画面更加贴合。

● 位于大兴国际机场航站楼西侧指廊南端的西塔台,又被大家称作凤凰之眼,它不仅是大兴国际机场的标志性建筑,更是整个机场的制高点,是保障本场航班有序运行的大脑,那么它在里面到底是什么样子的?接下来跟随我们记者的镜头先睹为快。

西塔台是北京大兴国际机场的标志性建筑,高70.3米,占地面积2000平方米,地上结构20层,地下结构一层,内部设有指挥中心、管制室、检修环、讲评室、设备间、UPS间等。从外观上看,它的外立面造型由12个模块化的单元体围绕拼接而成。单元体上部结合使用功能需求展开形成外窗,中下部随着功能变化收缩为竖向线条,整个单元体收放灵动自如,就像是凤凰的羽毛聚集簇拥。进入塔台后乘坐电梯可直达18层。

圆形的管制明室总面积 125 平方米,360 度环形视窗由 12 个模块化的玻璃单元体围绕拼接而成,每块重达 1.24 吨的玻璃倾斜安装在距离地面 70 多米高的塔台指挥中心外墙上,是俯瞰整个大兴国际机场凤凰展翅的绝佳位置,只有身处这里才能跳出机场看机场。◎(央视网 2019 年 6 月 30 日《朝闻天下》)

逻辑线索:一些新闻内容以总分的形式进行写作,如"节日庆典""长假旅游""各种举措"等。我们来看下面这篇新闻《国庆旅游市场火热 多地景区门票降价》。一看见标题,我们立刻就能想到的逻辑结构是总分式,导语部分介绍新鲜点是"降价",分述部分分别介绍哪些景区怎么降价以及有什么特色的旅游项目。

● 十一长假临近,许多人已经规划好出行计划,湖北、浙江、山东等多地出台景区门票降价措施,也催生了市民的出游热情。

近几年随着各地景区掀起降价潮,降价不降质、摆脱门票经济已成共识。大数据显示,今年西安入选"十一长假国内热门中转地"第一名。十三朝古都西安具有浓厚的文化底蕴,记者走访了西安钟楼景区的一些连锁酒店,国庆期间客房预订火爆。

国庆前夕,湖北举行首届荆楚乡村文化旅游节。旅游节期间,湖北省 193 家景区推出门票免费或半价优惠活动,半价优惠的有 164 家,包括武当山、黄鹤楼、恩施大峡谷、神农架、三国赤壁古战场等 10 家 5A 级景区。荆门市全域内 A 级旅游景区和收门票的乡村旅游景点门票全免。

为合理引导假日期间游客分流、缓解重点旅游景区的接待压力,从 9 月 30 号起,池州市对全市境内包括多家 4A 级景区在内的 9 家景区下调了景区门票价格。据了解,本次降价部分景区最大降幅达 40%。降价后池州市 4A 级景区门票平均价格为 76 元,降幅达 13.7%。池州市旅游部门还鼓励景区结合各自特色,扩大门票价格优惠范围,建立对特定群体的免费开放日活动等,以进一步优化旅游节日市场。

贵州荔波水趴古寨国庆前夕开园,引来众多游客体验民族风俗。一进寨门,水家妹子摆起拦门酒、唱起水歌,迎接客人进寨做客。走进寨门,水族民族大餐、文化演艺等活动,让游客在青山绿水间就体验到浓浓的水族文化。◎(央视网 2019 年 9 月 25 日《中国新闻》)

此外还要想关联:将句子与句子、事件与事件、人物与人物之间的关联想清楚,能够明确立场、坚持导向、把握基调、端正态度。

"嘴巴慢出",是指在没有看清楚文字、没有想清楚关系之前,不着急"发声",一定要让脑子指挥嘴巴,而不能让脑子比嘴慢,否则就会闹出"迅雷不及掩耳盗铃"这样的笑话。嘴巴慢出不仅仅是降速，而是让每一句话都有依据、有准备。刚开始练习播报的同学容易回读，就是因为看得太慢而出声太快，嘴巴跑在了脑子前面。

另外还有一种情况是"心理预期"造成的回读。阅读经验有时会让我们期待某一个词语或某一种表述在后文中出现，等语言线条行进到那个词汇的语法位置时，便脱口而出，而此时大脑立刻反映出来事实与期待不符，于是就马上回读进行纠正。因此，排除"心理预期"的干扰对于急稿播音来说也很重要。在遇到生僻的词汇、较长的外国人名地名、专业术语等语段，可利用减速和停顿技巧，等大脑反应过来之后再出声。

● 当地时间 18 号，科摩罗连续第二日发生骚乱。科首都莫罗尼一医院急诊室主任贾比尔·易卜拉欣当日称，目前骚乱已致 1 人死亡、至少 6 人受伤。

骚乱爆发于当地时间 17 号。抗议人群纵火焚烧了一名部长的住宅，封锁了莫罗尼市内数条道路，并与安全部队发生冲突。

据报道，科摩罗政府指责该国反对派因难以接受选举失败的结果而煽动骚乱。反对派对此予以否认。

科摩罗政府发言人胡迈德·姆赛义迪称，目前已有几名示威者被逮捕。他表示，政府将继续寻找此次骚乱事件的煽动者，"国家不可能向暴力屈服"。
◎（中国新闻网 2024 年 1 月 19 日《科摩罗爆发骚乱 致 1 死 6 伤》）

三、训练原则

(一)备稿是前提

播音学教学体系中有六步备稿法：划分层次、概括主题、联系背景、明确目的、分清主次、把握基调。在新时代，短视频、浅阅读越来越盛行，但对于新闻主播来说，无准备之仗是不应提倡的。急稿播音是偶发现象，不能将突发情况视为常态。即使遇到急稿，也还是在广义备稿和长期积累的情况下进行播报工作的，仍然要做到心中有数。只不过由于时间紧迫，遇到急稿时只能边播报、边理解、边设计、边感受。因此主播们在平常要养成精细备稿的良好习惯，准备得越充分、越长久，对新闻语篇的掌握才会越熟练，遇到急稿时才更从容不迫。

(二)慢练是基础

曾经的记录新闻是以记录速度播出的新闻节目，主播语速比较慢，方便收听者记录新闻内容再将文字传播出去。在教学中我们发现，记录新闻播报练习对于主播语言基本功的锻炼价值很高,气息、共鸣、口腔控制、吐字归音等基本技巧能通过慢速练习得到提高,记录新闻中的停顿,对于熟练掌握汉语语法规范与词汇短语的搭配大有裨益。更为重要的是,主播在慢速练习中,慢慢会养成稳重、耐心、不骄不躁的性格特质。

(三)技术是保障

语言表达的基本功是播报特别是急稿播音的技术保障,只有具备精良的语言技术才能保证播报、直播甚至急稿直播的顺利完成,这已经无须多言。语言表达的基本功包括:气息、共鸣、喉部控制、吐字归音、口腔控制、停连、重音、语气、节奏、话筒前的状态、阅读能力等。此外,还有即兴口语表达技术与副语言运用的技术。这些技术必须长期训练,"曲不离口、拳不离手",语言表达的技巧不可能做到一劳永逸,有许多主播反映,一旦长时间不练功或者离开岗位一段时间,其适应力、应变力都会有所下降。因此,语言表达的基本功训练一刻也不能放松。

(四)经验要积累

语言表达能力的增长也是一个量变到质变的过程。在长期的直播工作中,主播的经验会越来越丰富,应变能力也会越来越强,遇到急稿时就会沉稳大气、胸有成竹。几分钟或十几分钟的急稿播音无不是十几年甚至是几十年播音经验的总结与体现。主播要善于在平时的工作中作总结,扬长补短,更好地提高今后的直播效果。此外,生活经验的积累对于播音工作也非常重要。新闻播音的内容来源于生活,生活中的观察、体验、思考能够让创作的根基牢固,并能调动丰富的想象,使语言创作与生活实践结合得更加紧密,新闻播音的创作就会更加目标明确、有的放矢。

(五)阅读成常态

广泛的阅读和终身学习是主播提高文化素质、扩大知识结构的方法,也是基本要求。阅读量的大小不仅仅关乎主播的知识积累,对于播报技术也有提升作用。我们知道,阅读的时候人们是以词、短语、短句作单位的。汉语中大多数词由 1—4 个字组成,而且大部分词是双音节的,阅读者有效的视觉范围一般包含一个简单的词汇单位。但是如果一个人加大阅读量,知识面较宽,其有效的视觉范围就会扩大为 2 个、3 个,甚至更多。所谓"一目十行"就是在大量阅读后达到的快速认读能力。另外,新闻稿件的内容包罗万象,这要求主播具备宽广的知识面、较高的文化知识水平,这样才能保证急稿播音中不会出现知识性的传播错误。

练习

习近平在省部级主要领导干部
推动金融高质量发展专题研讨班开班式上发表重要讲话强调
坚定不移走中国特色金融发展之路
推动我国金融高质量发展

（央视网 2024 年 1 月 16 日《新闻联播》）

● 省部级主要领导干部推动金融高质量发展专题研讨班 16 号上午在中央党校（国家行政学院）开班。中共中央总书记、国家主席、中央军委主席习近平在开班式上发表重要讲话强调，中国特色金融发展之路既遵循现代金融发展的客观规律，更具有适合我国国情的鲜明特色，与西方金融模式有本质区别。我们要坚定自信，在实践中继续探索完善，使这条路越走越宽广。

中共中央政治局常委赵乐际、王沪宁、丁薛祥、李希，国家副主席韩正出席开班式，中共中央政治局常委蔡奇主持开班式。

习近平指出，党的十八大以来，我们积极探索新时代金融发展规律，不断加深对中国特色社会主义金融本质的认识，不断推进金融实践创新、理论创新、制度创新，积累了宝贵经验，逐步走出一条中国特色金融发展之路，这就是：坚持党中央对金融工作的集中统一领导，坚持以人民为中心的价值取向，坚持把金融服务实体经济作为根本宗旨，坚持把防控风险作为金融工作的永恒主题，坚持在市场化法治化轨道上推进金融创新发展，坚持深化金融供给侧结构性改革，坚持统筹金融开放和安全，坚持稳中求进工作总基调。这几条明确了新时代新征程金融工作怎么看、怎么干，是体现中国特色金融发展之路基本立场、观点、方法的有机整体。

习近平强调，金融强国应当基于强大的经济基础，具有领先世界的经济实力、科技实力和综合国力，同时具备一系列关键核心金融要素，即：拥有强大的货币、强大的中央银行、强大的金融机构、强大的国际金融中心、强大的金融监管、强大的金融人才队伍。建设金融强国需要长期努力，久久为功。必须加快构建中国特色现代金融体系，建立健全科学稳健的金融调控体系、结构合理的金融市场体系、分工协作的金融机构体系、完备有效的金融监管体系、多样化专业性的金融产品和服务体系、自主可控安全高效的金融基础设施体系。

习近平指出，要着力防范化解金融风险特别是系统性风险。金融监管要"长牙带刺"、有棱有角，关键在于金融监管部门和行业主管部门要明确责任，加强协作配合。在市场准入、审慎监管、行为监管等各个环节,都要严格执法,实现金融监管横向到边、纵向到底。各地要立足一域谋全局,落实好属地风险处置和维稳责任。风险处置过程中要坚决惩治腐败,严防道德风险。金融监管是系统工程,金融管理部门和宏观调控部门、行业主管部门、司法机关、纪检监察机关等都有相应职责,要加强监管协同,健全权责一致的风险处置责任机制,严厉打击金融犯罪。

习近平强调,要通过扩大对外开放,提高我国金融资源配置效率和能力,增强国际竞争力和规则影响力,稳慎把握好节奏和力度。要以制度型开放为重点,推进金融高水平对外开放,落实准入前国民待遇加负面清单管理制度,对标国际高标准经贸协议中金融领域相关规则,精简限制性措施,增强开放政策的透明度、稳定性和可预期性,规范境外投融资行为,完善对共建"一带一路"的金融支持。要加强境内外金融市场互联互通,提升跨境投融资便利化水平,积极参与国际金融监管改革。要守住开放条件下的金融安全底线。

习近平指出,推动金融高质量发展、建设金融强国,要坚持法治和德治相结合,积极培育中国特色金融文化,做到:诚实守信,不逾越底线;以义取利,不唯利是图;稳健审慎,不急功近利;守正创新,不脱实向虚;依法合规,不胡作非为。

习近平最后强调,各级领导干部要增强金融思维和金融工作能力,坚持经济和金融一盘棋思想,认真落实中央金融工作会议的各项决策部署,统筹推进经济和金融高质量发展,为以中国式现代化全面推进强国建设、民族复兴伟业作出新的更大贡献。

蔡奇在主持开班式时指出,习近平总书记的重要讲话思想深邃、视野宏阔、论述精辟、内涵丰富,具有很强的政治性、理论性、针对性、指导性,对于全党特别是高级干部正确认识我国金融发展面临的形势任务,深化对金融工作本质规律和发展道路的认识,全面增强金融工作本领和风险应对能力,坚定不移走中国特色金融发展之路,具有十分重要的意义。要深刻理解把握习近平总书记重要讲话的丰富内涵、精髓要义和实践要求,深刻领悟"两个确立"的决定性意义,坚决做到"两个维护",切实把思想和行动统一到党中央决策部署上来。

中共中央政治局委员、中央书记处书记,全国人大常委会副委员长,国务委员,最高人民法院院长,最高人民检察院检察长,全国政协副主席以及中央军委委员出席开班式。

各省区市和新疆生产建设兵团、中央和国家机关有关部门、有关人民团体,中央管理的金融机构、企业、高校,解放军各单位和武警部队主要负责同志参加研讨班。各民主党派中央、全国工商联及有关方面负责同志列席开班式。◎

习近平在二十届中央纪委三次全会上发表重要讲话强调
深入推进党的自我革命
坚决打赢反腐败斗争攻坚战持久战
（央视网 2024 年 1 月 8 日《新闻联播》）

● 中共中央总书记、国家主席、中央军委主席习近平 8 日上午在中国共产党第二十届中央纪律检查委员会第三次全体会议上发表重要讲话。他强调,经过新时代十年坚持不懈的强力反腐,反腐败斗争取得压倒性胜利并全面巩固,但形势依然严峻复杂。我们对反腐败斗争的新情况新动向要有清醒认识,对腐败问题产生的土壤和条件要有清醒认识,以永远在路上的坚韧和执着,精准发力、持续发力,坚决打赢反腐败斗争攻坚战持久战。

中共中央政治局常委李强、赵乐际、王沪宁、蔡奇、丁薛祥出席会议。中共中央政治局常委、中央纪律检查委员会书记李希主持会议。

习近平指出,2023 年是全面贯彻党的二十大精神的开局之年。党中央坚定不移推进党的自我革命,在全党深入开展学习贯彻新时代中国特色社会主义思想主题教育,坚持不懈用党的创新理论凝心铸魂,着力推进政治监督具体化、精准化、常态化,着力整治形式主义、官僚主义突出问题,坚决清除党员、干部队伍中的害群之马,从严从实加强对党员、干部的管理监督,推动全面从严治党向纵深发展,推动党的二十大决策部署不折不扣贯彻落实,有力引领保障新征程开局起步。

习近平强调,我们党作为世界上最大的马克思主义执政党,如何成功跳出治乱兴衰历史周期率、确保党永远不变质不变色不变味？这是摆在全党同志面前的一个战略性问题。党的十八大以来,在推进全面从严治党的伟大实践中,我们不断进行实践探索和理论思考,在毛泽东同志当年给出"让人民来监督政府"的第一个答案基础上,给出了第二个答案,那就是不断推进党的自我革命。在新时代十年全面从严治党的实践和理论探索中,我们不断深化对党的自我革命的认识,积累了丰富实践经验,形成了一系列重要理论成果,系统回答了我们党为什么要自我革命、为什么能自我革命、怎样推进自我革命等重大问题。

习近平指出,在深入推进党的自我革命实践中需要把握好九个问题,即:

以坚持党中央集中统一领导为根本保证,以引领伟大社会革命为根本目的,以新时代中国特色社会主义思想为根本遵循,以跳出历史周期率为战略目标,以解决大党独有难题为主攻方向,以健全全面从严治党体系为有效途径,以锻造坚强组织、建设过硬队伍为重要着力点,以正风肃纪反腐为重要抓手,以自我监督和人民监督相结合为强大动力。要坚持解放思想、实事求是、与时俱进、守正创新,不断进行实践探索和理论创新,不断深化对党的自我革命的规律性认识,把党的自我革命的思路举措搞得更加严密,把每条战线、每个环节的自我革命抓具体、抓深入。

习近平强调,新征程反腐败斗争,必须在铲除腐败问题产生的土壤和条件上持续发力、纵深推进。总的要求是,坚持一体推进不敢腐、不能腐、不想腐,深化标本兼治、系统施治,不断拓展反腐败斗争深度广度,对症下药、精准施治、多措并举,让反复发作的老问题逐渐减少,让新出现的问题难以蔓延,推动防范和治理腐败问题常态化、长效化。

习近平指出,要加强党对反腐败斗争的集中统一领导。各级党委要切实强化对反腐败斗争全过程领导,坚决支持查办腐败案件,动真碰硬抓好问题整改。纪委监委作为专责机关,要更加主动担起责任,有力有效协助党委组织协调反腐败工作,整合反腐败全链条力量。各职能部门要坚持高效协同,自觉把党中央反腐败的决策部署转化为具体行动。

习近平强调,要持续保持惩治腐败高压态势。面对依然严峻复杂的形势,反腐败绝对不能回头、不能松懈、不能慈悲,必须永远吹冲锋号。要持续盯住"七个有之"问题,把严惩政商勾连的腐败作为攻坚战重中之重,坚决打击以权力为依托的资本逐利行为,坚决防止各种利益集团、权势团体向政治领域渗透。深化整治金融、国企、能源、医药和基建工程等权力集中、资金密集、资源富集领域的腐败,清理风险隐患。惩治"蝇贪蚁腐",让群众有更多获得感。

习近平指出,要深化改革阻断腐败滋生蔓延。腐败的本质是权力滥用。要抓住定政策、作决策、审批监管等关键权力,聚焦重点领域深化体制机制改革,加快新兴领域治理机制建设,完善权力配置和运行制约机制,进一步堵塞制度漏洞,规范自由裁量权,减少设租寻租机会。要建立腐败预警惩治联动机制,加强廉洁风险隐患动态监测,强化对新型腐败和隐性腐败的快速处置。

习近平强调,要进一步健全反腐败法规制度。围绕一体推进不敢腐、不能腐、不想腐等完善基础性法规制度,健全加强对"一把手"和领导班子监督配套制度。持续推进反腐败国家立法,与时俱进修改监察法,以学习贯彻新修订的纪律处分条例为契机,在全党开展一次集中性纪律教育。加强重点法规制度执行情况监督检查,确保一体遵循、一体执行。

习近平指出,要加大对行贿行为惩治力度。严肃查处那些老是拉干部下水、危害一方的行贿人,通报典型案例,以正视听、以儆效尤。加大对行贿所获不正当利益的追缴和纠正力度。

习近平强调,要持之以恒净化政治生态。坚持激浊和扬清并举,严明政治纪律和政治规矩,严肃党内政治生活,破"潜规则",立"明规矩",坚决防止搞"小圈子""拜码头""搭天线",有力打击各种政治骗子,严格防止把商品交换原则带到党内。坚持不懈整治选人用人上的不正之风,推动形成清清爽爽的同志关系、规规矩矩的上下级关系,促进政治生态山清水秀。

习近平指出,要加强新时代廉洁文化建设。深入开展党性党风党纪教育,传承党的光荣传统和优良作风,激发共产党员崇高理想追求,把以权谋私、贪污腐败看成是极大的耻辱。要注重家庭家教家风,督促领导干部从严管好亲属子女。积极宣传廉洁理念、廉洁典型,营造崇廉拒腐的良好风尚。

习近平强调,纪检监察机关是推进党的自我革命的重要力量,肩负特殊政治责任和光荣使命任务,必须始终做到绝对忠诚、绝对可靠、绝对纯洁。要巩固拓展教育整顿成果,进一步筑牢政治忠诚,任何时候任何情况下都要同党中央同心同德,把增强"四个意识"、坚定"四个自信"、做到"两个维护"转化成听党指挥、为党尽责的实际行动。要坚持原则、勇于亮剑,敢斗善斗、担当尽责,坚定不移正风肃纪反腐,推动全面从严治党向纵深发展。要加强纪检监察干部队伍建设,常态化清除害群之马,坚决防治"灯下黑",努力做自我革命的表率、遵规守纪的标杆,打造一支让党中央放心、让人民群众满意的纪检监察铁军。

李希在主持会议时指出,习近平总书记发表的重要讲话,总结了全面从严治党的新进展、新成效,深刻阐述党的自我革命的重要思想,科学回答我们党为什么要自我革命、为什么能自我革命、怎样推进自我革命等重大问题,明确提出"九个以"的实践要求,对持续发力、纵深推进反腐败斗争作出战略部署。讲话高瞻远瞩、视野宏阔、思想深邃、内涵丰富,是新时代新征程深入推进全面从严治党、党风廉政建设和反腐败斗争的根本遵循。要深入学习贯彻习近平总书记重要讲话精神和习近平总书记关于党的自我革命的重要思想,坚定拥护"两个确立"、坚决做到"两个维护",纵深推进全面从严治党、党的自我革命,为以中国式现代化全面推进强国建设、民族复兴伟业提供坚强保障。

中共中央政治局委员、中央书记处书记,全国人大常委会有关领导同志,国务委员,最高人民法院院长,最高人民检察院检察长,全国政协有关领导同志以及中央军委委员出席会议。

中央纪律检查委员会委员,中央和国家机关各部门、各人民团体主要负责同志,军队有关单位主要负责同志等参加会议。会议以电视电话会议形式举行,各省、自治区、直辖市和新疆生产建设兵团以及军队有关单位设分会场。

中国共产党第二十届中央纪律检查委员会第三次全体会议于1月8日在北京开幕。中央纪律检查委员会常务委员会主持会议。8日下午,李希代表中央纪律检查委员会常务委员会作题为《深入学习贯彻习近平总书记关于党的自我革命的重要思想,纵深推进新征程纪检监察工作高质量发展》的工作报告。◎

全国政协举行新年茶话会
习近平发表重要讲话
（央视网2023年12月29日《新闻联播》）

● 中国人民政治协商会议全国委员会12月29日上午在全国政协礼堂举行新年茶话会。党和国家领导人习近平、李强、赵乐际、王沪宁、蔡奇、丁薛祥、李希、韩正等同各民主党派中央、全国工商联负责人和无党派人士代表、中央和国家机关有关方面负责人以及首都各族各界人士代表欢聚一堂,共迎2024年元旦。

中共中央总书记、国家主席、中央军委主席习近平在茶话会上发表重要讲话。他强调,以中国式现代化全面推进强国建设、民族复兴伟业,是新时代新征程党和国家的中心任务,是新时代最大的政治。我们要巩固和发展最广泛的爱国统一战线,画好强国建设、民族复兴的最大同心圆,以团结凝聚力量,以奋斗铸就伟业,共同谱写中国式现代化的壮美华章。

习近平代表中共中央、国务院和中央军委,向各民主党派、工商联和无党派人士,向全国各族人民,向香港同胞、澳门同胞、台湾同胞和海外侨胞,向关心和支持中国现代化建设的各国朋友,致以新年的美好祝福!

习近平指出,2023年是全面贯彻中共二十大精神的开局之年。一年来,我们坚持稳中求进工作总基调,果断实行新冠疫情防控转段,坚决克服内外困难,顽强拼搏、勇毅前行,推动经济恢复发展,圆满实现经济社会发展主要预期目标。经济总量预计超过126万亿元,粮食总产再创新高,就业、物价总体稳定,科技创新实现新突破,新质生产力加快形成,新一轮党和国家机构改革基本完成,高水平对外开放持续扩大,抗洪灾、化债险、保交楼成效明显,居民收入增长快于经济增长。港澳工作继续加强,反"独"促统坚决有力。中国特色大国外交扎实推进，我国发展的外部环境继续改善。全面从严治党和反腐败斗争持续发力，良好政治生态不断巩固发展。成功举办成都大运会、杭州亚运会，我国体育健儿创造良好成绩。这些成绩来之不易、可圈可点。我们在化危机、闯难关、应变局中创造了新机遇、赢得了战略主动，极大地增强了信心和底气。

习近平表示，一年来，人民政协认真贯彻落实中共中央决策部署，充分发挥专门协商机构作用，聚焦中心工作，深入开展调查研究、协商议政、民主监督，为党和国家事业发展作出了新贡献。

习近平强调，2024年是新中国成立75周年，是实现"十四五"规划目标任务的关键一年。我们要坚持稳中求进工作总基调，把稳中求进、以进促稳、先立后破的要求贯穿各项工作之中，努力在构建新发展格局、推动高质量发展、全面深化改革开放、实现高水平科技自立自强、全面推进乡村振兴等方面取得更大进展，巩固和增强经济回升向好态势，增进民生福祉，保持社会稳定，扎实稳健推进中国式现代化建设。

习近平指出，明年也是人民政协成立75周年。要发扬优良传统，牢记政治责任，紧紧围绕中心服务大局，加强思想政治引领，积极建言资政，广泛凝聚共识，加强自身建设，不断开创新时代政协工作的新局面。

茶话会由中共中央政治局常委、全国政协主席王沪宁主持。他指出，要认真学习领会习近平总书记重要讲话精神，毫不动摇坚持中国共产党的领导，坚持不懈用习近平新时代中国特色社会主义思想凝心铸魂，把思想和行动统一到习近平总书记重要讲话精神和中共中央决策部署上来，把智慧和力量凝聚到深化改革、推动发展、保障改善民生上来，坚定信心、开拓奋进，努力为党和国家事业发展作出新贡献，为推进中国式现代化而努力奋斗。

民盟中央主席丁仲礼代表各民主党派中央、全国工商联和无党派人士讲话，表示将更加紧密地团结在以习近平同志为核心的中共中央周围，坚定拥护"两个确立"，坚决做到"两个维护"，在中国式现代化道路上勇毅前行，共同谱写中华民族伟大复兴的光辉篇章。

茶话会上，习近平等来到各界人士中间，同大家亲切握手，互致问候。全国政协委员和文艺工作者表演了精彩的节目。最后，全场起立高唱《团结就是力量》。会场内洋溢着喜庆祥和的节日气氛。

在京中共中央政治局委员、中央书记处书记，全国人大常委会、国务院部分领导同志，全国政协领导同志和曾任全国政协副主席的在京老同志出席茶话会。◎

思考题

1. 为了保证急稿播音顺利完成,主播要做到哪些保障?
2. 新闻主播平时应注重哪些训练才能保障急稿播音不翻车?
3. 怎样提高播报时的专注力?

第六节　情感、态度与分寸:主播不能输给 Siri

　　新闻报道现实、揭示现实从而让人们认识现实,要求客观公正,这毋庸置疑。但任何一个人都不可能做到纯粹公正客观,因为每一篇新闻报道都有自己的视角与目的,新闻撰写者也有自己的主观认识、思想倾向和审美情趣,倾向、感情、态度不可避免地融入新闻报道。新闻主播也一样,拿到的稿件是由文字组成,这些能用眼睛看到的文字无疑是冰冷的,但每一个字背后都有一个包罗万象的世界,这些都无时无刻不在影响着人们。人与人工智能最大的区别就在于情感,我们在说"母亲"这个词的时候,不由自主会回忆起与母亲的点点滴滴,这个词从我们口中说出无疑有文字背后的无数内容与情感。西方哲学家称为"在场"和"不在场"。而 Siri 不可能理解母亲的含辛茹苦,它只能将文字转化为冷冰冰的声音。汶川地震的系列报道中,一串串数字让主播们数度哽咽。数字是冰冷的,但主播们看到的是一个个同胞的生命,受众们则认识了有血有肉的、极具人文关怀的主播。由此可见,新闻报道不是简单地传递信息,更重要的是体现出报道的倾向、态度、情感,这也进一步表明新闻只有让听众接受了才算是真正完成了传播过程。

　　新闻与文艺作品不同,它的传播更加内敛,即在客观公正、不偏不倚的外壳之下,能够将掩藏在客观事实背后的本质与目的巧妙地传递出来。分寸感在这里就显得尤为重要了,既要有情感、有态度,又要恰当得体、不浓不淡。

一、报喜热烈不鸡血

　　所谓"打鸡血"是指突然亢奋的一种状态,在播报中过于亢奋则会影响分寸感,让人觉得兴奋过度。振奋人心的消息有很多,如《国庆 70 周年大会 10 月 1 日举行 并举行盛大的阅兵式和群众游行》《"神舟八号"航天飞船成功发射》《51 金! 中国奥运历史性突破 首次名列金牌榜第一》等。一方面,主播要为祖国的成就鼓与呼,表达民族自豪感,不能过于冷静;另一方面又要克制自己的冲动,不能因为一条新闻而破坏整组节目的和谐。

十全十美　中国女排世界杯提前一轮夺冠
（央视网 2019 年 9 月 29 日《晚间新闻》）

扫码听
参考录音 2-6-1

●【口播】今天下午女排世界杯继续在日本进行,中国队 3:0 横扫塞尔维亚,豪取十连胜,提前一轮夺冠,这也是中国女排第五次拿下世界杯冠军。

【配音】首局比赛,中国队通过朱婷的强点进攻以及高质量的发球打乱了对方的节奏,直接奠定优势。这一局中国队在各项进攻数据上全面压制对手,尤其进攻得分比塞尔维亚多了 7 分,25:14,中国女排先赢一局。

占据领先的中国队心态放松,第二局一上来打吊结合、进攻合理,比分直接来到 5:0。不过塞尔维亚队逆境中在发球和进攻战术上作出了变化,连续得分将差距抹平,比赛进入胶着的态势。郎平在暂停时提醒队员们要狠一点儿。

【同期声】中国女排主教练郎平

回到场上,中国队的进攻更加积极,又通过高效拦网和发球变化拿下关键分,最终以 25:21 拿下这一局。

第三局中国队保持状态用高拦网限制住了对手,又一早拿到领先。塞尔维亚进攻不畅,失误也逐渐增加,比分越拉越开。而在 16:10 技术暂停时,郎平继续向队员强调拦网。之后中国女排战术执行果决,继续扩大优势。而当塞尔维亚稍有追赶郎平就会马上提醒队员不可以松懈,保持专注。一鼓作气,中国女排连拿 5 分 25:16,拿下第三局,取得十连胜,提前一轮卫冕成功,并取得了在世界三大赛中第十个冠军,十全十美。

【同期声】中国女排主教练郎平◎

新中国七十华诞　多项工程"通"了
（央视网 2019 年 9 月 28 日《晚间新闻》）

扫码听
参考录音 2-6-2

●【口播】在祖国的大江南北,多项工程取得突破进展。北煤南运大通道浩吉铁路开通,四川甘孜两河口特大桥正式通车等等。用一个字来说就是"通"。

【配音】铁路通。今天我国北煤南运大通道浩吉铁路开通运营,浩吉铁路全长 1813.5 公里,北起内蒙古鄂尔多斯境内浩勒报吉南站,经陕西、山西、河南、湖北、湖南终到江西省吉安站。作为沟通长江经济带与丝绸之路经济带的重要干线,浩吉铁路两次跨越黄河,穿越和连接 20 余条铁路干线,纵贯南北,直达华中腹地。

【同期声】国家铁路集团货运部副主任黄鑫

大桥通。历经五年的艰苦施工,四川两河口水电站的控制性工程——两河口特大桥今天上午正式通车。地处海拔近 3000 米的川西高原,跨越雅砻江大峡谷,又处于高地震烈度区域,两河口特大桥的施工难度很大。

【同期声】两河口水电站建设管理局局长王金国

它的成功开通不仅对两河口水电站具有重要意义,还方便当地群众与外界沟通联系。

【同期声】藏族群众知玛

水渠通。国庆前夕,山西阳城县 11.9 万人迎来好消息。全长 18.85 公里的张峰一干渠(张峰水库一干渠)引水工程正式通水。山西阳城县地处太行山深处,沟大坡深,十年九旱,缺水是影响当地生活和经济发展的一大瓶颈。2015 年 9 月,张峰一干渠引水工程开始施工,18.85 公里的供水线路有近 85% 要打隧洞,经过建设者近四年的努力,工程终于顺利完工。

【同期声】山西阳城县寺头乡寺头村村民付小龙

昨天早上,作为杭州地铁八号线重点控制性工程,杭州单洞双线地铁隧道成功穿越钱塘江江北大堤,随后盾构机开始下穿钱塘江江底,预计明年到达钱塘江对岸。这条穿江隧道全长 3464 米,是我国目前最长的单洞双线地铁隧道。

【同期声】中铁十六局杭州地铁 8 号线 2 标项目部负责人刘元鹏

据了解,杭州地铁八号线一期工程为杭州东西向地铁主干快线。建成通车后,杭州钱塘江东西两岸通过时间将由目前的近一个小时缩短至五分钟。◎

二、关怀深情　不抹泪

人文关怀是主播必不可少的素养,主播要本着人道主义原则,尊重人、理解人、关心人。在一些灾害、事故的报道中,如《四川凉山州木里县突发泥石流》《吉林乾安市发生特大交通事故》等,主播都应充分照顾伤员和罹难者家属的情绪表达关切,但不能耸人听闻、过分悲伤、渲染痛苦。在国际事件中,如

《土耳其伊朗边境发生 5.7 级地震》《阿富汗东部汽车炸弹袭击致 5 死 46 伤》等，在播报时既不能事不关己，也不能关心过度，更不能幸灾乐祸。

妈妈，我们永远在一起
（央视网 2014 年 4 月 4 日《朝闻天下》）

扫码听
参考录音 2-6-3

●【口播】接下来让我们看一个令人悲伤但是又充满爱和温暖的故事。4 月 2 号凌晨，一位年仅 7 岁的男孩因为恶性肿瘤在湖北武汉离世。遵从他的心愿和他和家人签订的遗体器官捐赠协议，他的部分器官被分别移植到三个人身上，其中的一位是他患尿毒症的母亲。

【同期声】妈妈：你是不是男子汉？

陈孝天：我当然是的，男子汉大丈夫。

妈妈：男子汉大丈夫是干什么的呢？

陈孝天：要保护妈妈，她生病了，我也要救他。

【配音】2012 年 5 月，荆州男孩儿陈孝天被武汉同济医院确诊患上恶性肿瘤，孩子的不幸让这个家庭雪上加霜。原来，早在孩子孝天患病之前，他的妈妈周璐被确诊患尿毒症，必须长期靠透析维持生命。

【同期声】妈妈周璐：我觉得我的伢会好的，就觉得哪怕他就是躺在床上，都在这个世上，都是活着的，都是陪着我的。我就觉得我还是有亲友，还是有希望。

虽然小孝天很快接受了手术与治疗，但是术后出现了复发。今年元旦过后，他的病情进一步加重，癌细胞已经布满了他的前后脑，视神经被压迫导致失明，让他无法分清白天和黑夜。看着随时会离去的孙子和身患重病后的儿媳，奶奶陆元秀萌生了一个想法，等孩子去世后，把肾留给妈妈。

【同期声】奶奶陆元秀：我和她妈妈聊天的时候，我就说我有个想法，看你能不能接受。我说，小孩子的肾能不能捐给你，因为你们两个人都是 O 型血嘛。

【同期声】妈妈周璐：孩子的肾换到我身上我是不同意的，后来他们反复给我做工作，后来我就同意了。

按照法律规定，7 岁的孩子不具备行为能力，需要法定监护人同意才可以实现捐献程序。

这次捐献由奶奶陆元秀发起，全家人同意后，武汉市红十字会于 3 月 29

号正式批准了小孝天家人的捐献申请,并正式签订遗体器官捐赠协议——在小孝天离世后,捐出他的一对肾脏和肝脏。

4月2号凌晨4点多,由于癌细胞进一步扩散,小孝天颅内压力达到极限,专家全力抢救仍然没能挽救他的生命。按照协议,在简短的默哀仪式后,医务人员摘取了小孝天捐献的器官,转送到同济医院。经国家卫生计生委器官移植计算机分配中心分配,两个肾和一个肝脏被分别移植到患有严重肾病的母亲周璐和另外两名患者身上。

【同期声】武汉同济医院器官移植主任医师陈刚:肾脏的质量应该说非常好,虽然它的体积可能只有成人的一半多一点,但是这个肾脏会在成人的体内,在两周到三周左右会快速长大。

几个小时后,小孝天这颗小小的肾脏已经在妈妈的体内健康地工作,而他的另一颗肾脏和肝脏也让两位素不相识的成年人重获新生。◎

三、谴责严厉不聒噪

对于新闻事件中不合理的现象、不恰当的言论、不正确的做法、不公正的制度,主播要在叙述事实中融入思考和态度,但不能将自己置于道德的制高点去横加指责。主播的高明之处应该是通过语气的变化引发受众的深思,而不是直接舞枪弄棒。特别是对于国际新闻,在分寸上更应谨慎,本着"宜收不宜放"的原则提出疑问,既不能软弱无力,又不能声嘶力竭。

扫码听
参考录音2-6-4

又现警方暴力执法 黑人男子死亡
(央视网 2020 年 5 月 27 日《新闻直播间》)

●【口播】当地时间5月25号,美国明尼苏达州明尼阿波利斯市4名警察在执法过程中造成1名黑人男子死亡。路人拍摄的视频显示,其中1名警察用膝盖抵住黑人男子乔治·弗洛伊德的脖子数分钟,直到其无法动弹后才松开。

【同期声】黑人男子乔治·弗洛伊德叫喊

【配音】据了解,黑人男子乔治·弗洛伊德在事发时并没有携带武器。对于这一案件,明尼阿波利斯警方表示,25号当晚警方接到报案称,有人涉嫌一起杂货店物品造假案。警方出警后找到嫌疑人乔治·弗洛伊德,弗洛伊德从车上下来后与警方发生争执,在被警方制服后弗洛伊德身体出现不适,救护车将其送到医院后不久,弗洛伊德死亡。

目前美国联邦调查局正在对这起案件进行调查,明尼阿波利斯市长表示,已经解除 4 名涉事警察的职务。

而这一案件也让外界联想到 2014 年 7 月发生在纽约斯塔滕岛的另一起案件。当时 43 岁的黑人男子艾力克·加纳被警方怀疑非法销售香烟,警方在逮捕过程中勒住加纳的脖子,最终导致其死亡。◎

非裔男子惨死
再揭美国血淋淋的种族歧视疮疤

（央视网 2020 年 5 月 30 日《新闻联播》）

扫码听
参考录音 2-6-5

● 本台今天播发国际锐评《非洲裔男子惨死再揭美国血淋淋的种族歧视疮疤》。

锐评指出,最近,美国一名非洲裔男子乔治·弗洛伊德被白人警察暴力执法活活弄死,引发美国多地大规模骚乱。眼看局势滑向失控,美国领导人警告称"只要抢劫就开枪"。对此,美国网民讽刺说,美国政客们在他国出现骚乱时,将其称作"美丽的风景线",到处煽风点火,唯恐天下不乱,而看到本国少数族裔正当维权,就急不可耐地要强力镇压,如此虚伪的双重标准"令人作呕"。

锐评指出,种族歧视是美国历史上最不堪回首的黑暗史和烂疮疤。时至今日,针对非裔族群的暴力执法或伤害事件,隔三差五就会在美国社会上演。在这场重创美国的新冠疫情中,美国政客们为了逃避自身抗疫失职,屡屡"甩锅"中国、指责世卫,甚至故意将黑手抠开种族歧视这个陈年疮疤,人为挑起本国的种族冲突。从某种程度看,"弗洛伊德之死"所引爆的大骚乱,就是美国政客自酿的一杯苦酒! 这难道不是那些政客的报应吗?

锐评强调,面对全美少数族裔的怒火,面对抗疫溃败导致的十万多条生命的消失,美国政客们应该扪心自问:还有什么颜面说那些冠冕堂皇的废话! 是不是早该向美国民众谢罪? ◎

四、讽刺尖锐不反酸

在一些新闻中,由于没有直接证据或者不便指明,往往不用太直截了当地表达,而是用委婉含蓄的方式,达到话里有话、一语双关的目的,有时候甚至是正话反说来达到批评和讽刺的效果。但新闻播报不是角色表演,不能翻白眼儿、脸谱化,因此在一些具有反讽意味的消息播报时,往往也是"点到即可",内在含义让受众去领会,切不可拿腔拿调、酸溜溜地进行播报,显得小家子气。

公众担忧特朗普竞选集会加剧疫情扩散

（央视网 2020 年 6 月 21 日《朝闻天下》）

扫码听
参考录音 2-6-6

●【口播】目前新冠肺炎疫情在美国的蔓延仍未得到有效控制，多州出现了单日新增确诊病例不降反升的情况。在这种情况下，美国总统特朗普仍然于 6 月 20 号如期举行竞选集会，这引发了公众对于集会加剧疫情扩散的担忧。

【配音】当地时间 20 号晚，美国总统特朗普在俄克拉荷马州塔尔萨市一处可容纳 1.9 万人的室内场馆举行竞选集会，这是美国三月采取严格防疫措施以来，特朗普首次举行公开大型竞选活动。美国有线电视新闻网报道称，这场大规模的集会几乎违反了美国疾控中心发布的所有集会指导原则。此前包括美国知名流行病学家、白宫冠状病毒应对工作组关键成员福奇在内的多位公共卫生专家对此表达了担忧。塔尔萨卫生部门的负责人也表示，希望能将这次集会推迟。然而特朗普仍决定如期举行竞选集会。

当天的集会上，工作人员为所有集会参加者测试体温，并发放了口罩和消毒剂，但集会活动主办方不会强制要求参与者保持社交距离和戴口罩，所有参与者还需要签署一份声明，承诺不会因为感染新冠病毒而起诉特朗普及其竞选团队。在集会举行前数小时，特朗普竞选团队通讯主管宣布，塔尔萨竞选集会的场馆工作人员中有 6 人的病毒检测结果为阳性，不过这 6 人已经被隔离，不会参加当晚的集会活动。

一边是大型集会如期举行，一边是新增确诊病例连创新高。据集会举办地塔尔萨卫生部门 20 号公布的数据，当地 19 号新增至少 136 个新冠肺炎确诊病例，是该市单日新冠肺炎确诊病例最高纪录，也是连续第五天确诊病例上升。◎

日本将再进行所谓"科研捕鲸"

（央视网 2015 年 9 月 3 日《新闻直播间》）

扫码听
参考录音 2-6-7

●【口播】日本政府方面宣布，本月 5 号起至 10 月间，日方将在日本北部海域实施"科研捕鲸"，预计将捕杀 51 头小须鲸。

【配音】日方宣称，此次"科研捕鲸"将在北海道附近海域展开，意在通过研究小须鲸的胃部残留物和器官，分析鲸鱼所生存的生态环境，更好地进行资源管理。

　　一直以来,日本所谓的"科研捕鲸"在全球引发强烈争议。早在 1986 年,国际捕鲸委员会通过《全球禁止捕鲸公约》,禁止商业捕鲸。然而,捕鲸在少数国家仍然继续。作为目前世界上最大的捕鲸、食鲸的国家,也是唯一以"科研"名义捕鲸的国家,日本成为众矢之的。尽管日本当前停止了在南极海域的捕鲸活动,但在日本近海和西北太平洋海域的捕鲸活动并没有停止。

　　有分析认为,日本不放弃以"科研"名义的捕鲸,原因基于三点。首先,农业和渔业是日本的旗帜性行业,对于执政的自民党而言,农民和渔民是大票仓,如果政府公开反对捕鲸,将会失去大批选民;其次,日本经济复苏比较缓慢,一旦捕鲸活动停止,整个捕鲸产业链都将受到影响,大量工人面临失业,税收将会减少;第三,日本一直以所谓"科研"捕鲸为借口来行使公海捕捞之实,一旦取消捕鲸活动,也就意味着日本痛失"顺带"捕捞公海渔业资源的"便利"。◎

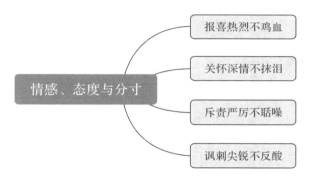

练习

冷空气影响持续　多地气温大幅下降

（央视网 2021 年 12 月 17 日《晚间新闻》）

扫码听
参考录音 2-6-8

　　●【口播】这两天强冷空气影响我国多地。受其影响,我国西北地区东部、华北、黄淮以及东北大部地区出现了 6～10℃ 的降温,河北、北京、黑龙江等部分地区降温达到 12～14℃,并伴有大风。中央气象台今天继续发布寒潮蓝色预警,预计今明两天冷空气东移南下影响继续。黄淮、江

淮、江汉、江南、华南以及吉林东部、辽宁东部将会降温 6~8℃,其中江南东部的部分地区降温幅度可达 10℃以上。◎

提示:全国各地降温幅度播报时不宜太快,要减速播报,以提醒当地居民注意防寒保暖。

山西孝义透水事故
20 名被困人员获救

(央视网 2021 年 12 月 17 日《晚间新闻》)

扫码听
参考录音 2-6-9

●【口播】我们再来关注山西孝义的一个非法煤矿因为盗采煤炭引发透水事故的最新进展,事故实际造成 22 人被困。被困井下 39 小时后,截至目前,20 名被困人员于今天下午陆续获救,并被送往医院救治,另外两人不幸遇难。

【配音】14 点 15 分,第一名被困矿工在被困了大约 39 个小时之后已成功升井。15 点 03 分,第二名被困人员也顺利升井,随后被困人员陆续升井。

12 月 15 号 23 时左右,山西省孝义市西辛庄镇杜西沟村村民涉嫌盗采煤炭引发透水事故。

事故发生后,各类专业救援力量 400 多人赶到现场开展救援处置。今天上午 11 点 15 分,救援人员与井下被困人员取得联系,并向井下输送棉服、安全帽、食物等物资,紧张的生命救援在这里展开。

据孝义市人民政府新闻办公室通报,该透水事故系盗采煤炭引发。公安机关已控制犯罪嫌疑人 7 人,其余犯罪嫌疑人正在全力追捕。◎

提示:播报时要体现出对被困人员的关怀,对遇难人员的惋惜。第四自然段表达出对生命的尊重,最后一段语气转严肃,对肇事者进行谴责。

山东泗水 温情陪伴
让留守儿童不孤单

(央视网 2023 年 2 月 19 日《晚间新闻》)

扫码听
参考录音 2-6-10

●【口播】山东泗水是劳务输出大县,常年在外务工的有 16 万人,占全县总人口四分之一。为了在外务工人员子女的童年不留白,当地民政部门通过一系列暖心举措,丰富孩子们课余生活,让留守的小候鸟们倍感温暖。

【配音】每个月中上旬,山东省泗水县民政部门都会组织当地的留守儿童体验木工、陶艺、逛大集、剪窗花、做游戏等活动。虽然孩子们长期无法与家人团聚,但在工作人员的精心安排下,孩子们玩得十分尽兴。

目前,当地已组建 507 人的爱心妈妈团队,与 1170 名困境儿童进行结对帮扶,为留守困境儿童提供细致入微的关爱服务。◎

提示:口播的第一句是背景,重点在"暖心举措"。配音部分是详细叙述暖心举措的具体做法,语气略微透出政策的柔情与孩子们的快乐。

中国救援队
完成国际救援任务平安回国

（央视网 2023 年 2 月 18 日《新闻直播间》）

扫码听
参考录音 2-6-11

●【口播】2 月 17 号下午,赴土耳其开展地震救援的中国救援人员完成救援任务,平安回国,乘坐包机抵达北京首都国际机场。

【配音】17 号下午 4 点多,搭载着中国救援人员的包机抵达北京首都国际机场,中国救援队 82 名队员和中国香港特区救援队 59 名队员平安回国。

应急管理部在北京首都国际机场举行欢迎仪式。外交部、国务院港澳办、国家国际发展合作署等单位和香港特区政府有关负责人参加,共同迎接中国救援人员回家,土耳其驻华大使也出席了欢迎仪式。

2 月 6 号土耳其地震发生后,中国救援队万里驰援土耳其,开展地震救灾。中国香港特区政府也迅速派出救援队在土耳其展开国际救援。

【同期声】中国救援队行动队队长王墨:我们快速响应和集结,在第二天的时间就已经出发了。在救援中我们不浪费、不放弃任何一个有生命迹象的点。我们中国救援队不负众望、不畏生死,获得了土耳其人民的一致认可。

【配音】中国救援人员在土耳其克服余震、严寒、物资供应紧张等重重困难,营救出多名被困人员,搜索评估建筑 87 栋,多次创造了生命救援的奇迹,得到了土耳其政府和人民、联合国机构的高度赞扬。◎

提示:这篇新闻内容丰富、结构多样,既有对土耳其地震这一背景的叙述,又有对中国救援队的赞扬。在播报时,"平安回国"部分要表达出对救援战役的敬佩、对救援人员的牵挂、对救援行动的赞许,但不能喜出望外;"土耳其地震"部分要表达出对灾区人民的关怀,但不能忧心如焚;"营救"部分要表达出对救援队国际人道主义的赞扬,又要有所克制,不能溢于言表。整篇新闻的播报更要统一于展现出大国担当的总基调上。

2021 和 2022 年度何梁何利基金奖揭晓

（央视网 2023 年 2 月 17 日《新闻直播间》）

扫码听
参考录音 2-6-12

●【口播】今天,2021 和 2022 年度何梁何利基金科学与技术奖在北京揭晓,112 名杰出科技工作者获奖。何梁何利基金最高奖项何梁何利基金科学与技术成就奖授予中国工程物理研究院胡思得院士和中国交通建设集团有限公司林鸣院士。何梁何利基金科学与技术进步奖授予 66 位在数学、力学、生命科学、工程技术等领域取得重大科学发现或作出突出贡献的优秀科技工作者。何梁何利基金科学与技术创新奖下设青年创新奖、产业创新奖、区域创新奖三大类,共授予 44 位优秀科技工作者。

何梁何利基金由香港爱国金融家何善衡、梁銶琚、何添、利国伟于 1994 年创立,旨在奖励中国杰出科学家,服务于国家现代化建设。29 年来共遴选奖励 1526 位杰出科技工作者,成为我国社会力量创建科技奖项的成功范例,为激发我国科技发展的活力、培养自主创新人才发挥了积极作用。◎

提示:这是一篇纯口播新闻,练习的时候要注意语速放慢、心态平稳;要将何梁何利基金奖三个不同的奖项区分清楚。第二段是背景,注意语势下台阶。

最高检 全国妇联对七类困难妇女给予重点救助帮扶

（央视网 2023 年 2 月 9 日《新闻直播间》）

扫码听
参考录音 2-6-13

●【口播】最高人民检察院、中华全国妇女联合会近日联合下发通知,决定在 2023 年继续深入开展关注困难妇女群体加强专项司法救助活动,帮助解决困难妇女及其家庭"急难愁盼"问题。

【配音】通知指出,今年 1 月 1 号起施行的新修订的《妇女权益保障法》,为困难妇女司法救助工作提供了坚实法律依据和提出了更高要求。检察机关和妇联组织要突出救助重点,对于进入检察办案环节、符合救助条件的"5＋2"类困难妇女,包括属于防止返贫监测对象的农村妇女,遭受家庭暴力、性侵害、拐卖等违法犯罪行为侵害的妇女,家庭主要劳动力受到违法犯罪侵害致死或者丧失劳动能力,承担养育未成年子女、赡养老人义务的妇女,身患重病或者残疾的妇女,赡养义务人没有赡养能力或者事实无人赡养的老年妇女等五类困难妇女,以及因就业性别歧视、职场性骚扰等民事侵权案件导致生活困难、通过法律途径难以解决和因遭受家庭暴力起诉离婚、生活确有困难,根据实际情况认为需要救助的妇女,要切实增强救助意识,协同开展救助帮扶工作,帮助其尽快摆脱生活困境。

通知要求,检察机关要通过电话、网络信访等渠道排查发现符合救助条件的妇女。要在办理案件和开展专项工作中主动了解妇女因遭受不法侵害导致损失情况及生活困难情况,对符合救助条件的告知申请救助途径,协助申请司法救助。妇联组织要梳理 2022 年以来接到的群众信访、热线来电和开展基层走访、关爱服务,为妇女提供法律援助、助学帮困等慈善项目情况,从中发现救助线索,及时移送同级检察机关。◎

提示:对于"5+2"类困难妇女的播报不宜过快,除了将通知内容与要求表达清晰之外,还应透露出对困难妇女的关爱。

第 35 届中国电影金鸡奖
昨晚在厦门揭晓

（央视网 2022 年 11 月 13 日《新闻直播间》）

扫码听
参考录音 2-6-14

●【口播】第 35 届中国电影金鸡奖颁奖典礼昨晚在厦门海峡大剧院举行,各大奖项一一揭晓,其中有票房口碑双丰收的主旋律电影,也有越来越多的电影新生力量赢得荣誉。

【配音】本届金鸡奖共计收到各片种报名影片 168 部,最终展现深厚家国情怀、实现战争史诗类型片新探索和表达的《长津湖》捧得最佳故事片和最佳导演两个重量级奖项。评委会特别奖授予《我和我的父辈》。电影《狙击手》摘得最佳录音和最佳摄影。《漫长的告白》获得最佳中小成本故事片。最佳美术、最佳音乐颁发给影片《独行月球》。《爱情神话》获得了最佳剪辑和最佳编剧。《人生大事》赢得最佳男主角和最佳导演处女作。时隔 31 年后,奚美娟凭借《妈妈》中细腻动人的表演,二度摘得金鸡奖最佳女主角。

颁奖典礼上,王玉梅、黄蜀琴、王好为被授予中国文联终身成就电影艺术家荣誉称号。

在本届金鸡奖获奖名单中,值得关注的是包括最佳儿童片《再见,土拨鼠》在内多位 80 后、90 后电影工作者分获多个大奖,新一代中国电影人以新颖锐利的视角记录时代,用真情实感描绘现实。

今年金鸡百花电影节启动打造金鸡百花星光海岸,以胶片、金鸡、星光通道等时尚装置吸引游客关注电影并首创金鸡奖鼓浪屿论坛,聚焦全球数字化背景下中国影视产业数字之路。在首次举办的数字影视产业高峰论坛上,55 个影视产业项目签订合作协议,签约总金额达 155.2 亿元。◎

提示：这篇新闻的难点在于影片与奖项的呼应，播报时注意呼应间的偷气。

单板滑雪男子大跳台 苏翊鸣夺冠
成为我国最年轻冬奥冠军

（央视网 2022 年 2 月 16 日《新闻 30 分》）

扫码听
参考录音 2-6-15

●【口播】昨天下午，北京冬奥会单板滑雪男子大跳台决赛在首钢滑雪大跳台进行，12 名选手参与角逐。经过 3 轮比拼，中国选手苏翊鸣以总成绩 182.50 分摘得金牌，他也成为我国历史上最年轻的冬奥会冠军。对于再过两天就将迎来自己 18 岁生日的苏翊鸣来说，本届冬奥会上斩获一金一银，或许这是他送给自己的一份宝贵的成人礼。

【配音】在资格赛中，苏翊鸣排名第 5，入围了参加决赛的 12 人名单。昨天，苏翊鸣很快就将状态调到了最佳，第一轮就完成了外转 1800 的动作。这一跳稳稳落地，得到了 89.50 分，在第一轮结束之后排名第二。第二跳苏翊鸣的表现依然稳定，完成了内转偏轴空翻三周 1800 的动作，这一跳苏翊鸣站得很稳。到了场边，他非常开心地向观众致意，这个动作他得到了 93 分。前两轮过后苏翊鸣总分排名第一。根据规则，他可以在第三轮最后一个登场。第三轮一直等到第 11 个选手做完动作，苏翊鸣的总分都没能被超过，他已经提前锁定了这一枚冬奥会金牌。最后一跳，苏翊鸣做到了享受比赛。最终他依靠前两轮的成绩以总分 182.50 分获得了金牌，这是中国体育代表团本届冬奥会上的第六枚金牌。◎

提示：这篇新闻的难点在于第二段，要以苏翊鸣的三跳进行层次的划分，另外每一跳的亮点也要尽量表达出来。第二段中，资格赛的情况和规则的介绍可降低语势，切忌平均用力。

日本政府强推福岛核污染水排海计划引发批评
美专家：日方公布的核污染水数据不透明

（央视网 2023 年 3 月 25 日《朝闻天下》）

扫码听
参考录音 2-6-16

●【口播】近日，日本政府执意强行推进福岛核污染水排海计划在国际社会上引发强烈批评，美国伍兹霍尔海洋研究所高级研究员肯·布塞勒在 2011 年福岛核事故后，曾多次前往日本研究福岛核事故对海水造成的影响。布塞勒认为，经过处理的核污染水仍含有多种放射性核素，因此不赞成核污染水排入海洋。

【同期声】美国伍兹霍尔海洋研究所高级研究员肯·布塞勒：我担心我们对核污染水的总释放量还没有足够了解，我们还没有被告知这 1000 多个储罐中所有不同形式放射性元素的完整说明。现在的注意力主要集中在氚上，我认为我们必须继续要求日方对储罐里的物质进行全面说明，他们只分析了其中的 20％～30％，这个数据一直不透明。

【配音】布塞勒表示，目前日本向海洋排放核污染水的主要数据的依据是氚。不同的放射性物质在海洋中存储的方式不同，会给海洋生物和人类带来不同程度的危害。

【同期声】美国伍兹霍尔海洋研究所高级研究员肯·布塞勒：化学性质决定污染物是随水移动还是在当地沉积，也决定了他们在鱼或人体内停留的时间，所以氚可能就像水一样，很快就会排出人和鱼的体内，但铯 137、铯 134 之类，可能需要数周或数月的时间才能排出，还有锶 90 或钚会沉积在骨骼中。他们可能会在你摄入后数年才被排出体外，这会造成长时间的损害。

【配音】布塞勒还表示，目前没有证据表明福岛核污染水中的放射性核素已被清理干净，放射性废物无论浓度高低都可能对海洋环境构成重大威胁。

【同期声】美国伍兹霍尔海洋研究所高级研究员肯·布塞勒：12 年来我没有看到证据表明他们能够做到清理放射性废物，因此我持怀疑态度。核污染水是在太平洋中流动的，它不再只是在日本境内。◎

提示：这篇新闻不是直接批评日本政府的行为，而是引用美国专家说的话，因此在播报时只需将专家的观点表达清晰即可，不必亲自挥舞大棒。

西班牙火车尺寸错误
2 亿多欧元打水漂
（央视网 2023 年 2 月 10 日《新闻直播间》）

扫码听
参考录音 2-6-17

●【口播】英国《每日电讯报》7 号报道称，一批为西班牙北部阿斯图里亚斯和坎塔布里亚地区制造的火车近日被发现截面尺寸过大，按照目前的制造规格，根本无法通过上述地区的隧道。该项目耗费 2 亿多欧元，在项目启动后两年多这一错误才被发现，上述两个地区也需要多等两到三年才能用上这批新火车。据《西班牙国家报》报道，西班牙国家铁路公司相关人士将责任归咎于西班牙铁路基础设施管理局，称隧道的官方测量数据与实际不符。而西班牙铁路基础设施管理局则称他们不对合同中错误负责。◎

提示:这么离谱的失误,造成如此巨大的损失,双方还甩锅,只能哭笑不得。需要注意的是,主播的语言不要过于夸张,否则就像幸灾乐祸一样。

被曝使用过期近 1 个月食材!
日本 7-11 公司方承认并道歉
（央视网 2022 年 1 月 8 日《第一时间》）

扫码听
参考录音 2-6-18

●【口播】据日本媒体 6 号报道,有内部员工指认,日本零售业巨头 7-11 在日本的店铺存在使用过期近一个月食材的情况。针对此事,日本 7-11 方面承认情况属实,表示将严肃处理此事并于 6 号晚间在官方网站上发布了道歉声明。

【配音】据报道,视频网站 YouTube 的一名用户 5 号晚间上传了一段视频,称收到 7-11 内部员工的投诉,并引用了由这名员工提供的 2021 年 12 月 23 日拍摄的视频。视频中一名女性员工正在打开包装并清洗关东煮的食材,而包装上的保质期分别为 2021 年 11 月 27 日、2021 年 12 月 21 日等。

报道称,针对此事,日本 7-11 便利店的运营商公关部门 6 号接受采访时承认,当天上午接到了来自顾客有关该视频的咨询电话。经过公司内部核查,涉事店铺位于北海道札幌市。这家店的店长也承认视频内容属实,并且坦白称自己允许员工使用过期食材制作关东煮。公关部门还称将严肃处理这种情况。

此外,针对此事,日本 7-11 便利店官方网站 6 号晚间发布了道歉声明,称目前正在针对这种违规情况作进一步调查,并将对日本全国的 7-11 加盟店铺进行警告,加强监督管理。

对此,有不少日本网民担心,使用过期食材在日本零售行业可能是一个普遍现象。◎

提示:对于国外的食品安全事件,主播不必染色过浓,无论是批评供应商、还是担忧消费者,情感都应保持一定分寸。

新西兰 关注热带气旋"加布里埃勒"
恶劣天气致 4 人遇难 大批居民被迫撤离
（央视网 2023 年 2 月 16 日《新闻直播间》）

扫码听
参考录音 2-6-19

●【口播】连日来,热带气旋加布里埃勒带来的狂风暴雨、洪水和山体滑坡给新西兰多地造成严重影响,造成至少 4 人死亡、部分地区电力供应、道路交通和通信中断,大批居民被迫离开被洪水威胁的家园。

【配音】在奥克兰东部地区的安置中心,工作人员正在准备食品和饮用水,准备安置从受洪水威胁地区转移来的居民。

据介绍,在受灾严重的霍克斯湾地区有9000多人被迫离开家园。为安置疏散民众,奥克兰地区已经设立了20多个安置中心。

新西兰政府14号宣布国家进入紧急状态,应对加布里埃勒造成的严重灾害。

截至15号,加布里埃勒已造成4人遇难,其中包括一名儿童。

此外,据警方介绍,截至15号中午,北岛还有1442人失联,主要是由于大范围通信中断和断电所致。

目前受灾地区的电力和通信仍在陆续恢复中,北岛已有6.5万户家庭恢复了电力供应,但新西兰全国仍有约16万户家庭尚未恢复供电。◎

提示:无论国内还是国外,对受灾群众都应表达关切。

思考题

1. 什么是分寸感?
2. 播报中的"欠"与"过"分别指的是什么? 怎样避免?
3. 新闻播报怎样在客观的基础上显示出导向?
4. 什么是人文关怀? 怎样在播报中加以体现?

第七节　数据播报:让数字不再冷冰冰

互联网的普及开启了一个生产、共享、应用数据的时代,电子商务、社交软件、短视频APP,让数据无时无刻不影响着我们的生活。新闻节目中也出现了大量的数据新闻。数据新闻本身并没有跳出新闻的范畴,依然具有清晰的叙事和突出的重点,但在以数据为驱动的新闻叙事中,新闻内容会把庞大、复杂的数据进行整合、排列,显现出事物的规模、变化,最终以量变展现质变。主播们通过对数据新闻的解读与传播,弥补受众信息量的不足,帮助他们进行数据信息的分析。简单地说,就是以数据引起社会的关注。因此,播报数据新闻不能简单地罗列枯燥的数字,而应该将数据背后的规律、质量、现象揭示出来。

在传统新闻报道中,时间线索往往比较严格,五要素缺一不可。但数据新闻中,时间的意义被削弱,导致数据新闻的时间线显得跳跃。相对而言,电视数据新闻中,画面、构图、色彩搭配让数据更直观,观众的体验感更强烈。

一、导向

　　数据新闻能够增强新闻的真实感,这不是简单地公布各种各样的数字,更在于对公众的认知与理解进行引导,因此,主播在进行数据新闻播报时,要注意基调和语气,让数据背后的内容走向前台,让新闻传播起到稳定人心、鼓舞士气、凝聚社会的作用。此外,由于个别自媒体偶尔发布耸人听闻的假消息,新闻主播的基调、态度、语气也是与谣言作斗争的武器,要避免公众被误导、被蒙蔽。

　　新冠疫情防控时期,各大媒体都要公布疫情数据,网络媒体腾讯新闻一跃而起,原因就在于利用大数据发布新闻,确诊人数、治愈人数、死亡人数等都清晰地加以呈现,数据＋图表冲击着公众的视觉感受。公众对于疫情有真实信息披露的需求、人员避险安全的需求、疫情防控参与的需求,了解了这些需求,主播在发布数据时就更能够有的放矢、更精准地找到重点。另外,数据的发布策略也会随着疫情发展与国内国际形势的变化有所调整。如疫情前期,发布重点是新增感染人数、累计感染人数、现有患者人数等,而全国恢复生产之后,重点是治愈患者人数和感染途径等。

　　传染病数据的发布有利于公众认清疾病的传播风险以及掌握基本的防御措施。除了权威公正外,主播还要尽量达成消除歧视、合理防控的目的。下面这篇新闻中"治疗比例 86.6％""治疗成功率 93.5％"等数据要着重强调,而"感染者 95.8 万"的数据既要引起民众的重视,又不能着色太浓,否则会引起公众恐慌、误解与歧视。

世界艾滋病日:

全国报告存活艾滋病感染者 95.8 万

（央视网 2019 年 12 月 1 日《新闻直播间》）

扫码听
参考录音 2-7-1

　　●【口播】12 月 1 号是"世界艾滋病日",国家卫健委
30 号发布的数据显示,截至今年 11 月底,全国共报告存活的艾滋病感染者
95.8 万人,整体疫情持续处于低流行水平。

　　【配音】今年我国进一步加大检测和治疗策略,最大限度发现和治疗艾滋病感染者。今年 1 到 10 月,全国共检测 2.3 亿人次,新报告发现艾滋病感染者 13.1 万例,新增加抗病毒治疗 12.7 万例,全国符合治疗条件的感染者接受

抗病毒治疗比例为 86.6%，治疗成功率为 93.5%。

目前我国艾滋病经输血传播基本阻断，经静脉吸毒传播和母婴传播得到有效控制，性传播成为主要传播途径。今年 1 到 10 月，新报告的感染者中异性性传播占 73.7%，男性同性性传播占 23%。疫情分布不平衡、波及范围广泛、影响因素复杂多样，防治形势仍然严峻。

国家卫健委表示，下一步国家将通过宣传教育、综合干预、扩大检测治疗、社会综合治理、消除艾滋病母婴传播、学生预防艾滋病教育六大工程，加大艾滋病防治力度。其中包括实施宾馆等公共场所安全套摆放全覆盖；利用自愿咨询、网络动员易感染艾滋病行为人群检测；依法打击涉及艾滋病传播危害的相关违法犯罪行为；对于抓获的卖淫嫖娼、聚众淫乱等人员进行艾滋病检测；落实初中学段六课时、高中学段四课时的预防艾滋病教育时间，落实普通高等学校、职业院校预防艾滋病教学任务等具体措施。◎

二、解读

数据新闻的内容非常广泛，特别是在节日期间、国家政策发布、重大事件发生时会发布新闻选题。这些选题事关国情民生、百姓生活，受众参与度高。另外，一些数据的发布具有周期性，如"年度宏观经济数据""居民消费价格指数"等等。这些选题贴近生活、贴近实际、贴近群众，为受众解释大数据与小个体之间的关联。因此，数据新闻的播报要从公众的需要出发，挖掘数据背后的故事，帮助受众更深入地理解数据新闻的内容。

另外，数据公布之后，公众的反应会怎么样？数据透露出哪些信号？这些都是主播们应该提前思考的。数据反映社会重大问题，更注重服务大众，因此在关注社会问题的表象之外，更需要解释数据背后的原因与形成机制，引发受众思考。对于社会问题性数据，更倡导促进问题的解决，以此提高数据新闻的价值。

下面这篇数据新闻，除了公布消费类别与支出方式之外，还应从播报基调和语气上透出当前居民消费越来越方便、消费观念的升级。

春节消费观察

（央视网 2019 年 2 月 20 日《朝闻天下》）

扫码听
参考录音 2-7-2

●【口播】春节临近，买年货家家户户必不可少，今天我们通过中国银联发布的统计数据来看一看老百姓的春节消费观。

【配音】首先老百姓的日常生活离不开核心消费。啥是核心消费？吃、住、行、游、购、娱六大类。先说说总的。全国居民这六大类核心消费同比大幅提升，合计总金额增加 15％，刷卡总笔数增加 26％。再分开来看看变化，购物支出在总消费占比中上升 1 个百分点，占总消费的近四分之三。除了买东西，人们对错峰出游和娱乐的需求也越来越多，这两项的支出占比增幅明显提升，同比都提升了 25％。

说完了类别咱们再聊聊地区的消费能力。数据告诉我们，消费动力提升中西部省份贡献大，河南新乡、安徽阜阳、甘肃兰州、河北保定、山西运城都榜上有名。而随着云闪付移动支付方式的普及，粤港澳大湾区的广佛地区则是节前消费笔数增幅最高的地方。

再来看看老百姓的年货清单，这个腊月期间，黄金珠宝消费在主要城市受到了热捧，总消费金额笔数、卡数同比都增加了 13％。从地域结构来看，黄金珠宝消费增幅最大的是陕西西安、上海和浙江杭州。而在珠宝采购次数方面，陕西西安、北京和四川成都居民最为活跃。

在今年腊月，鲜花卖得格外好，采购数量同比翻了一番，达 102％，而来买花的居民人数同比则上升了 52％。各地的鲜花市场上消费次数增长更快的城市是重庆、乌鲁木齐和东莞，而消费人数增长更多的城市为乌鲁木齐、陕西西安和重庆市。◎

下面这篇新闻，主播的语言中没有一个数字，数据及其变化全部通过电视屏幕展现出来，由此可见，数字本身除了能说明问题外，更为重要的是数据的类别及呈现出的结果。

最热门职业排行榜出炉
（央视网 2019 年 2 月 1 日《新闻直播间》）

扫码听
参考录音 2-7-3

● 今年哪些行业的职位最热门儿呢？覆盖全国三分之二网民的亿赞普大数据公司就针对今年前四个月网民们的搜索访问和留言等等上网痕迹进行了整理，而且根据其中的趋势对全年作了预测，马上来看一看。

今年热度最高的五类求职方向都有哪些？您看排在第一位的是政府及科研单位，他们最受青睐。接下来依次是互联网及通信、会计及金融类、管理及教育类、广告及媒体类。大数据对白领不工作状态进行了分析，结果发现在他们的身上是受到了五大症状的困扰。哪五大我们从低往高了说,分别都有购物强迫症、选择困难症、上班恐惧症和下班沉默症是并列第二的,排在最高一位的就是手机依赖症。虽然各行各业都会面临着不同的压力,但是大数据同时也告诉我们,像职业的发展前景、公平的环境、个人成就感以及紧跟前沿不掉队等等,这些都是大家对于工作最基本的需求,也提升了大家的上进心和对工作的热爱。

那到底有没有压力又小又受欢迎的职业呢? 当然有,您看,大数据就为我们带来了搜索的结果。我们来看看排在第三位的职业是什么? 旅游体验师,听听就觉得很惬意呀! 第二个职业是什么呢? 豪华床测试员,可能很多人都不会想到的。那您能猜得到排在第一位的职业是什么吗? 天堂岛守护人。您看都是一些比较舒服的职业,听起来都觉得非常的开心,所以在工作过程当中啊,大家还是追求身心愉悦的感觉。

不过话又说回来了,虽然现在职业的选择是越来越多了,但是毕竟各行都会有各行的压力,建议大家在求职的时候还是应该把兴趣放在第一位,那样的话即便辛苦也会快乐着。◎

三、取舍

在播报中,许多主播习惯性地看见数字就加以强调。由于数据太多,一大串数字并在一起,让受众很难辨别。因此,主播还应该将非必要的数据过滤掉,以凸显必要的数据。下面这篇新闻中,上调之前的数据就没必要加以强调,受众更为关心的是上调之后的津贴标准以及享受这一政策的年龄范围。

深圳市 10 月 1 日起
上调高龄老人津贴

(《深圳晚报》2019 年 9 月 24 日)

扫码听
参考录音 2-7-4

● 从今年 10 月 1 号起,深圳调整户籍高龄老人津贴发放标准,月发放津贴从 100～500 元提高为 200～1000 元,此举将惠及全市近 12 万名 70 周岁以上的高龄老人。

此次调整户籍高龄老人津贴发放标准,是为了让深圳高龄老年人更多分享到改革红利,建设更高质量的民生幸福城市。

高龄老人津贴发放对象为具有深圳市户籍且年龄在 70 周岁以上的老年人。本次调整后,70 至 79 周岁老人每人每月津贴从 100 元提至 200 元;80 至

89周岁老人每人每月津贴从200元提至300元;90至99周岁老人每人每月津贴从300元提至500元;100周岁以上老人每人每月津贴从500元提至1000元。

截至2018年底,深圳全市60周岁以上户籍老年人有32万多人。此次高龄老人津贴调整预计全市将有近12万老人受惠。

深圳高度重视养老问题,建立了高龄老人津贴、居家养老服务补助等惠民制度。近年来,各区结合辖区情况,陆续把高龄老人津贴的发放范围从80周岁扩大到70周岁以上户籍老年人,进一步提升老年人的获得感和幸福感。据市民政局统计,自2011年高龄老人津贴制度实施以来,受到了深圳老年人的广泛好评。截至2018年底,深圳市财政累计支出金额8.6亿元,逾11.71万名老人享受了该项政策。◎

数据并非都"大",也有表现事物较小、较少的时候。例如:

英国艺术家琼蒂·霍维茨利用3D打印技术创造出了一系列纳米级别的微雕人像。这些微雕的大小只相当于人类发丝直径的二分之一。霍维茨用10个月的时间一共创造了7个微雕人像。不过这些艺术品用肉眼没有办法欣赏,只能在显微镜下才可以看得到。

这篇新闻中的数字二分之一不足以表现事物的小,因此播报时要将重音放在"发丝"上,产生对比。

还有一种情况,同样的数字及单位,不同的表达会产生可大、可小的效果。例如:

2019年,整体素食订单增长了1倍。

如果"1倍"表示多,要将"倍"进行着重处理。

2019年,整体素食订单只增长了1倍。

如果"1倍"表示少,重音则要放在"1"上。

四、配合

电视数据新闻的可视化形式更加丰富,图标、动画、特效等手段的运用将数据新闻呈现得更加生动化、直观化。电视数据新闻的画面又分为静态图和虚拟动态图两种形式。主播为静态图数据新闻进行配音时,需要了解图标的运用特点及呈现的变化。

如柱状图,适用于离散数据:社交方式、年货购买种类、过年习俗等等,重点在于对比,播报时多强调变化后的数字。

曲线图适用于连贯数据的变化,如股市变化等,播报时重点在于强调"上升"或"下降"。

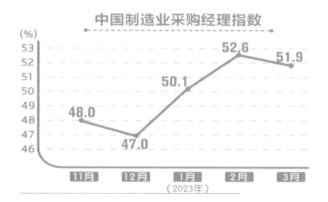

环形图是由饼状图叠在一起的,重点展现各部分的比例,有利于对各样本进行比较,播报时呼应性停顿比较多,如"朝阳区、海淀区、丰台区常住人口占全市总量的 46%"。

表格多用于精准数据的发布,但由于其单项数据及分类较多,受众感觉不直观,无法在短时间内快速获取有效信息,因此在电视数据新闻中应用率较低。主播在为数据新闻进行配音时,一般是看不到画面的,但可以根据文字描述预测出编辑会用哪种图标来进行说明,最重要的是展现出数据之间的性质及变化。

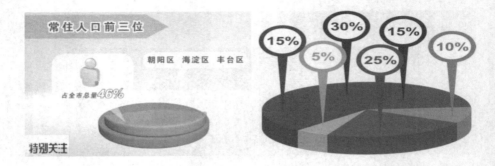

年中经济观察　上半年物价指数呈上升态势
水果和猪肉价格助推明显
（央视网 2019 年 7 月 11 日《第一时间》）

扫码听
参考录音 2-7-5

● 国家统计局昨天公布的数据显示，上半年全国居民
消费价格 CPI 比去年同期上涨了 2.2％，其中 6 月份同比上涨 2.7％，涨幅与
上月持平，总体呈现温和上涨的态势。

上半年全国居民消费价格指数 CPI 基本呈现反弹态势。从曲线图来看，
除了 2 月份受基数效应影响，同比增速创出半年新低外，3 月开始 CPI 持续进
入反弹区间。猪肉价格成为主要推手，数据显示，1 月、2 月猪肉价格同比还在
负增长区间，但到了 3 月猪肉价格一举转正，扭转了 25 个月以来持续负增长

的格局。进入二季度猪肉价格的同比涨幅一路走高,6 月的同比涨幅更是超过了 20％。这一波猪肉价格的上涨主要和非洲猪瘟以及生猪存栏量下降有关。

但比猪肉价格上涨更猛的是鲜果价格,特别是进入二季度,鲜果价格呈现快速上涨态势。国家统计局指出,鲜果价格上涨过快,主要是去年苹果和梨减产导致库存不足,加之今年南方阴雨天气较多、时令鲜果市场供应减少所致。◎

(注意:"2"的读法,十位、百位读二,26 读作二十六,206 读作二百零六;个位、千位读两,2 个,读作两个,2641 读作两千六百四十一;个位加小数点,读作二,2.5 读作二点儿五。)

练习

6 月份中国制造业采购经理指数公布
(央视网 2020 年 7 月 1 日《朝闻天下》)

扫码听
参考录音 2-7-6

●【口播】昨天,中国物流与采购联合会和国家统计局服务业调查中心发布了 6 月份中国制造业采购经理指数。6 月份中国制造业采购经理指数为 50.9％,较上月上升 0.3 个百分点,保持在临界值以上。从分类指数看,制造业生产量环比继续回升,生产指数为 53.9％,比上月上升 0.7 个百分点。制造业市场需求继续恢复,新订单指数为 51.4％,连续 2 个月回升。制造业企业用工景气度略有回落,从业人员指数为 49.1％,低于上个月 0.3 个百分点。

【配音】采购经理指数是国际上通行的宏观经济先行监测和预警指标,通常以 50％作为经济强弱的临界值。高于 50％,反映经济扩张;低于 50％,则反映经济收缩。◎

6 月份非制造业采购经理指数公布
(央视网 2020 年 6 月 30 日《新闻直播间》)

扫码听
参考录音 2-7-7

●【口播】今天还同步公布了 6 月份非制造业采购经理指数,反映非制造业整体运行状况的商务活动指数继续回升。

【配音】6月份中国非制造业商务活动指数为54.4%，较上月上升了0.8个百分点，连续4个月回升。在调查的21个行业中，有15个行业指数高于临界点，说明多数行业生产经营持续恢复。服务业需求继续释放，新订单指数为52.3%，较上月上升0.6个百分点。部分服务行业复苏仍然困难，文化娱乐和居民服务业商务活动指数位于临界点以下。◎

"五一"小长假旅游数据盘点
（央视网2014年5月4日《中国新闻》）

扫码听
参考录音 2-7-8

● 【口播】"五一"小长假已经过完了，出行旅游成为很多人的过节方式，那么这个"五一"大家都去哪儿玩了呢？在旅游的过程中，大家最不满意的又集中在哪些方面呢？接下来我们来看看网络数据给我们带来的相关信息。

【配音】根据全国景区拥挤度的用户搜索指数，"五一"假期里，西湖、九寨沟、故宫、岳麓山、乌镇、鼓浪屿、千岛湖等地旅游火爆、热度极高。除了故宫之外，湖、山、古镇的拥挤排行也反映出人们更加偏爱山水游和古镇游。

而对旅游热度的统计中，能够看到反映人流量变化的黄色区域在2号达到最大值，3号则普遍下降。

五一期间游客的投诉主要集中在虚假宣传、强制消费、停车乱收费等，其中虚假宣传排在了第一位，搜索指数比排在第二位的高出将近三分之一。搜索人群最关注的是虚假宣传如何处罚。根据去年10月1号实施的规定，旅行社进行虚假宣传、误导旅游者的，没收违法所得，并处5000元以上5万元以下的罚款。违法所得5万元以上的，并处违法所得1倍以上5倍以下的罚款。

根据网民搜索的关注度，我们也能看到旅游不文明行为的一个统计，主要集中在了随地大小便、随地吐痰、乱扔垃圾、衣冠不整等这些方面。前不久国家旅游局和国家工商行政管理总局联合发布的《团队旅游合同示范》文本中首次明确规定，不管在国内还是国外，游客如有违法或违反公德活动，旅行社有权单方解约，扣除相关费用后退还余款。◎

提示：这篇新闻没有亮出直接数据，而是以数据提供旅游服务，对游客关心的问题进行解答。因此在播报中要突出服务性，将热点景区、拥挤日程、旅游乱象等介绍清楚，防止游客踩坑。

扫码听
参考录音 2-7-9

多项权威经济数据发布
中国经济正稳步复苏

（央视网 2023 年 2 月 16 日《中国新闻》）

●【口播】昨天多项权威经济数据发布，显示中国经济正稳步复苏。

【配音】中国中小企业协会昨天发布，1 月份中国中小企业发展指数为 88.9，比去年 12 月回升 1 个点，宏观经济感受指数、综合经营指数等分项指数以及工业、交通运输、住宿、餐饮业等八大行业指数均全面回升。中国中小企业协会的调查显示，近期中国生产、流通、消费等领域加快恢复，带动了中小企业订单增加，生产经营迅速恢复。1 月份被调查的八大行业，中小企业国内订单和销售量指数全部为上升。此外，1 月份中小企业发展信心大幅改善，资金紧张状况有所缓解，企业扩大再生产的投资意愿同步回升。

中国机械工业联合会发布的信息显示，2022 年中国机械工业主要经济指标实现平稳增长。截至 2022 年，机械工业共有规模以上企业 11.1 万家，较上年增加 1.2 万家，机械工业增加值同比增长 4%，高于全国工业增加值增速 0.4 个百分点，发展韧性不断增强。

国家外汇管理局最新数据显示，1 月，银行结售汇顺差 169 亿元人民币，银行代客涉外收付款顺差 2388 亿元人民币。2023 年中国外汇市场开局良好，跨境资金流动稳定，境内外汇供求保持基本平衡。◎

提示：1.播出之前要了解播出背景。新冠疫情之后，各经济主体都在稳步复苏，因此这篇新闻除了发布数据外还有提振信心、吸引投资、展望美好前景的作用。

2.第二自然段分析了指数回升的原因，这一部分略微调整语气，特别是几个动宾短语，呼应顿挫要干脆利索，做到节奏多样、述评结合。

多部门发布最新数据
彰显中国经济活力

（央视网 2023 年 1 月 31 日《朝闻天下》）

扫码听
参考录音 2-7-10

●【口播】兔年伊始，这两天多个部门发布了 2022 年经济领域的最新统计数据，彰显出我国经济发展的信心和活力。

【配音】商务部今天发布服贸数据显示，2022 年我国服务贸易保持较快增长。全年服务进出口总额 59801.9 亿元人民币,同比增长 12.9%。服务出口 28522.4 亿元,增长 12.1%;进口 31279.5 亿元,增长 13.5%。2022 年知识密集型服务进出口 25068.5 亿元,增长 7.8%。旅行服务进出口继续恢复,2022 年旅行服务进出口 8559.8 亿元,增长 8.4%。2022 年,我国网络零售市场总体稳步增长,全国网上零售额 13.79 万亿元,同比增长 4%。其中实物商品网上零售额同比增长 6.2%,占社会消费品零售总额的比重为 27.2%;农产品网络零售增势较好,全国农村网络零售额达 2.17 万亿元,同比增长 3.6%;全国农产品网络零售额 5313.8 亿元,同比增长 9.2%,增速较 2021 年提升 6.4 个百分点。

财政部最新数据显示,2022 年全国一般公共预算收入 203703 亿元,比上年增长 0.6%。全国一般公共预算支出突破 26 万亿元,增长 6.1%。预算执行情况总体良好,卫生健康、社会保障和就业等重点领域支出得到有力保障。2022 年全年新增减税降费和退税缓税缓费 4.2 万亿元,其中增值税留抵退税约 2.4 万亿元,减轻企业负担,激发创新活力。

国家统计局今天发布,2022 年我国文化企业实现营业收入 121805 亿元,其中新业态营业收入占全部规模以上文化企业营业收入的 36.0%。数字出版、智能文化、设备制造等行业均实现两位数增长。

工信部统计数据显示,截至 2022 年年底,我国移动网络终端连接总数已达 35.28 亿户,其中代表物连接数的移动物联网终端用户数达 18.45 亿户,占全球总数的 70%。移动物联网终端用户数比移动电话用户数高 1.61 亿户,实现物连接超过人连接。我国已经初步形成多网协同发展格局,其中窄带物联网实现了全国主要城市乡镇以上区域连续覆盖,4G 网络实现全国城乡普遍覆盖,5G 网络已覆盖全部县城城区。◎

提示:1.根据信息来源划分层次、进行对比,如:商务部、财政部、国家统计局、工信部。

2.总起、总结性的话语要进行强调,语气也应有所调整,如:旅行服务进出口继续恢复;我国网络零售市场总体稳步增长;农产品网络零售增势较好;预算执行情况总体良好,卫生健康、社会保障和就业等重点领域支出得到有力保障;减轻企业负担,激发创新活力;移动物联网终端用户数比移动电话用户数高 1.61 亿户,实现物连接超过人连接;我国已经初步形成多网协同发展格局。

中国贸促会前两月签发原产地等证书
同比增 13.44%

（央视网 2023 年 3 月 30 日《新闻直播间》）

扫码听
参考录音 2-7-11

●【口播】中国贸促会 3 月 29 号举行 3 月份月度新闻发布会。发布会上介绍，前两个月全国贸促系统累计签发原产地证书等各类证书 87.26 万份，同比增长 13.44%。

【配音】数据显示，前两个月全国贸促系统非优惠原产地证书签证金额共计 553.92 亿美元，同比增长 10.39%；签证份数共计 57.26 万份，同比增长 9.09%。

全国贸促系统优惠原产地证书签证金额共计 102.97 亿美元，同比增长 27.2%；签证份数共计 21.26 万份，同比增长 24.38%。

全国贸促系统 RCEP 原产地证书签证金额共计 10.4 亿美元，同比增长 77.51%；签证份数共计 2.82 万份，同比增长 171.38%。

ATA 单证册是一本国际通用的海关通关文件，是世界海关组织为暂时进出境货物而专门创设的，也被称为货物通关护照。2 月全国贸促系统共签发出境 ATA 单证册 578 份，同比增长 260.76%；相关 ATA 单证册涉及货值约 1.57 亿元人民币，同比增长 195.53%。◎

提示：1. 不同证书的对比：非优惠原产地证书—优惠原产地证书—RCEP 原产地证书。

2. RCEP 指的是《区域全面经济伙伴关系协定》。

3. 原产地证书是证明商品的原产地，即货物的生产或制造地的一种证明文件。

集中"晒账本"今年中央预算有何看点？
今年中央本级"三公"经费预算 64.96 亿元

（央视网 2023 年 3 月 30 日《新闻直播间》）

扫码听
参考录音 2-7-12

●【口播】3 月 28 号，随着财政部公开 2023 年中央预算，中央部门陆续公布部门预算，一年一度的中央预算公开拉开大幕。

三公经费一直是备受老百姓关注的一项内容，所谓三公经费指的是因公出国经费、公务用车购置及运行费、公务接待费。今年中央本级三公经费预算 64.96 亿元，比上年略有增长。

近年来,我国狠抓三公经费管理,不仅要求中央部门从严从紧编报三公经费预算,而且明确中央部门使用财政拨款安排的三公经费不得超过预算,并对三公经费超指标支出进行预警。此外还推进预决算公开,强化社会监督。那么近几年三公经费的总体情况如何?具体来了解一下。

【配音】2022 年有 102 个中央部门公开了三公经费、2021 年决算和 2022 年预算。数据显示,中央本级三公经费预算由 2011 年的 94.28 亿元下降到 2018 年的 58.8 亿元。2018 年机构改革之后,三公经费基数相应调整。到 2023 年,中央本级三公经费预算 64.96 亿元,比上年略有增长。据介绍,这主要是前两年受疫情影响,因公出国经费预算压减较多,基数较低。到了今年呈现恢复性增加,主要用于支持实施中国特色大国外交战略,保障中央部门开展对外交往,参加重要双边、多边会议等。同时继续严控一般性出国团组,而公务用车购置及运行费、公务接待费从严控制,都不超过上年水平。与疫情前的 2019 年相比,2023 年中央本级三公经费预算减少约 16 亿元。

财政部有关负责人表示,经过多年努力,中央部门三公经费管理制度日益健全,约束力度明显提升,有效遏制了无实质内容出国,超标准、超编制配备公务用车,公务接待铺张浪费等行为。◎

提示:"三公经费"是百姓比较关注的话题,以前确有"公费私用"的现象。因此这篇新闻在保证三公经费数据发布透明的同时,还要着重强调各部门对公费支出的严格管理。"狠抓""从严从紧""不得超过""预警""预决算公开""严控"是需要强调的词或短语;而"管理制度日益健全""约束力度明显提升"则是新闻主要的引导方向。

思考题

1. 播报时,怎样将同一数字播报为"数量多"或"数量少"?
2. 新闻中出现多组数字,主播应该怎样取舍?
3. 新闻主播怎样通过播报反映数据的实质与变化?
4. 新闻主播的语言怎样与视频与图表数据相配合?

下编 提高篇

第三章　不同类型的新闻播报训练

第一节　时政新闻:中国之声与人民之声

时政新闻是有关国家、政党的最新方针、政策、国内民主政治生活以及涉及国际政治、国际关系的报道,包括党和国家重要法规、政策、举措的决策制定过程、执行过程和执行结果;各级党政领导岗位的人事变动;党和国家领导人的外交国务活动等。时政新闻具有传播事实、党的喉舌、舆论导向的功能意义。

时政新闻的修辞手法会增加新闻的真实性、合理性、正确性、精确性,会让新闻内容更加具备真实可信的特点,能够对公众产生劝服效果。说明与劝服的修辞策略也要求主播在播报时政新闻的时候掌握好播报的基调。时政新闻会受到意识形态、社会环境、媒体地位的影响,其措辞更加严谨与规范,郑重但不沉重,权威但不要威,精准但不教条。

如今,时政新闻的报道角度越来越亲和、亲民,许多报道都会以百姓的价值取向和民生的视角来观察和思考问题,满足公众的知情权,提供表达民情的渠道,显示出对时代、生活、民众的尊重。这是新闻的进步,也是社会的进步。

从语篇结构上看,时政新闻的导语精炼、简洁,直叙式、主题式导语居多;主体事件、新闻背景、相关事件、事件预告等成分相对齐全。

时政新闻的语体具有政论语体的色彩,体现稳重、朴实、庄严、简洁的风格。句法选择的特征是"一多一少",即长句多、短句少;复句多、简单句少,复句往往将关联词省去。词汇运用的特征是"一热一冷",即形容词副词多、新词网络词少。在播报时政新闻时,主播的声音应当注意用声的坚实明亮、气息稳定、吐字饱满集中、风格庄重大气、态度鲜明、语流顺畅、语速平稳。

时政新闻当中还有一个重要的特征,即动词和动词短语的领衔地位。许

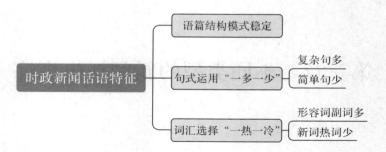

多同学反映,在播报时政新闻的时候很难达到国家级主播那种稳重大气、庄重雄浑的语言风貌。除了基调、语气之外,很重要的一点是忽略了动词和动词短语的重要性。这是因为:

发出指令靠动词:要做好"六稳"工作,落实"六保"任务。

表明立场靠动词:中方愿同俄方一道,继往开来,丰富中俄新时代全面战略协作伙伴关系内涵。

揭示关系靠动词:中俄互为彼此最大邻国,同俄罗斯巩固和发展长期睦邻友好关系,符合历史逻辑。

表达态度靠动词:国家主席习近平致电鲍德尔,祝贺他就任尼泊尔总统。

阐述活动靠动词:习近平来到水塘旁,询问芡实等受灾情况。随后,他沿着田埂走进农田深处,向正在劳作的乡亲们了解生产恢复情况。

汇报工作靠动词:创新和完善宏观调控;扎实打好三大攻坚战。

完成任务靠动词:全面总结中央第六次西藏工作座谈会以来全国文物系统对口支援西藏工作,研究部署"十四五"时期文物援藏工作任务。

展现价值靠动词:马克思主义政治经济学揭示了人类社会特别是资本主义社会经济运动规律,我们政治经济学的根本只能是马克思主义政治经济学,而不能是别的什么经济理论。

判断性质靠动词:他们实施的行为和活动,严重威胁国家安全,破坏香港繁荣稳定,损害香港市民根本利益和福祉,是妨碍"一国两制"行稳致远和香港长治久安的祸患。

动词在时政新闻当中如此重要,播报时我们抓住了动词,就抓住了新闻的灵魂。

一、会议

会议新闻是新近召开的、能引起公众兴趣的重要会议报道。会议新闻报道的重点是会议内容,而会议的主要议题、议程、与会人员以及召开会议的时间、地点、主持人等都是新闻的重要信息。会议新闻的遣词用句非常严格,是对会议的实时记录,写作方式与内容风格都非常严谨。

会议新闻事关整个社会的全局,与人民生活息息相关,主播应具备一定的政治素养才能将重大的政治信息传达给受众。

(一)两会与党代会

各级人民代表大会会议一般有严格的政治会议程序,不允许轻易改变,这就导致会议报道的结构不会轻易改变,广播、电视、报纸、网络新闻客户端的时政新闻会议报道结构都相同。除了报道会议流程之外,领导人讲话是会议的重要内容。主播在工作之前要熟悉会议常用的语言。

扫码听
参考录音 3-1-1

十四届全国人大一次会议在京闭幕
习近平发表重要讲话

(央视网 2023 年 3 月 13 日《新闻联播》)

正文	提示
●【口播】中华人民共和国第十四届全国人民代表大会第一次会议,在圆满完成各项议程、产生新一届国家机构组成人员后,13 号上午在北京人民大会堂闭幕。 大会号召,全国各族人民更加紧密地团结在以习近平同志为核心的党中央周围,高举中国特色社会主义伟大旗帜,坚持以习近平新时代中国特色社会主义思想为指导,全面贯彻党的二十大精神,自信自强、守正创新,凝心聚力、埋头苦干,为全面建设社会主义现代化国家、全面推进中华民族伟大复兴而团结奋斗! 中共中央总书记、国家主席、中央军委主席习近平在会上发表重要讲话。	核心事件:中华人民共和国第十四届全国人民代表大会第一次会议闭幕。中间一部分是状语。 动宾短语: 高举—— 坚持—— 全面贯彻——

续表

【配音】十四届全国人大常委会委员长、副委员长、秘书长担任大会执行主席,并在主席台前排就座。他们是:赵乐际、李鸿忠、王东明、肖捷、郑建邦、丁仲礼、郝明金、蔡达峰、何维、武维华、铁凝、彭清华、张庆伟、洛桑江村、雪克来提·扎克尔、刘奇。 习近平、李强、王沪宁、蔡奇、丁薛祥、李希、韩正等党和国家领导人出席会议。 李克强、栗战书、汪洋、王岐山等在主席台就座。 会议应出席代表2977人,出席2947人,缺席30人,出席人数符合法定人数。	名单播报要一人一换气,保证音高、音强、间隔一致。
闭幕会由大会执行主席、十四届全国人大常委会委员长赵乐际主持。 上午9时,赵乐际宣布会议开始。 会议经表决,通过了十四届全国人大一次会议关于政府工作报告的决议。决议指出,会议高度评价新时代十年我国经济社会发展取得的历史性成就、发生的历史性变革,充分肯定国务院过去一年和五年的工作,同意报告提出的2023年经济社会发展的总体要求、主要目标、政策取向和重点工作,决定批准这个报告。 会议经表决,通过了关于修改立法法的决定,决定自2023年3月15日起施行。国家主席习近平签署第三号主席令予以公布。 会议表决通过了十四届全国人大一次会议关于2022年国民经济和社会发展计划执行情况与2023年国民经济和社会发展计划的决议,决定批准关于2022年国民经济和社会发展计划执行情况与2023年国民经济和社会发展计划草案的报告,批准2023年国民经济和社会发展计划;表决通过了十	动宾短语: 高度评价—— 充分肯定—— 同意—— 决定—— 批准—— 这几个句子比较长,实际上可以分为两部分,每个部分可以看作"通过"—"批准"—"批准"的连贯过程。

续表

四届全国人大一次会议关于 2022 年中央和地方预算执行情况与 2023 年中央和地方预算的决议,决定批准关于 2022 年中央和地方预算执行情况与 2023 年中央和地方预算草案的报告,批准 2023 年中央预算。 　　会议表决通过了关于全国人大常委会工作报告的决议、关于最高人民法院工作报告的决议、关于最高人民检察院工作报告的决议,决定批准这三个报告。	并列性重音
完成上述议程后,习近平发表了重要讲话。 　　【同期声】这次大会选举我继续担任中华人民共和国主席,我对各位代表和全国各族人民的信任表示衷心感谢。人民的信任,是我前进的最大动力,也是我肩上沉甸甸的责任。我将忠实履行宪法赋予的职责,以国家需要为使命,以人民利益为准绳,恪尽职守,竭诚奉献,绝不辜负各位代表和全国各族人民的重托。	
【配音】习近平指出,具有五千多年文明史的中华民族,在历史上创造了无数辉煌,也经历过许多磨难。近代以后,中国逐步成为半殖民地半封建社会,饱受列强欺凌、四分五裂、战乱频繁、生灵涂炭之苦。中国共产党成立之后,紧紧团结带领全国各族人民,经过百年奋斗,洗雪民族耻辱,中国人民成为自己命运的主人,中华民族迎来了从站起来、富起来到强起来的伟大飞跃,中华民族伟大复兴进入了不可逆转的历史进程。 　　习近平强调,【同期声】从现在起到本世纪中叶,全面建成社会主义现代化强国,全面推进中华民族伟大复兴,是全党全国人民	这一段分为两部分,第一部分是历史回顾;第二部分是中国共产党成立之后中国的变化。要注意语气的调整与准确性。

续表

的中心任务。强国建设、民族复兴的接力棒,历史地落在我们这一代人身上。我们要按照党的二十大的战略部署,坚持统筹推进"五位一体"总体布局,协调推进"四个全面"战略布局,加快推进中国式现代化建设,团结奋斗,开拓创新,在新征程上作出无负时代、无负历史、无负人民的业绩,为推进强国建设、民族复兴作出我们这一代人的应有贡献。	
【配音】习近平指出,在强国建设、民族复兴的新征程,我们要坚定不移推动高质量发展。要完整、准确、全面贯彻新发展理念,加快构建新发展格局,深入实施科教兴国战略、人才强国战略、创新驱动发展战略,着力提升科技自立自强能力,推动产业转型升级,推动城乡区域协调发展,推动经济社会发展绿色化、低碳化,推动经济实现质的有效提升和量的合理增长,不断壮大我国经济实力、科技实力、综合国力。	第一句"高质量发展"为统领,后面以"要"引导的句子为具体做法。 动宾短语: 坚定不移推动—— 加快构建—— 深入实施—— 着力提升—— 推动—— 不断壮大——
习近平强调,我们要始终坚持人民至上。全面建成社会主义现代化强国,人民是决定性力量。要积极发展全过程人民民主,坚持党的领导、人民当家作主、依法治国有机统一,健全人民当家作主制度体系,实现人民意志,保障人民权益,充分激发全体人民的积极性、主动性、创造性。要贯彻以人民为中心的发展思想,完善分配制度,健全社会保障体系,强化基本公共服务,兜牢民生底线,解决好人民群众急难愁盼问题,让现代化建设成果更多更公平惠及全体人民,在推进全体人民共同富裕上不断取得更为明显的实质性进展。要不断巩固发展全国各族人民大团结、海内外中华儿女大团结,充分调动一切积极因素,凝聚起强国建设、民族复兴的磅礴力量。	这一部分为解证句群。"强调"是总要求,"要"后面的部分是具体做法,因此,第一句、第二句要有统领感。 播报时要注意以"要"为路标分三个层次: 1.制度上坚持人民至上 2.发展上以民生为中心 3.建设上团结人民

习近平指出,安全是发展的基础,稳定是强盛的前提。要贯彻总体国家安全观,健全国家安全体系,增强维护国家安全能力,提高公共安全治理水平,完善社会治理体系,以新安全格局保障新发展格局。要全面推进国防和军队现代化建设,把人民军队建设成为有效维护国家主权、安全、发展利益的钢铁长城。	第一句"安全""稳定"是总要求,后面是具体做法: 1.国家安全 2.军队建设
习近平强调,推进强国建设,离不开香港、澳门长期繁荣稳定。要全面准确、坚定不移贯彻"一国两制"、"港人治港"、"澳人治澳"、高度自治的方针,坚持依法治港治澳,支持香港、澳门特别行政区发展经济、改善民生,更好融入国家发展大局。实现祖国完全统一是全体中华儿女的共同愿望,是民族复兴的题中之义。要贯彻新时代党解决台湾问题的总体方略,坚持一个中国原则和"九二共识",积极促进两岸关系和平发展,坚决反对外部势力干涉和"台独"分裂活动,坚定不移推进祖国统一进程。	这一段分为两个部分: 1.香港、澳门 2.祖国统一 注意动宾短语的同时也要加强"全面准确""坚定不移""积极促进""坚决反对""坚定不移"的语气。
习近平强调,中国的发展惠及世界,中国的发展离不开世界。我们要扎实推进高水平对外开放,既用好全球市场和资源发展自己,又推动世界共同发展。我们要高举和平、发展、合作、共赢旗帜,始终站在历史正确一边,践行真正的多边主义,践行全人类共同价值,积极参与全球治理体系改革和建设,推动建设开放型世界经济,推动落实全球发展倡议、全球安全倡议,为世界和平发展增加更多稳定性和正能量,为我国发展营造良好国际环境。	第一句总的介绍中国与世界的关系。后面的内容为具体做法。 动宾短语: 用好—— 推动—— 高举—— 始终站在—— 践行—— 积极参与—— 推动——
习近平指出,治国必先治党,党兴才能国强。推进强国建设,必须坚持中国共产党领导和党中央集中统一领导,切实加强党的	这一部分的内容为"党的建设"

续表

建设。要时刻保持解决大党独有难题的清醒和坚定,勇于自我革命,一刻不停全面从严治党,坚定不移反对腐败,始终保持党的团结统一,确保党永远不变质、不变色、不变味,为强国建设、民族复兴提供坚强保证。 　　习近平强调:【同期声】强国建设、民族复兴的宏伟目标令人鼓舞,催人奋进。我们要只争朝夕,坚定历史自信,增强历史主动,坚持守正创新,保持战略定力,发扬斗争精神,勇于攻坚克难,不断为强国建设、民族复兴伟业添砖加瓦、增光添彩。 　　【配音】习近平的讲话赢得全场多次热烈的掌声。	
赵乐际随后也发表了讲话。他说,完全赞成和拥护习近平主席的重要讲话。讲话坚守人民立场、坚定历史自信、彰显使命担当、指引前进方向,必将激励全国各族人民在强国建设、民族复兴新征程踔厉奋发、勇毅前行,要认真学习领会、全面贯彻落实。他说,习近平同志再次全票当选为中华人民共和国主席、中华人民共和国中央军事委员会主席,反映了全体全国人大代表的共同意志和全国各族人民的共同心愿。党确立习近平同志党中央的核心、全党的核心地位,确立习近平新时代中国特色社会主义思想的指导地位,对新时代党和国家事业发展、对推进中华民族伟大复兴历史进程具有决定性意义。要坚决拥护"两个确立",自觉增强"四个意识"、坚定"四个自信"、做到"两个维护"。 　　赵乐际说,大会全面贯彻党的二十大和二十届一中、二中全会精神,圆满完成了各项议程,是一次民主、团结、求实、奋进的大	注意"完全赞成和拥护"的语气 　　"坚守人民立场"等句子是评价,要注意议论语体的调整。

会。他代表十四届全国人大及其常委会,向十三届全国人大代表,向十三届全国人大常委会组成人员,向栗战书同志,致以崇高的敬意!赵乐际说,大会选举产生了十四届全国人大常委会,并选举我担任委员长。我们衷心感谢各位代表的信任,深感使命崇高、责任重大。我们将始终坚持党的全面领导,紧紧依靠人大代表和人民群众,尊崇宪法,恪尽职守,廉洁奉公,接受人民监督,为党和国家事业竭诚奉献,绝不辜负各位代表和全国各族人民的重托。	注意"崇高的敬意""衷心感谢"的态度与语气。 动宾短语: 始终坚持—— 紧紧依靠—— 接受—— 绝不辜负——
赵乐际说,党的二十大擘画了全面建成社会主义现代化强国、以中国式现代化全面推进中华民族伟大复兴的宏伟蓝图。十四届全国人大及其常委会要全面贯彻党的二十大精神,认真履行宪法法律赋予的职责,坚持党的领导、人民当家作主、依法治国有机统一,把人民代表大会制度坚持好、完善好、运行好,推动党的二十大确定的目标任务落实见效,为全面建设社会主义现代化国家贡献力量。	动宾短语: 全面贯彻—— 认真履行—— 坚持—— 推动——
赵乐际说,我们要发展全过程人民民主,保证人民依法实行民主选举、民主协商、民主决策、民主管理、民主监督。健全保证宪法全面实施的制度体系,不断提高宪法实施和监督水平。深入推进科学立法、民主立法、依法立法,使法律体系更加科学完备、统一权威。实行正确监督、有效监督、依法监督,保证宪法法律全面有效实施。充分发挥代表来自人民、扎根人民的特点优势,当好党和国家联系人民群众的桥梁。全面加强人大及其常委会自身建设,切实担当起新时代新征程赋予的使命责任。 　赵乐际最后说:【同期声】团结就是力	动宾短语: 健全—— 不断提高—— 深入推进—— 实行—— 保证—— 充分发挥—— 当好—— 全面加强—— 切实担当起——

续表

量,奋斗创造伟业。让我们更加紧密地团结在以习近平同志为核心的党中央周围,高举中国特色社会主义伟大旗帜,坚持以习近平新时代中国特色社会主义思想为指导,全面贯彻党的二十大精神,自信自强,守正创新,凝心聚力,埋头苦干,为全面建设社会主义现代化国家,全面推进中华民族伟大复兴而团结奋斗。	
在主席台就座的还有:马兴瑞、王毅、尹力、石泰峰、刘国中、李干杰、李书磊、何卫东、何立峰、张又侠、张国清、陈文清、陈吉宁、陈敏尔、袁家军、黄坤明、刘金国、王小洪等。 　香港特别行政区行政长官李家超、澳门特别行政区行政长官贺一诚列席会议并在主席台就座。 　中央和国家机关有关部门、解放军有关单位和武警部队、各人民团体有关负责人列席或旁听了大会。 　外国驻华使节旁听了大会。 　9时57分,大会在雄壮的国歌声中结束。 　【同期声】赵乐际:现在我宣布,中华人民共和国第十四届全国人民代表大会第一次会议闭幕。	
13日下午,习近平等党和国家领导人在人民大会堂会见了出席十四届全国人大一次会议的全体代表,同他们合影留念。◎	

1. 语篇结构

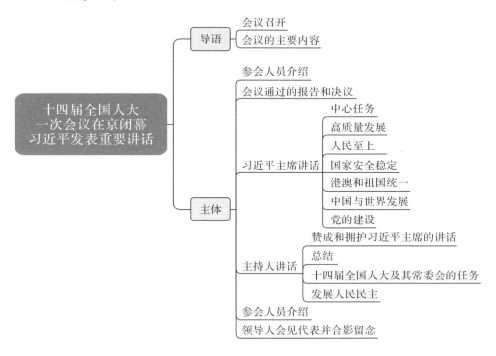

2. 专用语言

全国各族人民更加紧密地团结在以习近平同志为核心的党中央周围，高举中国特色社会主义伟大旗帜，坚持以习近平新时代中国特色社会主义思想为指导，全面贯彻党的二十大精神，自信自强、守正创新，凝心聚力、埋头苦干，为全面建设社会主义现代化国家、全面推进中华民族伟大复兴而团结奋斗！

要完整、准确、全面贯彻新发展理念，加快构建新发展格局，深入实施科教兴国战略、人才强国战略、创新驱动发展战略，着力提升科技自立自强能力，推动产业转型升级，推动城乡区域协调发展，推动经济社会发展绿色化、低碳化，推动经济实现质的有效提升和量的合理增长，不断壮大我国经济实力、科技实力、综合国力。

要贯彻新时代党解决台湾问题的总体方略，坚持一个中国原则和"九二共识"，积极促进两岸关系和平发展，坚决反对外部势力干涉和"台独"分裂活动，坚定不移推进祖国统一进程。

要坚决拥护"两个确立"，自觉增强"四个意识"、坚定"四个自信"、做到"两个维护"。

3.长句解析

①分合性停连

坚持党的领导、人民当家作主、依法治国有机统一。

这一句虽然是一个简单句,但播报时容易将"坚持"与"党的领导"粘连在一起而出现词汇搭配错误。必须在"坚持"之后进行顿挫,将"党的领导""人民当家作主""依法治国"进行并列连接,顿挫之后再播出"有机统一"。

②转折句群

具有五千多年文明史的中华民族,在历史上创造了无数辉煌,也经历过许多磨难。近代以后,中国逐步成为半殖民地半封建社会,饱受列强欺凌、四分五裂、战乱频繁、生灵涂炭之苦。中国共产党成立之后,紧紧团结带领全国各族人民,经过百年奋斗,洗雪民族耻辱,中国人民成为自己命运的主人,中华民族迎来了从站起来、富起来到强起来的伟大飞跃,中华民族伟大复兴进入了不可逆转的历史进程。

这段话将中国共产党成立前后的情况进行了对比,表达时要注意停顿,语气上要注意转换,语流上可以前低后高,重点部分为中国共产党成立之后的内容。

(二)工作会议

工作会议报道几乎每天都会出现在各级电视台、电台当中,经常处在最重要的新闻节目的头条位置,包括各级党、政、军、社会团体及人大常委会、政协机构为了解决某些问题而举行的各种部署会、动员会、现场会、总结会、例会。还有各技术部门和专业单位举行的研讨会、成果鉴定会等。

李强在国务院第一次廉政工作会议上强调
深入贯彻全面从严治党战略方针
坚定不移推进政府党风廉政建设

（央视网 2023 年 3 月 31 日《新闻联播》）

扫码听
参考录音 3-1-2

原文	提示
●【配音】3 月 31 号，国务院召开第一次廉政工作会议，中共中央政治局常委、国务院总理李强在会上强调，要坚持以习近平新时代中国特色社会主义思想为指导，全面落实习近平总书记在二十届中央纪委二次全会上的重要讲话精神和党中央关于全面从严治党战略部署，坚定不移推进政府党风廉政建设。	核心事件：廉政工作会议 动宾短语： 坚持—— 全面落实—— 坚定不移推进——
中共中央政治局常委、国务院副总理丁薛祥主持会议。国务院副总理何立峰、张国清、刘国中，国务委员王小洪、吴政隆、谌贻琴出席会议。 中共中央政治局常委、中央纪委书记李希，中共中央书记处书记、国家监委主任刘金国应邀出席会议。	
李强指出，要深入贯彻全面从严治党战略方针，坚定不移把政府党风廉政建设向纵深推进，努力建设人民满意的法治政府、创新政府、廉洁政府和服务型政府。要围绕当好贯彻党中央决策部署的执行者、行动派、实干家，进一步严明纪律、加强监督，确保党中央政令畅通、令行禁止。要锲而不舍落实中央八项规定精神，一体推进不敢腐、不能腐、不想腐，严格防范和严肃查处重点领域腐败问题。要深入推进政府职能转变，用制度刚性防止权力任性。	"指出"这一段，以方针、政策为引领，加强党风廉政建设。 动宾短语： 深入贯彻—— 努力建设—— 锲而不舍落实—— 一体推进—— 深入推进—— 对比性重音： 制度刚性 权力任性

续表

李强强调,各级政府及其工作人员要坚持把党的政治建设摆在首位,深入开展学习贯彻习近平新时代中国特色社会主义思想主题教育,深刻领悟"两个确立"的决定性意义,增强"四个意识",坚定"四个自信",做到"两个维护"。要坚决落实全面从严治党主体责任,营造风清气正、干事创业的良好环境。◎	"强调"这一段具体对"各级政府及其工作人员"提出要求,指明做法。 动宾短语: 坚持—— 深入开展学习—— 深刻领悟—— 增强—— 做到—— 坚决落实——"主体"责任 营造——

1.语篇结构

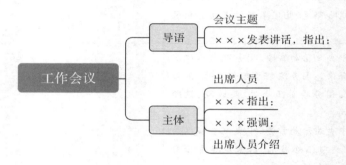

2.时政新闻的强度变化

在时政新闻中,一些主播往往全程发力,特别是对领导讲话的传达,认为每一个字都很重要,从头到尾生砸猛锤,使播报缺乏一定的逻辑性和主次对比,语义不清晰,受众易疲劳。

"强调",特别着重或者着重提出,语气庄重严肃,更易引起受众的注意力。

"指出",提出具体愿望或条件,希望得到满足或实现,语气较为缓和,可以看作"强调"的前因。

"要求",提出具体愿望或条件,希望做到或实现,有祈使的意味,语气比一般的陈述句重。"要求"或"要"之后,往往是动宾短语,动词之后的顿挫,能够更好表现出"要求"之后的具体做法。

3.时政新闻的语流变化

许多主播在时政新闻播报时,忽略了语句的语流起伏,既缺乏语言流动的

美感,也会影响语义的准确。例如下面这一段话:

要围绕当好贯彻党中央决策部署的执行者、行动派、实干家,进一步严明纪律、加强监督,确保党中央政令畅通、令行禁止。

这一句的主干是"要严明纪律、加强监督",这一句话与李强总理讲话的主旨"从严治党""党风廉政建设"是对应的;而"围绕……"是状语,表方式;"确保……"是目的。因此,播报时,"围绕……"不起高,到"进一步……"扬起语流,"确保……"语流略微下降。

二、外事会见

外事会见新闻是我国领导人与外国领导人正式见面的报道,通常用于两国领导人之间的接触,也包括省市级领导的各类会见报道。这类新闻行文正式,语言风格严谨,用书面语体进行报道。

会见中,我方领导人会阐明对于有关问题的立场、态度。新闻主播要准确、得体地将这些立场与态度公之于众,阐述立场观点、表明看法态度。播报这类新闻要讲究一定的规格,语言的形式、语气都能直接反映双方的重视程度,恰当准确的播报能够使内容锦上添花。有时还要含蓄地透露对外关系中的微妙信息。这要求新闻主播具备较强的政治责任感、细致踏实严谨的工作作风。特别是直播节目中,坚持"稳"字当头,不宜过分追求个性,要讲究准确、得体。

在播报双方领导人的内容时,既要表明我方地位,体现对外宾的礼遇,又不能厚此薄彼,语言要热情大方、谦虚得体、不卑不亢。

扫码听
参考录音 3-1-3

习近平会见马来西亚总理

（央视网 2023 年 3 月 31 日《新闻联播》）

正文	提示
●【配音】3 月 31 号下午，国家主席习近平在人民大会堂会见来华进行正式访问的马来西亚总理安瓦尔。	
习近平指出，中马友谊源远流长，两国关系发展一直走在地区国家前列。今年是中马建立全面战略伙伴关系 10 周年，明年将迎来两国建交 50 周年。你此访期间，双方就共建中马命运共同体达成共识，必将开启两国关系新的历史篇章。双方要统筹推进好下阶段关系发展和各领域合作，推动中马关系行稳致远并得到更大发展，为两国和本地区繁荣发展注入新动力。	"指出"这一段从回顾历史开始，语势不要拔得太高，可以看作下一段的"前因"。
习近平强调，中国坚持以人民为中心的执政理念，你提出建设"昌明大马"，把发展和人民放在中心地位。中方愿同马方加强两国政府部门、立法机构、政党之间交往和治国理政经验交流，在彼此尊重、坦诚互信基础上，深化互利合作，照顾彼此关切，巩固世代友好，坚定支持彼此维护主权、安全、发展利益，坚定支持彼此探索符合本国国情的发展道路。中国坚定不移推进高水平对外开放和中国式现代化，将为包括马来西亚在内的世界各国发展带来新机遇。双方要不断提升高质量共建"一带一路"水平，推进重点项目，培育数字经济、绿色发展、新能源等领域合作增长点，探讨开展民生合作，使中马关系更多惠及两国人民。	语势略微扬起。 "愿同"语气加强，表明态度。 动宾短语： 深化—— 照顾—— 巩固—— 坚定支持—— 坚定不移推进—— 不断提升—— 推进—— 培育—— 探讨——

习近平强调，中马同属亚洲文明，都是经济全球化和多边主义的受益者、贡献者、维护者。中方愿同马方一道，弘扬亚洲文明，坚持战略自主，坚守东亚合作初心，支持东盟中心地位，坚决抵制冷战思维和阵营对抗，合力建设好共同家园。双方要深化中华文明和伊斯兰文明交流互鉴，坚持真正的多边主义，维护国际公平正义，维护广大发展中国家共同利益，为完善全球治理作出更大贡献。	第一句可看作前因，后面的内容语势扬起。 动宾短语： 弘扬—— 支持—— 坚决抵制—— 合力建好—— 深化—— 坚持—— 维护——
安瓦尔表示，我是作为中国的真正朋友、怀抱对中国的真诚友好来华访问。马来西亚人民真心敬佩中国取得的巨大成就。习近平主席是具有世界影响的伟大政治家，不仅改变了中国的历史发展进程，也为世界和平与发展带来希望。习近平主席对国际形势拥有深刻理解和远见卓识，提出的全球安全倡议、全球发展倡议、全球文明倡议极富远见，构建人类命运共同体理念同马政府提出的"昌明大马"理念高度契合。马方愿同中方全力合作，推动有关倡议落地生效，推进共建"一带一路"合作。马方愿同中方加强双边经贸合作和"两国双园"建设，借鉴中方减贫经验，加强农业现代化等领域合作。欢迎中国企业赴马投资合作。中国穆斯林的宗教信仰自由和清真寺得到了很好保护，马方愿同中方深化文明交流对话。中国历史上从来没有侵略过其他国家，近期中方成功促成沙伊北京对话，再次表明中方为促进和平发挥的建设性作用。马方反对阵营对抗和强迫选边站队。东盟作为独立自主的力量，将为避免地区形势紧张升级发挥积极作用。◎	这一段语气真诚、友好，"真心敬佩"语气应加强。 赞赏、钦佩的语气 动宾短语： 加强—— 欢迎—— 深化—— 反对——

(一)语篇结构

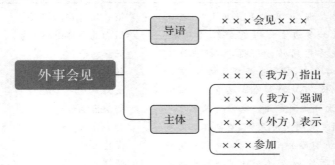

(二)专用语言

"指出",在会见新闻中,一般包括我国领导人对国际形势、双边关系的看法,对两国历史渊源的回顾等。

"强调",在"指出"的基础之上,向前推进一步,是我方在两国交往中的具体做法,语气更为强烈。

"表示",在会见新闻中常用于外方领导人对我方领导人的回应,通过言行表达思想、情感、态度,因此在播报中,要注意语气谦和、态度诚恳,音高比我方领导人的讲话略微低一点。

"指出""强调""表示"带有一定的论证性质,播报时偏向议论性语气。

(三)长句解析

中方愿同马方加强两国政府部门、立法机构、政党之间交往和治国理政经验交流,在彼此尊重、坦诚互信基础上,深化互利合作,照顾彼此关切,巩固世代友好,坚定支持彼此维护主权、安全、发展利益,坚定支持彼此探索符合本国国情的发展道路。

"在彼此尊重、坦诚互信基础上"是状语,语势略低一些,以突出"深化""照顾""巩固""坚定支持"这几个动词引导的短语,以此表明我方的态度。

三、领导活动

这类新闻是各级领导人重要公务活动的报道,包括调研、检查、查看、指导工作、观看展览和参加庆典等活动。报道的内容包括活动内容、背景介绍、领导指示等。报道具有针对性,与各级政府、职能部门的工作密切相关。播报前要注意广义背景的了解,领导人指示与活动内容进行呼应。活动过程中,有环境的描述,语气应适当生动;事件与背景叙述要客观公正;领导人指示要注意运用议论性语气。虽然各个部分语气有所区别,但仍要统一在新闻播报的语体当中。特别要注意,时政新闻中经常会见到"强调""要求",主播在播报时,一定不要气满声强、高高在上,而应该展现出领导人亲民务实的工作作风,稳健端庄中透着关心、关切。另外,还要掌握好活动中的时间、地点等线索。

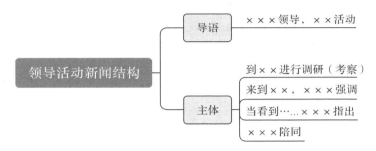

习近平在安徽考察时强调
坚持改革开放坚持高质量发展
在加快建设美好安徽上取得新的更大进展
(央视网 2020 年 8 月 21 日《新闻联播》)

扫码听
参考录音 3-1-4

原文	提示
●【口播】中共中央总书记、国家主席、中央军委主席习近平近日在安徽考察时强调,要贯彻落实好党中央决策部署,贯彻新发展理念,坚持稳中求进工作总基调,坚持改革开放,坚持高质量发展,深化供给侧结构性改革,打好三大攻坚战,做好"六稳"工作,落实"六保"任务,决胜全面建成小康社会、决战脱贫攻坚,在构建以国内大循环为主体、国内国际双循环相互促进的新发展格局中实现更大作为,在加快建设美好安徽上取得新的更大进展。	导语部分统揽全局。这一部分语速不要快,在力求清晰的基础上做好句子的归并。 动词短语:贯彻落实好;坚持;打好;做好;落实;决胜;决战。

续表

【配音】8月的江淮大地,烈日炎炎。8月18号至21号,习近平在安徽省委书记李锦斌、省长李国英陪同下,先后来到阜阳、马鞍山、合肥等地,深入防汛救灾一线、农村、企业、革命纪念馆等,看望慰问受灾群众和防汛救灾一线人员,就统筹推进常态化疫情防控和经济社会发展工作、加强防汛救灾和灾后恢复重建、推进长三角一体化发展、谋划"十四五"时期经济社会发展进行调研。	第一句描述着色不宜过浓。第二句是总起句,介绍习近平主席这次考察的地点及对象。
18号下午,习近平首先来到阜阳市阜南县王家坝闸,听取安徽省防汛工作及王家坝开闸分洪情况介绍。王家坝闸有千里淮河"第一闸"之称。今年7月20号,王家坝闸时隔13年再次开闸泄洪,有效发挥了错峰减压功能。在王家坝防汛抗洪展厅,习近平详细了解淮河治理历史和淮河流域防汛抗洪工作情况。他强调,淮河是新中国成立后第一条全面系统治理的大河。70年来,淮河治理取得显著成效,防洪体系越来越完善,防汛抗洪、防灾减灾能力不断提高。要把治理淮河的经验总结好,认真谋划"十四五"时期淮河治理方案。	从这一部分开始分别介绍习近平主席考察的地点和对象。 背景部分注意下台阶 叙事语体 评论语体
随后,习近平来到附近的红亮箱包有限公司,了解阜南县开展就业扶贫和防止因灾致贫返贫情况,并察看车间生产线,同职工亲切交流。习近平希望企业克服困难,把灾害造成的损失抢回来。他要求各级党委和政府加大扶持力度,帮助企业渡过难关,保障受灾群众、贫困群众就业。	并列性动词短语"了解""查看""交流"。 "希望"与"要求"之后稍顿挫,避免出现词汇搭配错误。

离开扶贫车间,习近平来到蒙洼蓄洪区曹集镇利民村西田坡庄台考察调研。洪水退后,庄台附近农田一派繁忙景象,村民正加紧在水塘中采摘芡实、在退水地块中补种蔬菜。习近平来到水塘旁,询问芡实等受灾情况。随后,他沿着田埂走进农田深处,向正在劳作的乡亲们了解生产恢复情况。	这一部分描述要和画面配合,特别是对动作的描述要细致,语速不宜过快,语气要透出关心、关怀。
习近平说:【同期声】	
他指出,要因地制宜、抢种补种,尽量把灾害损失降到最低,争取秋季仍然取得好的收成。要根据蓄洪区特点安排群众生产生活,扬长避短,同时引导和鼓励乡亲们逐步搬离出去,确保蓄洪区人口不再增多。	同期声引用了习近平主席的讲话原音,之后主播的语气也应该保持一致。播报"指出"的内容时,主播须抓住要点: 1. 抢种补种 2. 安排生产生活 3. 引导鼓励搬离
习近平接着来到西田坡庄台,察看村容村貌,并走进村民的家,了解他们的家庭收入、受灾损失、生产恢复等情况。习近平指出,各级党委和政府要根据国家规定,尽快将相关补偿款落实到位,并出台兜底保障等帮扶措施,确保受灾群众基本生活不受影响。	
离开庄台时,村民们纷纷向总书记问好。习近平对乡亲们说,我十分牵挂灾区群众,这次专程来看望乡亲们,看到大家在党委和政府帮助下生活逐步恢复正常,积极开展生产自救,我就放心了。希望乡亲们自力更生,继续努力,让日子越过越红火!	主播在转述习近平主席讲话时,要把握好分寸,稳重真诚、亲切关怀。
19号上午,习近平前往马鞍山市考察调研。薛家洼生态园地处长江岸边,长期以来乱搭乱建、污水横流,经过整治,如今已成为百姓亲江亲水亲绿的美丽岸线。习近平详细了解马鞍山市长江岸线综合整治和生态环境保护修复、长江十年禁渔等工作落实情	第一句统领这一部分。 第二句是背景,下台阶。过去与如今要形成语流与语气的对比。 叙事语体

续表

况，并走到江边察看长江水势和岸线生态环境。习近平强调，生态环境保护和经济发展不是矛盾对立的关系，而是辩证统一的关系。把生态保护好，把生态优势发挥出来，才能实现高质量发展。实施长江十年禁渔计划，要把相关工作做到位，让广大渔民愿意上岸、上得了岸，上岸后能够稳得住、能致富。长江经济带建设，要共抓大保护、不搞大开发。要增强爱护长江、保护长江的意识，实现"人民保护长江、长江造福人民"的良性循环，早日重现"一江碧水向东流"的胜景。	评论语体 "不是……而是"选择性对比。 辩证统一的关系： 1.十年禁渔 2.长江经济带
马鞍山市因钢而设、因钢而兴。习近平来到中国宝武马钢集团，了解企业生产经营情况，察看重点产品展示。随后，习近平走进优质合金棒材车间，察看加热炉、初轧机、中轧机等运行情况。车间外，企业劳动模范、工人代表看到总书记来了，热烈鼓掌。习近平亲切地同大家打招呼。他指出，疫情发生以来，马钢克服困难，率先复工复产，上半年产量和营收同比实现"双升"。要抓住深化国有企业改革和推动长三角一体化发展的重大机遇，加强新材料新技术研发，开发生产更多技术含量高、附加值高的新产品，增强市场竞争力。劳动模范是共和国的功臣，要大力弘扬劳模精神。	第一句为导入句，可看作背景，不要起高。 指出： 1.抓住机遇，加强新材料研发 2.弘扬劳模精神
19号下午，习近平来到合肥市肥东县十八联圩生态湿地蓄洪区巢湖大堤罗家疃段考察。今年入汛以来，巢湖水位多次突破历史极值，合肥市主动启用十八联圩及周边圩区蓄洪。习近平仔细察看巢湖水势水情，	第二句是背景

听取环巢湖主要圩口分洪及周边湿地蓄洪、巢湖综合治理情况汇报,了解防汛物资和大堤加固情况。他强调,要坚持湿地蓄洪区的定位和规划,尽快恢复生态湿地蓄洪区的行蓄洪功能和生态保护功能。他指出,当前,南方有关地方要继续抓好防汛救灾工作,同时要严防次生灾害。北方有关地方要对可能发生的汛情加强警戒和防范,全面落实防汛救灾各项工作,确保安全度汛,确保人民群众生命财产安全。	强调: 1.坚持定位和规划 2.南方抓好防汛救灾 3.北方加强警戒防范
大堤上,习近平亲切看望慰问了在防汛抗洪救灾斗争中牺牲同志的家属、防汛抗洪一线人员、先进典型代表和参加抗洪抢险的部队官兵,并向全国奋战在防汛抗洪救灾一线的同志们表示诚挚的问候。习近平强调,今年入汛以来,南北方江河湖泊接连出现超警戒水位险情。广大干部群众和人民解放军、武警官兵坚决响应党和政府号召,发扬不怕累苦、不怕疲劳、不怕牺牲的精神斗志,坚守在防汛抗洪救灾第一线,涌现了许多先进典型和感人事迹,展现了中国人民众志成城、顽强拼搏、敢于胜利的英雄气概,书写了洪水无情人有情的人间大爱。党和人民感谢你们!	评论语体
当天下午,习近平在合肥参观了安徽创新馆,对安徽在推进科技创新和发展战略性新兴产业上取得积极进展表示肯定。他指出,安徽要加快融入长三角一体化发展,实现跨越式发展,关键靠创新。要进一步夯实创新的基础,加快科技成果转化,加快培育新兴产业,锲而不舍、久久为功。	条件句:要加快融入长三角一体化发展,实现跨越式发展,关键要创新,条件双方呼应起来。后面一句为解证句群。

续表

渡江战役纪念馆坐落在巢湖之滨。71年前,在人民群众大力支援下,人民解放军一举突破长江天险,为解放全中国创造了条件。习近平参观了纪念馆,重温那段革命历史。他强调,淮海战役的胜利是靠老百姓用小车推出来的,渡江战役的胜利是靠老百姓用小船划出来的。任何时候我们都要不忘初心、牢记使命,都不能忘了人民这个根,永远做忠诚的人民服务员。要广泛开展爱国主义教育,让人们深入理解为什么历史和人民选择了中国共产党,为什么必须坚持走中国特色社会主义道路、实现中华民族伟大复兴。	强调: 1.不忘初心、牢记使命 2.广泛开展爱国主义教育
21号上午,习近平听取了安徽省委和省政府工作汇报,对安徽各项工作取得的成绩给予肯定,希望安徽广大干部群众进一步解放思想、开拓奋进,知重负重、攻坚克难,为全面建成小康社会、开启全面建设社会主义现代化国家新征程贡献更大力量。 习近平强调,当前,防汛救灾任务仍很艰巨,各级党委和政府要发扬不怕疲劳、连续作战的作风,做好防汛救灾和灾后恢复重建工作,支持受灾企业复工复产。要把防止因疫因灾致贫返贫摆在突出位置,坚持精准扶贫,进行有针对性的帮扶。要坚持以防为主、防抗救相结合,结合"十四五"规划,聚焦河流湖泊安全、生态环境安全、城市防洪安全,谋划建设一批基础性、枢纽性的重大项目。要坚决扛稳粮食安全责任,深化农业供给侧结构性改革,促进农村三产融合发展,提高农业质量效益和竞争力。	强调: 1.党委政府发扬作风 2.防止因灾致贫 3.坚持以防为主 4.扛稳粮食安全责任制

习近平指出，要深刻把握发展的阶段性新特征新要求，坚持把做实做强做优实体经济作为主攻方向，一手抓传统产业转型升级，一手抓战略性新兴产业发展壮大，推动制造业加速向数字化、网络化、智能化发展，提高产业链供应链稳定性和现代化水平。要牢牢把握扩大内需这个战略基点，努力探索形成新发展格局的有效路径。要对标世界一流，加强前沿探索和前瞻布局，加大关键核心技术攻坚力度。要发挥好改革的突破和先导作用，依靠改革破除发展瓶颈、汇聚发展优势、增强发展动力。要紧扣一体化和高质量两个关键词，深入推进重点领域一体化建设，推进长三角一体化发展。	1.把握新特征、新要求，做实做强实体经济 2.把握扩大内需 3.对标世界一流，核心技术攻关 4.发挥好改革的突破和先导作用 5.紧扣一体化和高质量两个关键词
习近平强调，要牢固树立以人民为中心的发展思想，扎实推进民生工程，出台更多援企、减负、稳岗、扩就业的支持性措施，突出做好高校毕业生、农民工、退役军人、受灾群众等重点人群就业工作，落实好纾困惠企政策，保护和激发市场主体活力。要全面贯彻党的教育方针，落实立德树人根本任务，促进教育公平。要保持现有帮扶政策总体稳定，接续推进全面脱贫与乡村振兴有效衔接，推动贫困地区走向全面振兴。要完善重大疫情防控救治体制机制，健全公共卫生应急管理体系。要推动社会治理和服务重心向基层下移，完善基层社会治安综合治理。	1.牢固树立以人民为中心思想 2.全面贯彻党的教育方针 3.保持帮扶政策稳定 4.完善重大疫情防控救治体制机制 5.推动社会治理和服务重心向基层下移
习近平指出，人民是我们党的执政基础。抗击新冠疫情、抗洪抢险斗争再次表明，只要我们党始终为人民执政、依靠人民执政，就能无往而不胜。各级领导班子和领导干部要践行党的宗旨，树牢群众观点，力戒形式主义、官僚主义。要教育引导广大党员、是干部坚定理想信念，不断提高辨别政	这一段讲话有总结意味，语气要昂扬一些。 1.践行党的宗旨 2.坚定理想信念

续表

治是非、保持政治定力、驾驭政治局面、防范政治风险的能力。要坚持反腐败无禁区、全覆盖、零容忍,一体推进不敢腐、不能腐、不想腐体制机制建设,推动全面从严治党向基层一线、向群众身边延伸,实现正气充盈、政治清明。	3.坚持反腐败
丁薛祥、刘鹤、陈希、王勇、何立峰和中央有关部门负责同志陪同考察,张又侠参加有关活动。◎	

(一)语篇结构

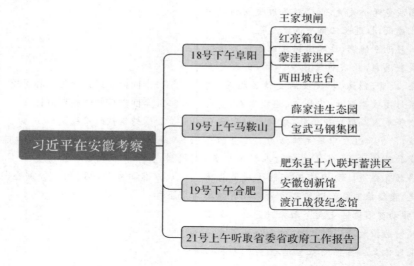

习近平在安徽考察

- 18号下午阜阳
  - 王家坝闸
  - 红亮箱包
  - 蒙洼蓄洪区
  - 西田坡庄台
- 19号上午马鞍山
  - 薛家洼生态园
  - 宝武马钢集团
- 19号下午合肥
  - 肥东县十八联圩蓄洪区
  - 安徽创新馆
  - 渡江战役纪念馆
- 21号上午听取省委省政府工作报告

(二)专用语言

深入……一线、就……进行调研、听取……介绍、看望慰问、察看、了解、详细了解、参观、询问、希望。

(三)长句解析

18日下午,习近平首先来到阜阳市阜南县王家坝闸,听取安徽省防汛工作及王家坝开闸分洪情况介绍。王家坝闸有千里淮河"第一闸"之称。今年7月20日,王家坝闸时隔13年再次开闸蓄洪,有效发挥了错峰减压功能。在王家坝防汛抗洪展厅,习近平详细了解淮河治理历史和淮河流域防汛抗洪工作情况。他强调,淮河是新中国成立后第一条全面系统治理的大河。70年来,淮河治理取得显著成效,防洪体系越来越完善,防汛抗洪、防灾减灾能力不断提高。要把治理淮河的经验总结好,认真谋划"十四五"时期淮河治理方案。

这篇新闻的每一部分都可以看作一篇完整的消息,同样也包括导语、背景、主体。其中,导语、详情与领导指示(评析)是重点部分,背景要下台阶处理。

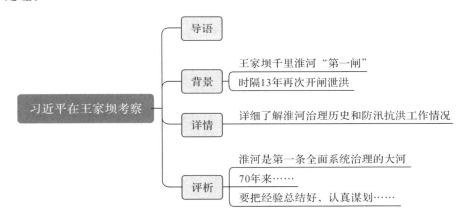

四、政令法规发布

重要政策的发布、公告或者调整往往会在第一时间播出,这样的时政新闻能够对政策进行解读、宣讲,有力引导社会舆论,传达党和国家的路线、方针、政策,还能够避免谣言的产生和传播。

政令发布关系到党和国家的大政方针,关系到人民群众的根本利益,其重要性是不言而喻的。新闻主播必须真实、正确播报新闻内容,包括报道中的事实、数据等,不能出现丝毫差错。在直播中,要认真准备,稍有不慎就会酿成严重错误,有些甚至涉及国际事端,后果极为严重。

主播要对政策进行深入解读,了解政策发布的背景、原因、解决的方法等,以求更有针对性地进行解读与宣传,让受众听得清、听得懂,达到良好的宣传效果。主播的播音方式为宣读式,基调与语气要为上情下达起到沟通作用,不能为了庄重而高高在上,也不能因为追求亲和力而丧失严肃性与权威性。

扫码听
参考录音 3-1-5

　　宣读式的特点是"郑重宣告",对规范性、严整性要求较高,口腔控制力度大、气息沉稳、语流起伏不大,速度平缓,对语言基本功要求也较高。在公告、通告、讣告、命令、名单、电文等题材中运用较多。

国家主席习近平签署主席令

（央视网 2023 年 9 月 1 日《新闻联播》）

原文	提示
●【口播】国家主席习近平 9 月 1 日签署第九号、第十号、第十一号主席令。	导语统揽全局,可看作总分结构。
第九号主席令说,《中华人民共和国行政复议法》已由中华人民共和国第十四届全国人民代表大会常务委员会第五次会议于 2023 年 9 月 1 日修订通过,现予公布,自 2024 年 1 月 1 日起施行。	关键词:行政复议法 通过的部门与施行的时间为重要信息。
第十号主席令说,《中华人民共和国外国国家豁免法》已由中华人民共和国第十四届全国人民代表大会常务委员会第五次会议于 2023 年 9 月 1 日通过,现予公布,自 2024 年 1 月 1 日起施行。	关键词:外国国家豁免法
第十一号主席令说,《全国人民代表大会常务委员会关于修改〈中华人民共和国民事诉讼法〉的决定》已由中华人民共和国第十四届全国人民代表大会常务委员会第五次会议于 2023 年 9 月 1 日通过,现予公布,自 2024 年 1 月 1 日起施行。◎	关键词:修改——民事诉讼法

语篇结构

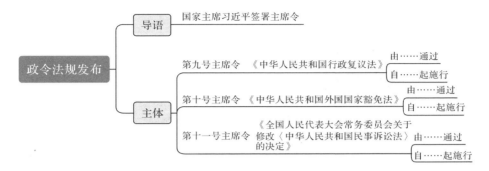

政令法规发布
- 导语 —— 国家主席习近平签署主席令
- 主体
  - 第九号主席令　《中华人民共和国行政复议法》
    - 由……通过
    - 自……起施行
  - 第十号主席令　《中华人民共和国外国国家豁免法》
    - 由……通过
    - 自……起施行
  - 第十一号主席令　《全国人民代表大会常务委员会关于修改〈中华人民共和国民事诉讼法〉的决定》
    - 由……通过
    - 自……起施行

国务院办公厅印发
《关于提升大众创业万众创新示范基地带动作用
进一步促改革稳就业强动能的实施意见》

（央视网 2020 年 7 月 30 日《新闻联播》）

扫码听
参考录音 3-1-6

原文	提示
●【口播】国务院办公厅日前印发《关于提升大众创业万众创新示范基地带动作用进一步促改革稳就业强动能的实施意见》，强调要以习近平新时代中国特色社会主义思想为指导，深入实施创新驱动发展战略，努力把双创示范基地打造成为创业就业的重要载体、融通创新的引领标杆、精益创业的集聚平台、全球化创业的重点节点、全面创新改革的示范样本，推动我国创新创业高质量发展。	"提升"之后顿挫 "带动作用"之前顿挫 "进一步"之后顿挫 "打造成为"之后顿挫 注意几个并列性重音： 创业就业的重要载体 融通创新的引领标杆 精益创业的聚集平台 全球化的重点节点
《意见》从六个方面着力提升双创示范基地带动作用。一是落实创业企业纾困政策，二是实施社会服务创业带动就业示范行动，三是构建大中小企业融通创新生态，四是深化金融服务创新创业示范，五是做强开放创业孵化载体，六是探索完善包容创新监管机制。◎	第一句为总起 分述部分全部为动宾短语："落实""实施""构建""深化""做强""探索"。

（一）语篇结构

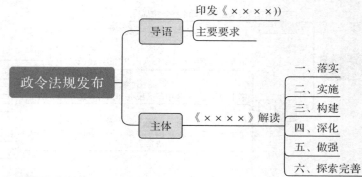

（二）专用语言

大众创业万众创新示范基地；促改革稳就业强动能；创业就业的重要载体、融通创新的引领标杆、精益创业的集聚平台、全球化创业的重点节点、全面创新改革的示范样本。

（三）长句解析：总分句群

《意见》从六个方面着力提升双创示范基地带动作用。一是落实创业企业纾困政策，二是实施社会服务创业带动就业示范行动，三是构建大中小企业融通创新生态，四是深化金融服务创新创业示范，五是做强开放创业孵化载体，六是探索完善包容创新监管机制。

第一句之后停顿略长，顺势承接"六方面内容"。每一方面的内容都是动词引导的，要注意动宾呼应。

五、讲话指示

这类新闻是从有关文件、材料、讲话中挖掘出的，语言精练、逻辑性强，具有论证的特点。新闻主播要有较强的消化吸收能力，充分解读讲话指示的内容，以写作特点指引播报方式。这类新闻虽然属于时政新闻范畴，但不以介绍新闻事件为主，因此从播报方式上看，属于评论的播报方式，难点在于论证方式与结构的梳理，如果不了解语篇结构与论证方式，主播很容易平均用力，从头到尾飙高音,受众听到的只是长达数分钟的强音,而不明了论点、论证的关系。实际上,这类稿件也要播出节奏的变化,论点部分要强,可略慢,论证部分略降低语势,略提速,更加连贯。这样,才能让"讲话指示"的主旨更加清晰,重点更加突出,更利于受众接收与理解。主播播音之前最好能够列出稿件的提纲,先从宏观上把握语篇结构,再从微观上分析语句关系,层层推进,步步落实,做到心中有数。

祈使句是这类新闻中常见的句型,句子以动词短语为主干,如"提高""夯实""加大""推进"等等。播报时注意动宾呼应,语气不要强势、生硬。

扫码听
参考录音 3-1-7

《求是》杂志发表习近平总书记重要文章
《不断开拓当代中国马克思主义政治经济学新境界》

（央视网 2020 年 8 月 15 日《新闻联播》）

原文	提示
●【口播】8 月 16 号出版的第 16 期《求是》杂志将发表中共中央总书记、国家主席、中央军委主席习近平 2015 年 11 月 23 号在十八届中央政治局第二十八次集体学习时的重要讲话《不断开拓当代中国马克思主义政治经济学新境界》。	由动词短语"不断开拓"引导,顿挫;"新境界"之前顿挫。
讲话强调,马克思主义政治经济学是马克思主义的重要组成部分,也是我们坚持和发展马克思主义的必修课。马克思主义政治经济学揭示了人类社会特别是资本主义社会经济运动规律,我们政治经济学的根本只能是马克思主义政治经济学,而不能是别的什么经济理论。马克思主义政治经济学要有生命力,就必须与时俱进。我们要立足我国国情和我们的发展实践,深入研究世界经济和我国经济面临的新情况新问题,揭示新特点新规律,提炼和总结我国经济发展实践的规律性成果,把实践经验上升为系统化	第一句是对马克思主义经济学的评价。 第二句用因果句解释了第一句,顺承衔接。 "只能是""不能是"语气加重,表明态度。 第三句有总结意味,指明开拓"新境界"的重要性,上台阶、扬起、减速。 最后一句相当于整篇文章的总论点,要减速、扬起。

续表

的经济学说,不断开拓当代中国马克思主义政治经济学新境界。	以时间为线索进行论证
讲话指出,我们党历来重视对马克思主义政治经济学的学习、研究、运用。党的十一届三中全会以来,我们党把马克思主义政治经济学基本原理同改革开放新的实践结合起来,不断丰富和发展马克思主义政治经济学的许多重要理论成果。这些理论成果,马克思主义经典作家没有讲过,改革开放前我们也没有这方面的实践和认识,是适应当代中国国情和时代特点的政治经济学,不仅有力指导了我国经济发展实践,而且开拓了马克思主义政治经济学新境界。	这一句顺势下台阶,略提速 "不仅……而且"要有递进的意味,后一部分的"开拓了"扬起。
讲话指出,在风云变幻的世界经济大潮中,能不能驾驭好我国经济这艘大船,是对我们党的重大考验。面对极其复杂的国内外经济形势,面对纷繁多样的经济现象,学习马克思主义政治经济学基本原理和方法论,有利于我们掌握科学的经济分析方法,认识经济运动过程,把握社会经济发展规律,提高驾驭社会主义市场经济能力,更好回答我国经济发展的理论和实践问题。	"在风云变幻……"不要起高; "能不能驾驭好我国经济这艘大船"再扬起。 "面对……"下降, "有利于……"这一部分扬起。 注意动词短语与分总结构:"掌握""认识""把握""提高",小停顿之后总结"更好地回答……"
讲话指出,要坚持以人民为中心的发展思想。发展为了人民,这是马克思主义政治经济学的根本立场,部署经济工作、制定经济政策、推动经济发展都要牢牢坚持这个根本立场。创新、协调、绿色、开放、共享的发展理念同马克思主义政治经济学的许多观点是相通的,要坚持用新发展理念引领和推动我国经济发展,不断破解经济发展难题,开创经济发展新局面。	第一句扬起 第二句顺承衔接 第三句扬起

续表

讲话指出，生产资料所有制是生产关系的核心，决定着社会的基本性质和发展方向。要毫不动摇巩固和发展公有制经济，毫不动摇鼓励、支持、引导非公有制经济发展，推动各种所有制取长补短、相互促进、共同发展。公有制主体地位不能动摇，国有经济主导作用不能动摇。要高度重视我国收入分配中存在的一些突出问题，不断健全体制机制和具体政策，调整国民收入分配格局，持续增加城乡居民收入，不断缩小收入差距。要坚持社会主义市场经济改革方向，继续在社会主义基本制度与市场经济的结合上下功夫，把两方面优势都发挥好。	第一句不要起高 　　第二句、第三句是这一段的核心句，扬起。 　　动词短语"高度重视""不断健全""调整""持续增加""不断缩小""坚持"为重点。
讲话指出，要坚持对外开放基本国策，善于统筹国内国际两个大局，利用好国际国内两个市场、两种资源，发展更高层次的开放型经济，积极参与全球经济治理，促进国际经济秩序朝着平等公正、合作共赢的方向发展。坚决维护我国发展利益，积极防范各种风险，确保国家经济安全。◎	注意保持语气和语速

（一）语篇结构

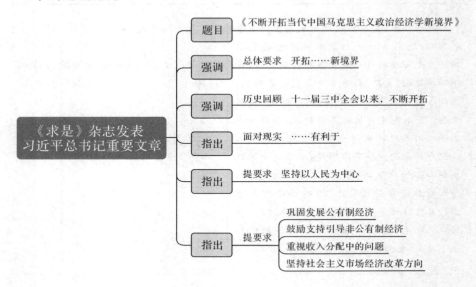

（二）专用语言

《求是》杂志；马克思主义政治经济学；十一届三中全会；社会主义市场经济；发展为了人民；创新、协调、绿色、开放、共享的新发展理念；公有制经济；开放型经济；平等公正、合作共赢。

（三）长句解析：解证句群

马克思主义政治经济学要有生命力，就必须与时俱进。‖我们要立足我国国情和我们的发展实践，深入研究世界经济和我国经济面临的新情况新问题，揭示新特点新规律，提炼和总结我国经济发展实践的规律性成果，把实践经验上升为系统化的经济学说，不断开拓当代中国马克思主义政治经济学新境界。

第一句是总的要求，后面的部分解释了怎样"与时俱进"，因此第一句要慢、要高，停顿之后，再顺承进行解释。

六、发言声明

新闻节目中的发言、声明特指政府、政党、团体或领导人对某问题、事件表明立场、主张而发表的文件或发言，有时包含国家或团体之间的相互权利、义务等，也是一种较为正式的体裁。

　　这类新闻中，包含对重要事件、社会问题的态度、看法，具有重要的舆论引导作用。播报时，态度要鲜明，基调要准确，语气运用要合理。层次方面要注意述与评的关系。述用来陈述事实，是评的前提；评用来表明态度，是述的总结。主播要评述结合，不要"一评到底"。文章中表态度的词要着重处理。

扫码听
参考录音 3-1-8

国务院港澳办、香港中联办发言人：
对勾结外部势力的反中乱港分子必须依法严惩

（央视网 2020 年 8 月 10 日《新闻联播》）

原文	提示
●【口播】今天，国务院港澳事务办公室、中央人民政府驻香港特别行政区联络办公室发言人分别发表谈话表示，坚决支持香港特别行政区警方当日依法对黎智英等 7 人采取拘捕行动，强调对勾结外国或者境外势力危害国家安全的反中乱港分子必须依法严惩。	发言人的身份要强调 "坚决支持"表态度 "黎智英等 7 人""拘捕"要强调 "强调"之后停顿 "依法严惩"表态度
国务院港澳办发言人表示，香港的一些反中乱港分子长期以来逢中必反，投靠外国和境外势力，充当其政治代理人，协助其干涉香港事务，对中国进行分裂、颠覆、渗透和破坏活动。他们实施的行为和活动，严重威胁国家安全，破坏香港繁荣稳定，损害香港市民根本利益和福祉，是妨碍"一国两制"行稳致远和香港长治久安的祸患。此患不除，香港不宁。对于那些公然挑战"一国两制"底线、实施危害国家安全行为和活动的反中乱港分子，必须运用香港国家安全法和香港特别行政区现行有关法律予以严惩，绝不手软。	叙事部分厘清事实 评论部分态度坚决

续表

香港中联办发言人表示,香港反对派与美国反华势力随风起舞的恶劣表演,提供了一份最好的反面教材,教育更多人认清美国反华势力与回归之后香港之乱的深层联系,认清香港反对派"搅炒"的目的,就是要反中乱港。在维护国家主权、安全和发展利益这个大是大非问题上不能含糊。香港的出路在于正确执行"一国两制",香港的未来在于跟自己强大的祖国在一起。◎	这一段分两个部分,第一部分揭示恶劣表演。 　第二部分总结,注意语气的变化。

(一)语篇结构

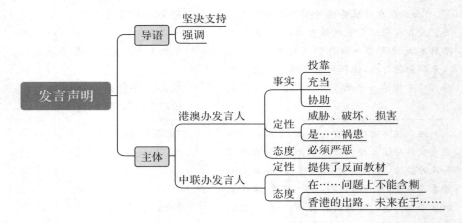

七、追悼

　　追悼类新闻行文严肃严谨、庄重深切,主要内容包括逝者身份、姓名、去世原因、时间、地点、终年岁数、生前经历、贡献以及对其评价,参加追悼人员等。

　　这类消息短句居多,停顿较多,停顿时间较长,采用宣读的方式,气沉声缓。语速控制在每分钟 100 字左右,声区控制在低声区。宣读时,可以阴平为参照音高,首先将阴平控制在低声区,其他声调按照阴平进行音高确定与音变处理。同时要注意分寸,在沉痛悼念、深切缅怀的主基调下号召人们化悲痛为力量。

张思卿同志遗体在京火化

（央视网 2022 年 6 月 21 日《新闻联播》）

扫码听
参考录音 3-1-9

●【口播】中国共产党的优秀党员,久经考验的忠诚的共产主义战士,我国政法战线的杰出领导人,中国人民政治协商会议第九届、十届全国委员会副主席,最高人民检察院原检察长张思卿同志的遗体,21 号在北京八宝山革命公墓火化。

张思卿同志因病于 2022 年 6 月 17 日 1 时 52 分在北京逝世,享年 90 岁。

张思卿同志病重期间和逝世后,习近平、李克强、栗战书、汪洋、王沪宁、赵乐际、韩正、王岐山、江泽民、胡锦涛等同志,前往医院看望或通过各种形式对张思卿同志逝世表示沉痛哀悼并向其亲属表示深切慰问。

【配音】21 日上午,八宝山革命公墓礼堂庄严肃穆,哀乐低回。正厅上方悬挂着黑底白字的横幅"沉痛悼念张思卿同志",横幅下方是张思卿同志的遗像。张思卿同志的遗体安卧在鲜花翠柏丛中,身上覆盖着鲜红的中国共产党党旗。

上午 9 时 40 分许,习近平、栗战书、汪洋等,在哀乐声中缓步来到张思卿同志的遗体前肃立默哀,向张思卿同志的遗体三鞠躬,并向张思卿同志亲属表示深切慰问。

党和国家有关领导同志前往送别或以各种方式表示哀悼。中央和国家机关有关部门负责同志,张思卿同志在京生前友好和家乡代表也前往送别。◎

(一)语篇结构

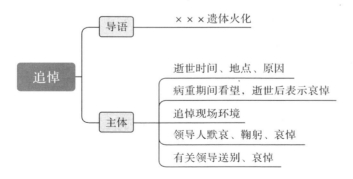

(二)专用语言

21 号上午,八宝山革命公墓礼堂庄严肃穆,哀乐低回。正厅上方悬挂着黑底白字的横幅"沉痛悼念张思卿同志",横幅下方是张思卿同志的遗像。张思卿同志的遗体安卧在鲜花翠柏丛中,身上覆盖着鲜红的中国共产党党旗。

思考题

1. 时政新闻的话语特征是怎样的?
2. 时政新闻播报有怎样的语言风格?
3. 时政新闻中,动词与动词短语有哪些重要作用?
4. 时政新闻的类型有哪些?

第二节　社会新闻:天下的事与身边的事

播报社会新闻之前我们先思考这些问题:为什么采写这篇新闻?新闻事件处于什么样的社会环境中?新闻播出后会产生什么样的效果?受众会有什么样的反应?

社会新闻是反映当前社会生活、社会问题、社会风气以及各种奇闻逸事的报道。社会新闻与老百姓的日常生活联系紧密,它以整个社会为背景,包括人们的公共生活、经济生活、家庭生活、文娱生活等各个方面。

社会新闻的内容是"民生、民情、民意",题材包括老百姓的"身边事、关心事、新奇事、麻烦事",记者通过调查、跟踪、体验等手段使这类新闻具有情感价值,这也使社会新闻在新闻栏目中占有重要地位。

从语篇结构上看,社会新闻的导语变化多样,直叙、设问、抒描、评论、对比、引用等等,让导语更加引人入胜;与时政新闻中主体事件、新闻背景、相关事件、事件预告等成分相对齐全不同,社会新闻的主体部分组合比较多样,记者会根据需要将主体事件、背景等内容灵活排列;文本结构的合成方式有倒金字塔式、时间顺序式、倒叙式等。

社会新闻的语体具有叙事语体的色彩,体现明快、亲切、简洁的风格。从词汇运用上,口语词汇较多,句式选择上,偏向于短句,语句容易理解。

在播报社会新闻时,主播的声音应当注意用声柔和、语态亲切、语速明快、富于变化。

一、社会新闻播报的要求

(一)提升意义

主播在传播社会事件的时候,不能一味突出事件的新、奇、特,而要将社会事件背后的意义表达出来,让新闻节目的价值与责任凸显出来。例如《江苏首例"妨害安全驾驶罪"宣判　被告人被判拘役六个月》,表面上是"乘客与驾驶员发生的争执",但实际意义在于这是第一起"妨害安全驾驶罪"。正如《今日说法》的节目宣传语:记录中国法治进程。因此,新闻主播必须宏观看待新闻事件,使事件的社会意义得以显现,更加明确、深入地实现报道目的。

(二)联系背景

背景不仅仅是指新闻语篇中的事件背景,还包括新闻的播出背景,国内国外的有关形势以及社会的现实情况,《中国播音学》称之为"上情""下情""主流""支流"。只有联系背景才能超越普通的新闻事件,才能激发播讲愿望,实现播出的目的。这也就是《中国播音学》中提到的"联系背景""明确目的"。联系背景的目的是将新闻事件放在一个大的社会背景之下去考量,而不是"就事论事""喋喋不休",更不能"眉飞色舞""探秘猎奇"。

(三)确定基调

一档新闻节目有统一的基调,即总的感情色彩和分量。但社会新闻内容丰富多彩,如果每一篇新闻的基调都没有变化,受众还不如听人工智能语音播报。主播在传播每一篇新闻时,在保持真实、质朴风格的同时,让每一篇新闻在基调上都有所不同。新闻的基调,既包括新闻稿件本身的基调,又要体现主播的理解与态度,达到播报语言与新闻内容的统一。这不仅需要主播对新闻内容进行准确把握,更重要的是对社会生活中的政治、经济、文化、环境、心理等诸多因素都要进行熟悉与了解。只有这样才能产生具体的态度,才能让语言更加深入人心。在实际播出的节目中,一些主播会出现两种极端,或者"硬邦邦""冷冰冰",或者"喜滋滋""闹喳喳",受众对此不仅不认可,甚至会产生厌烦情绪。

(四)评述分明

新闻是以介绍事实为主要目的,但新闻语篇结构中还有重要的一部分——"评析",即评论和分析。如果说新闻核心事件是叙事语体,那么评析则是议论语体了。这里的评析篇幅短、话语简练,通过简短的话语将一定的观点直接表露出来,让新闻的导向性更为明显。因此,主播要合理区分新闻的语篇结构,让新闻事件与事件评析在语气上有所区分,叙述要清晰、明快、引人入胜;评析要鲜明、直观、引发思考。这样,既能让新闻的层次有所区分,又能让播报超越事件本身,对社会发展起到一定作用,提升格调与大局意识。

二、不同类型社会新闻播报

(一)政策法规

政策法规类新闻通常是对各级政府新发布的目标、原则、任务、步骤、措施等进行新闻化的处理,用通俗易懂的语言向受众阐释政策的内容、意义、目标、重点等要素,达到让受众了解政策并能使用政策的目的。新闻主播在播报这类新闻的时候,要深入领会政策法规的内容和意义以及发布背景,在不改变原有文字的原则下,将规范严谨的政策语言转化为通俗易懂的有声语言,让受众能在短时间内领会政策发布的意图以及对现实生活的影响,要避免"读而不解""解而不明"的问题,提高这类新闻播报的有效性。

政策法规类新闻有直接陈述类和以案说法类。直接陈述类多以消息体撰写,导语中就简明扼要地介绍了政策法规发布的时间、部门、名称、主题等。以案说法类比较生动,多以案例为对象,展示政策法规带来的影响和变化。

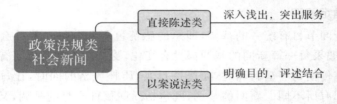

1.直接陈述类:深入浅出,突出服务

直接陈述类的播报难点在于没有专家解读的情况下,需要主播深刻领会政策法规的作用对象、预期效果与目标,将自己放在当事人的位置将政策解读清楚。层次的划分与重音的选择非常重要。

下面这篇新闻着重介绍了"农业保险",要建立多层次保险体系,特别是对于主要农作物保险、收入保险要着重强调,最终让农民得实惠。

扫码听
参考录音 3-2-1

财政部 农业农村部 银保监会 林草局联合印发
《关于加快农业保险高质量发展的指导意见》

（央视网 2019 年 10 月 29 日《第一时间》）

原文	提示
● 记者 28 号从中国银保监会了解到，财政部、农业农村部、银保监会和林草局近日联合印发《关于加快农业保险高质量发展的指导意见》，从顶层设计上明确了加快农业保险高质量发展的主要目标等，到 2022 年收入保险将成为农业保险的重要险种。	导语部分要注意动宾短语：《加快——农业保险高质量发展的指导意见》
根据指导意见，到 2022 年，基本建成功能完善、运行规范、基础完备，与农业农村现代化发展阶段相适应，与农户风险保障需求相契合，中央与地方分工负责的多层次农业保险体系。稻谷、小麦、玉米三大主粮作物农业保险覆盖率达到 70％以上。收入保险成为我国农业保险的重要险种，农业保险深度达到 1％，农业保险密度达到每人 500 元。到 2030 年，农业保险持续提质增效、转型升级，总体发展基本达到国际先进水平，实现补贴有效率、产业有保障、农民得实惠、机构可持续的多赢格局。◎	以时间为线索的总分式结构：2022 年，2030 年。 2022 年的目标包括：主粮作物保险和收入保险。 利用呼应与排比播出韵律感 补贴——有效率 产业——有保障 农民——得实惠 机构——可持续

①语篇结构

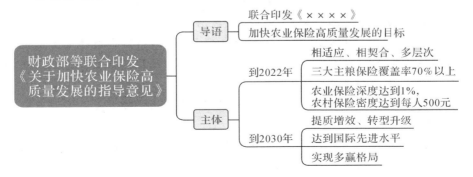

②专用语言

银保监会;农业保险;险种;收入保险;提质增效;转型升级。

③长句解析:并列句群

到 2022 年,基本建成功能完善、运行规范、基础完备与农业农村现代化发展阶段相适应,与农户风险保障需求相契合,中央与地方分工负责的多层次农业保险体系。稻谷、小麦、玉米三大主粮作物农业保险覆盖率达到 70% 以上。收入保险成为我国农业保险的重要险种,农业保险深度达到 1‰,农业保险密度达到每人 500 元。

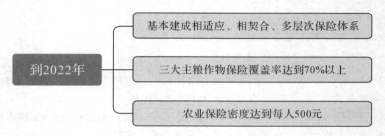

练习

《禁止网络不正当竞争行为规定》
公开征求意见
(央视网 2021 年 8 月 18 日《正点财经》)

扫码听
参考录音 3-2-2

●【口播】市场监管总局昨天就《禁止网络不正当竞争行为规定》公开征求意见,对多种网络不正当竞争行为划出了明确的禁止红线。

【配音】征求意见稿提出,经营者不得利用技术手段,通过影响用户选择、限流、屏蔽、商品下架等方式,减少其他经营者之间的交易机会,实施"二选一"行为。

经营者不得利用数据、算法等技术手段,通过影响用户选择或者其他方式,实施流量劫持、干扰、恶意不兼容等行为,妨碍、破坏其他经营者合法提供的网络产品或者服务正常运行。

经营者不得利用技术手段调整其他经营者的网络产品或者服务在搜索结果中的自然排序位置,并实施恶意锁定。

经营者不得利用数据、算法等技术手段,侵害交易相对方的知情权、选择权、公平交易权等,扰乱市场公平交易秩序。

经营者不得对经营者自身或者其商品的销售状况、交易信息、经营数据、用户评价等作虚假或者引人误解的商业宣传。◎

提示：主要强调"限流、屏蔽""流量劫持"等不正当行为的具体做法，不要将"技术手段"作为重点。

《北京市老年人养老服务
补贴津贴管理实施办法》正式印发

（央视网 2019 年 10 月 29 日《新闻直播间》）

扫码听
参考录音 3-2-3

●【口播】近日，《北京市老年人养老服务补贴津贴管理实施办法》正式印发，向经济困难、高龄、失能等三类老年人发放养老服务补贴津贴，从本月起实施。

【配音】根据实施办法可以获得养老服务补贴津贴的为困难老年人养老服务补贴、失能老年人护理补贴、高龄老年人津贴等三类京籍老年人。

困难老年人养老服务补贴按照低保、低收入、计划生育特殊家庭分别给予每人每月 300 元、200 元和 100 元。失能老年人护理补贴，按照重度失能和残疾等级，每人每月从 200 元、400 元到 600 元，分三档给予补贴。高龄老年人津贴整合了原有政策，提高了发放标准，80 周岁至 89 周岁的老年人，每人每月 100 元；90 周岁至 99 周岁的老年人每人每月 500 元；100 周岁及以上的老年人，每人每月 800 元。

老年人养老服务补贴津贴按月发放，每月月底前发放下月补贴津贴，首次补贴资金将在 11 月底前发放到位，从政策实施的 10 月份发起。据测算，北京市预计年发放养老服务补贴津贴约 20 亿元，75 万多名经济困难老年人、失能老年人、高龄老年人将直接受益。◎

提示：将发放对象的类别与津贴的金额进行对应，特别要注意播报的层次。

2. 以案说法类：明确目的，评述结合

以案说法类新闻与纯粹的法治新闻有所不同，其主要目的是"说法"，主播应该将重点放在解析法律、讲清道理、梳理法律条文上。对于案件的叙述做到将当事人的行为与法律法规进行对证，不渲染案件本身。同时，播报"法院认定"环节时，要调整语气，以评析的方式进行表达，做到评述结合。

扫码听
参考录音 3-2-4

江苏首例"妨害安全驾驶罪"宣判
被告人被判拘役六个月

（央视网 2021 年 3 月 6 日《第一时间》）

原文	提示
●【口播】本月开始《刑法修正案（十一）》正式实施，多项新罪名也正式在司法实践当中应用，其中就包括《妨害安全驾驶罪》。最近江苏省常州市金台区人民法院公开宣判了这样一起案件。这名乘客因两元车费问题与公交车驾驶员发生争执，最终被法院以"妨害安全驾驶罪"判处拘役六个月，并处罚金 5000 元。这也是江苏首例适用"妨害安全驾驶罪"新罪名的案件。	新闻眼：妨害安全驾驶罪
【配音】2020 年 5 月，被告人周某从常州市区乘坐大客车前往金坛区，经停至金坛区夏新河站时，周某因两元车费与驾驶员发生争执。	"争执"是周某行为的主要原因，不要过度强调"两元车费"。
【同期声】江苏省常州市金坛区人民法院法官汤振球：到站后，被告人要求驾驶员再往前开一小段。驾驶员告诉他，前面就属于另外一个收费区间，需要加钱。被告人周某不同意，因而发生争执。被告人周某就用手乱按操控台上的按钮，想把车门打开下车，没有找到。后来他又用手扭转点火锁的钥匙，导致车辆失去动力，被迫停在路边。	
【配音】车辆安装的视频显示，10 分钟内被告人先是抢按车辆控制台上的按钮，后又扭转车辆点火锁钥匙，导致大客车失去动力。驾驶员被迫控制好车辆减速滑行至前方路边停车。当时，大客车上仍载客 10 余人，且迫停地点前方为十字路口，临近加油站点。大客车被迫停后，驾驶员立即报警。	连贯句群，注意动词的承继。

续表

原文	提示
法院经审理后认为,被告人周某抢控行驶中的公共交通工具操作装置,干扰公共交通工具正常行驶,危及公共安全。	内部评析:适当减速、态度鲜明
【同期声】江苏省常州市金坛区人民法院法官汤振球:周某的行为给车上的人员以及道路上其他交通参与人员的人身财产安全造成了危险,被告人周某的行为触犯了今年 3 月 1 号刚生效的《刑法修正案(十一)》新增设的一项罪名——妨害安全驾驶罪。该条罪名规定,对行驶中的公共交通工具驾驶人员使用暴力,或者强控操纵装置干扰公共交通工具正常行驶、危及公共安全的,处一年以下有期徒刑、拘役、管制并处或者单处罚金。	
【配音】法院最终以妨害安全驾驶罪判处被告人周某拘役六个月并处罚金人民币 5000 元。◎	虽然前文提到过,但这里有强调、警醒的意味。

①语篇结构

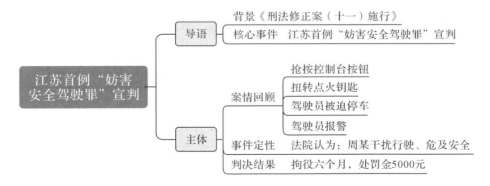

②专用语言

《刑法修正案(十一)》;《妨害安全驾驶罪》;判处拘役;危及公共安全;并处

罚金人民币 5000 元。

　　③长句解析:连贯句群

　　车辆安装的视频显示,10 分钟内被告人先是抢按车辆控制台上的按钮,后又扭转车辆点火锁钥匙,导致大客车失去动力。驾驶员被迫控制好车辆减速滑行至前方路边停车。当时,大客车上仍载客 10 余人,且迫停地点前方为十字路口,临近加油站点。大客车被迫停后,驾驶员立即报警。

练习

上海首例性骚扰损害责任纠纷宣判
判决被告赔偿近 10 万元并书面道歉

（央视网 2021 年 3 月 9 日《新闻直播间》）

扫码听
参考录音 3-2-5

　　●【口播】在《民法典》出台之前,法律上对"性骚扰"的明确规定来自《中华人民共和国妇女权益保障法》,规定较为笼统,可操作性较弱。而《民法典》中对此有了更为明确的规定。昨天,上海市首例"性骚扰损害责任纠纷"进行庭审并一审宣判:被告因多次对原告发送淫秽信息并拨打骚扰电话,被判赔偿近 10 万元并书面道歉。

　　【配音】法院审理查明,原被告双方在同一单位同一部门共事多年。从 2009 年 8 月开始被告频繁拨打原告电话,不断发送言语低俗、黄色暴力的骚扰微信、短信,甚至采取偷窥尾随原告的方式,对原告实施性骚扰。2020 年 3 月,原告向其工作单位反映此事,经工作单位要求被告曾写下保证书。2020 年 5 月,被告又连续拨打原告电话,造成原告精神紧张。后经医疗机构诊断,认定原告患上抑郁症,情绪严重焦虑。当年 8 月,原告开始定期到上海市精神卫生中心就诊。同时怕与被告有工作上的交集,不敢回去上班。在工作生活受到严重影响的情况下,原告提起诉讼。

　　法院最终审理认为,被告的行为构成性骚扰,必须承担损害赔偿责任。

　　昨天上海市杨浦区人民法院作出一审判决,判处被告赔偿原告医疗费、误工费、精神损害抚慰金等共计 98000 多元,并作书面赔礼道歉。

【同期声】上海市杨浦区人民法院郑马威:这次民法典将性骚扰单列了一个人格权编,并将性骚扰具体到是属于侵犯人格权权益,以及在法律的1010条规定当中,具体地说到一些实施方式,包括语言、图片、电话还有一些肢体行为,列举得很明确,进行进一步的细化。◎

提示:播报难点在于"性骚扰"的实施过程,这一部分属于连贯句群,要以时间为线索进行层次的划分。

(二)社会事件

社会事件是社会上发生的客观事实,这类新闻与民生新闻相比更具普遍性与时代性,更能够引起广泛关注与讨论,通俗地说,即"比时政新闻小,比民生新闻大"。这类新闻的播出不仅仅满足人们了解世间百态的需求,更重要的是通过发生在人们身边好的、恶的、感性的、理性的、离奇的事,展示不同形态的生活、意识、问题、现象,有一定的教育、传播意义。

下面这篇新闻通过对流失文物的追索,反映我国对文物保护工作的重视,更是通过这件事以小见大,见证了祖国的日益强大。

扫码听
参考录音 3-2-6

**68 件流失英国的
中国文物终"回家"**

(央视网 2020 年 11 月 19 日《新闻直播间》)

原文	提示
●【口播】国家文物局今天通报,68 件流失英国的中国文物终于回国,其中包括唐三彩七星盘、宋代青白瓷等珍贵文物。	导语部分注意将"68件文物"与"回国"呼应起来;"其中……"这一句要顺承衔接。
【配音】在国家文物局新闻发布会上,国家文物局副局长关强通报了 68 件流失英国文物成功追索回国的有关情况。今年 1 月份以来,国家文物局与外交、海关等部门紧密合作,在中国驻英国使馆的大力支持下,克服新冠疫情影响,历时 10 个月成功将这批走私文物追索回国。	这一段是解证结构,第一句播完先停顿,后顺承。

续表

原文	提示
【同期声】国家文物局副局长关强：历时25年，分几批把流失英国的这一批文物全部追索回来。到这次回来之后，可以说这批文物追索就画上一个句号了，所以从这个角度看是标志性的，这20多年来，我们一直没有放弃。	
据国家文物局组织专家鉴定，68件文物中暂定二级文物三组13件，三级文物30件，一般文物25件。质地包括瓷器、陶器、石器、铜器等。时间跨度从春秋战国到清代，地域分布江西、安徽、福建、河南、陕西、河北、贵州等。文物器形较为丰富，品相较好，精品较多。唐三彩七星盘、宋代青白瓷、元明石雕马、一组四件元末明初青瓷梅瓶等具有重要的历史、艺术和科学价值。	这一段分为：文物相关情况和评价，注意层次。
【同期声】国家文物局政策法规司副司长邓超：这批文物年代跨度比较大，上到春秋战国，下到清代，地域分布比较广，既有中原地区的河北、河南，又有南方江西的，最远的一件石雕马是贵州出土的。这批文物整体品相比较好。	
这批文物归国历时25年，是中英两国在1970年公约框架下合作打击文物走私、促进文物追索返还的成功案例。国家文物局在官方网站开设了专题网页将此次文物追索过程在线展示。	内部评析，变语气。 后续事件
【同期声】国家文物局副局长关强：这次中英双方能够合作，把这个20年前的这批东西回归到原属国，实际上也是对1970年公约的一个很好的印证。◎	

①语篇结构

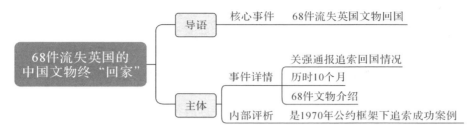

②专用语言

追索回国;唐三彩七星盘;宋代青白瓷;元明石雕马;元末明初青瓷梅瓶。

③长句解析:总分句群

据国家文物局组织专家鉴定,68件文物中暂定二级文物三组13件,三级文物30件,一般文物25件。质地包括瓷器、陶器、石器、铜器等。时间跨度从春秋战国到清代,地域分布江西、安徽、福建、河南、陕西、河北、贵州等。文物器形较为丰富,品相较好,精品较多。唐三彩七星盘、宋代青白瓷、元明石雕马、一组四件元末明初青瓷梅瓶等具有重要的历史、艺术和科学价值。

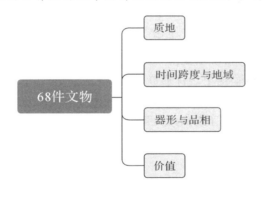

练习

美国仇视亚裔事件不断
男子地铁被打昏迷

（央视网 2021 年 3 月 31 日《新闻直播间》）

扫码听
参考录音 3-2-7

●【口播】尽管近来美国社会反对仇视亚裔的呼声不断,但针对亚裔的犯罪事件仍在发生。当地时间 29 号,美国纽约地铁站发生亚裔男子遭殴打事件,被害人甚至被打至昏迷。

【配音】据美国哥伦比亚广播公司报道,29 号,纽约警方在社交媒体上发布了关于此次事件的视频。视频画面显示,嫌疑人在地铁的车厢内不断地挥舞拳头,殴打被害人的头部,直至被害人被其殴打蹲下后还并未停止。嫌疑人使用手肘锁住蹲在地上被害人的颈部直到被害人昏迷,之后嫌疑人逃离现场。

纽约警方表示,他们正在调查此次事件。

美国严重的新冠疫情下,针对亚裔的种族歧视和仇恨犯罪不断升级。《今日美国》报和易索普集团近日公布的民调结果显示,四分之一的美国人其中包括近半数亚裔,曾目睹亚裔被当成疫情替罪羊。还有数据显示,美国最大的 16 个城市 2020 年针对亚裔的仇恨犯罪飙升近 150%。◎

提示:小事件与大背景的对照,前一部分讲述了一起"亚裔被殴打"事件,后一部分放在一个"种族歧视"的大背景下讨论。虽然是背景叙述,但播报时要以"评论"语气引发思考。

2023 年上半年
征兵体检工作有序展开

(央视网 2023 年 2 月 13 日《朝闻天下》)

扫码听
参考录音 3-2-8

●【口播】2023 年上半年征兵体检工作陆续展开,全国各地兵役机关针对大学毕业生征集出台一系列措施政策,全面提升兵员征集质量,力求向部队输送更多优质新兵。

【配音】在山东济南,莱芜区人武部挑选医疗骨干力量组成征兵体检小组,严格按照标准进行各项身体检查,切实把好入口关。

青岛的兵役机关针对部队备战打仗急需人才,出台一系列优惠政策,有效激发广大青年的参军热情。

东营市垦利区征兵办还专门开辟了绿色通道,为大学生开展一对一精准服务。

在辽宁营口,征兵办公室和驻地卫健委积极协调,采取开设一站式网络化体检站的方式,实现影像资料储存和体检结果可追溯,确保高标准、高质量完成春季征兵体检工作。

贵州省遵义市汇川区人武部推行征兵值班制度,确保征兵咨询热线 24 小时畅通。

在新疆哈巴河县,人武部还邀请社区工作人员、应征青年家长代表建立征兵监督组,确保体检各个环节公开透明。

据了解,征兵体检结束后将进入政治考核、走访考察、役前训练和定兵阶段,整个征兵工作将于 3 月底前完成。◎

提示:这篇新闻不仅报道了征兵工作,在导语中还重点提到了"大学毕业生"。播报中要注意双新闻眼的提取与锁定。

上海书展
暨书香中国上海周开幕
（央视网 2019 年 8 月 15 日《新闻直播间》）

扫码听
参考录音 3-2-9

● 14 号,上海书展暨书香中国上海周开幕。本届书展汇集了全国 500 多家出版社 16 万余种精品图书。书展为期七天,其间将举办 1200 多场阅读活动,为喜欢阅读的人们带来一场文化盛宴。

本届书展以"壮丽 70 年,奋斗新时代"为主题,一大批反映新中国成立以来取得的伟大成就和成功实践的精品书籍,在各大展区的显著位置展示,吸引了不少读者驻足翻看。

"国学七天七堂课""致敬七楷模""讲读会"等阅读活动将在今年上海书展陆续推出。

今年上海书展除了在上海市内设立 100 个分会场外,还借助全国性品牌连锁实体书店首次走出上海,在国内其他城市开设 50 个分会场,将"我爱读书,我爱生活"的书展理念分享给更多的读者。◎

提示:"上海书展"每年都举办,"今年"的特色是——新中国成立 70 年的主题,这个亮点不在导语中而在主体部分,播报时不要忽略掉了。

全国中小学生安全教育日
各地开展校园消防安全主题教育活动
（央视网 2021 年 3 月 30 日《新闻直播间》）

扫码听
参考录音 3-2-10

● 3 月 29 号是全国中小学生安全教育日。为了让孩子们学习并掌握更多的安全知识,连日来,全国各地消防救援部门走进校园,开展形式多样的安全教育活动。

这是福建泉州某小学模拟火灾真实场景开展的异常应急疏散逃生避险演习,上千名学生在消防员和老师的指引下,沿着楼梯紧急转移至学校操场上的安全区域,现场学习了灭火器的操作使用。

【同期声】福建学生:我的第一反应就是先用手捂住口鼻,听从老师的指挥,逃到空旷的场地上避险。

在河北廊坊、湖北十堰、新疆博州,消防员来到学生们身边科普演示遇到落水、地震、高层建筑起火等情况如何正确逃生自救。为增强学生们的防灾避险能力,消防部门还利用疏散逃生体验屋对孩子们进行逃生自救训练。

【同期声】新疆学生:通过这次消防演练,我学会了怎样去灭火,怎样去逃生。

北京、安徽、吉林等地的消防部门将消防车开到操场上,向学生们讲解防火和逃生常识。通过疏散逃生体验屋等形式,在实际的灭火体验中增强学生们的安全防范意识和防灾避险能力。

除了让学生掌握逃生自救的方法以及正确使用灭火器材外,消防部门还联合教育部门对辖区大中小学校开展消防安全隐患大排查,加强校园安全的人防、技防和物防举措,细化应急处置预案,鼓励学校老师和学生们在日常学习和生活中注意排查火灾隐患并及时向学校和消防部门反映,消除安全隐患。◎

提示:导语核心事件是"消防救援部门走进校园",线索是"全国各地",内容突出"形式多样",因此下文中"福建泉州""新疆""北京、安徽、吉林"与"模拟火灾真实场景""科普演示""消防车开到操场上""疏散逃生体验屋"需要进行呼应。而"消防安全隐患大排查"属于相关事件,不属于新闻主干部分。

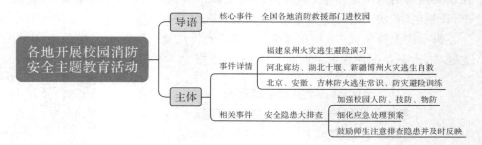

思考题

1. 社会新闻播报的语言特点是什么?
2. 社会新闻播报的要求是什么?
3. 政策法规类社会新闻与时政新闻的区别在哪里?
4. 以案说法类社会新闻与法治新闻有什么不同?

第三节　法治新闻：正义之声与公平之声

一、法治新闻

法治新闻是新近发生或发现的法制或法治事件的信息。业界既有《法制日报》也有《上海法治报》，"法治"与"法制"的区别这里不作辨析，统一称为"法治新闻"。

法治新闻是各媒体新闻报道中的一个重要类型，发挥着宣传法治、教育受众、弘扬法治精神等作用。当前，公众对法治新闻关注度很高，《法治在线》《法治进行时》等节目深受观众喜爱。

以事实为依据，以法律为准绳，法不容情，法律面前人人平等，是法治新闻独有的话语特征。法治新闻不仅叙述刑事、治安、财经等违法犯罪行为，权益纠纷产生、解决的过程，更重要的是规范并引导人们行事的标准与方向，影响当下社会伦理道德等价值观，在此基础上，普及法律、监督舆论、震慑犯罪、规范行为。

法治新闻的话语涵盖了社会生活的方方面面，记载了法律进程甚至社会文明程度，除了报道客观事件外，还有传播法治精神、引导舆论导向、提高法治审美能力的功能。

二、法治新闻的播报

(一)篇章语言要区分

法治新闻的篇章结构一般分为:导语、案情回顾、受害者说、警方说、案件定性等。

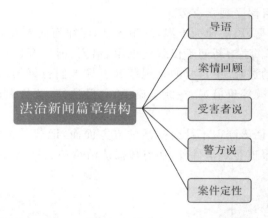

导语的播报依然要遵循新闻规律,将"新闻眼"凸显出来,例如新的违法犯罪手段、广受关注的事件名称或嫌疑人名字等。如"跨境特大网络赌博""两卡新型专业洗钱""劳荣枝案"等。主播的语言可用播报式或谈话式,以吸引受众关注内容。《法治在线》主持人在导语中一般用播报式,《法治进行时》主持人则以谈话式为主。

案情回顾在法治新闻中属于背景。因此,不能对案情进行过度渲染,更不能将犯罪手段、违法行为进行小说演播式的演绎,应遵循新闻原则,厘清背景与导语之间的因果关系,将违法犯罪手段解析清楚,以达到提醒受众注意生命财产安全、消除恐惧心理、震慑犯罪的目的。主播的语言以播报式为主。

"受害者说"与"警方说"在广播电视新闻中一般采用同期声采访,起到介绍详情、评析事件的作用。

　　案件定性是整个案情的结论性表达,也属于新闻评析,一般采用书面语,因此语气上要注重权威性、庄重性,主播的语言在把握好分寸后略向宣读式靠拢。

扫码听
参考录音 3-3-1

上海警方侦破"数字货币投资"电信网络诈骗案

（央视网 2021 年 8 月 18 日《正点财经》）

原文	提示
●【口播】近日,上海警方成功侦破一起以数字货币投资理财为名的电信网络诈骗案,抓获犯罪嫌疑人 28 名、缴获涉案电脑 17 余台、手机 30 余部,查实案件 25 起,涉案金额 550 万。7 月中下旬,上海公安分别赶赴河南、安徽、江苏等地实施集中收网行动。	新闻眼:数字货币投资理财 　　电信网络诈骗这种犯罪类型连续多年在各媒体都进行了报道,因此不作为本篇新闻的新闻眼。
【配音】今年 5 月 27 号,家住上海金山新城的李女士向上海市公安局金山分局报案,称其在一款名为"欧易"的数字货币投资平台,被骗人民币 90 余万元。李女士告诉记者,早在 2019 年的时候,她曾经投资过一个名叫"有利网"的 P2P 平台,后来该平台爆雷,李女士损失了几万元。就在她上网发帖控诉此事的时候,没想到又被以受害者自居的骗子盯上了。	"'欧易'数字货币投资平台"是对新闻眼的进一步说明。
【同期声】受害者李女士:他说他是受害者,加我微信,嘘寒问暖。他说有一个姐姐因为车祸死了,一下子拉近了距离。	
【配音】闲聊几天后,犯罪嫌疑人开始向受害者推荐一款数字货币交易平台。他告诉李女士,只要往里面存 5000 元,就可以赚 30% 也就是 1500 元的利润,同时还有 200 美金作为奖励金。虽然一开始李女士对客服要求转账到私人账户也有些疑虑,但很快她就相信了对方。	骗子的套路要叙述清楚以提醒受众不要受骗上当,语速不宜过快。 　　存5000元　返1500元、200美金奖励金

续表

原文	提示
【同期声】受害者李女士：客服说是美元交易，叫承兑商，我也是试着提现，提了 200 美金。	
【配音】200 美金的成功提现极大增强了李女士的投资信心。此后的时间里，嫌疑人分别以赠送理财金为诱惑，引诱李女士在该平台先后充值了近 60 万元。随着投入金额变多，李女士也心生不安，希望可以拿回本金。但当她向该平台客服提出要求时，对方则表示要存够 10 万美金才能拿回本金。	同上，要将骗子进一步引诱的过程介绍清楚。 赠送理财金 拿回本金 —— 存够10万美元
【同期声】受害人李女士：我说，我没那么多钱。他说，我帮你凑 30 万。他就引导我去银行办理消费贷、信用贷，我也着急提现，我就在几个平台真的贷了，大概陆续贷了 30 多万，充进去。	
【配音】最终，除去提现到账的 200 美金，李女士前后给该诈骗平台充值了 90.27 万，在一次次要回本金无望后，她选择去报了警。 李女士报案后，上海金山公安分局高度重视，立即抽调警力，组建成立专案组。 经侦查，专案组发现该款名为"欧易"的 APP 系个人伪造的数字货币交易平台。围绕源代码制作贩卖、服务器租赁、域名贩卖、引流推广等环节，上海警方全方位深挖境内"黑灰"产业链条，迅速查明涉嫌诈骗的卫某某、詹某某等 20 余名嫌疑人。今年 7 月中下旬，上海警方分赴河南、安徽、江苏三地实施收网行动。 经审查，犯罪嫌疑人卫某某、詹某某等人对为境外诈骗窝点非法提供源代码编写、	这一部分是重点，侦查、审查部分的语气要与案情回顾进行区分。 连贯句群： 发现 —— 深挖查明 —— 收网 "帮助信息网络犯罪活动罪"罪名要强调。

续表

服务器租赁、域名贩卖的犯罪事实供认不讳。　　目前,卫某某等15人因涉嫌帮助信息网络犯罪活动罪已被公安机关依法刑事拘留,詹某某等13人因涉嫌帮助信息网络犯罪活动罪被依法取保候审,该案件正在进一步审理中。◎	强制措施"刑事拘留""取保候审"要强调,并注意呼应。

1.语篇结构

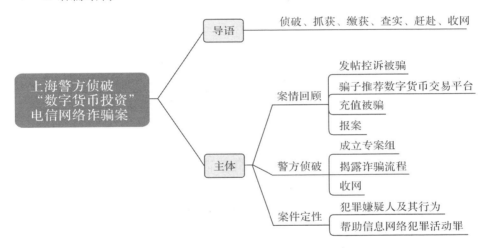

2.专用语言

专案组;收网行动;刑事拘留;取保候审;数字货币投资理财;源代码编写、服务器租赁、域名贩卖;帮助信息网络犯罪活动罪。

3.长句解析:连贯句群

经侦查,专案组发现该款名为"欧易"APP系个人伪造的数字货币交易平台。围绕源代码制作贩卖、服务器租赁、域名贩卖、引流推广等环节,上海警方全方位深挖境内"黑灰"产业链条,迅速查明涉嫌诈骗的卫某某、詹某某等20余名嫌疑人。今年7月中下旬,上海警方分赴河南、安徽、江苏三地实施收网行动。

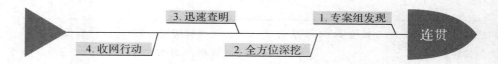

(二)法言法语要精准

在社会事件播报中,主播往往采用口语的方式进行表达。但是在法治新闻中,法律词语有其权威性与精准性,主播不能为了增强口语表达的贴近性而忽略法言法语的精确和严肃,而应该严格按照法律语言以书面用语进行宣读式的表达。比如"×月×日""系主犯""遂作出上述判决"等,主播不要以口语词汇进行修改。特别是判决书的宣读,这一部分实际上是引用判决书中的文字作为报道的主体,内容非常严肃。

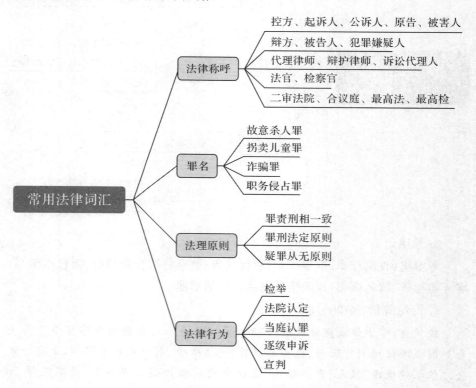

劳荣枝案一审宣判：三罪并罚判死刑
被告人当庭上诉

（央视网 2021 年 9 月 9 日《正点财经》）

扫码听
参考录音 3-3-2

原文	提示
●【口播】9 号上午，江西省南昌市中级人民法院依法对被告人劳荣枝故意杀人、抢劫、绑架案进行一审公开宣判。以被告人劳荣枝犯故意杀人罪、抢劫罪、绑架罪，数罪并罚，决定执行死刑，剥夺政治权利终身，并处没收个人全部财产。	新闻眼：劳荣枝、死刑
【配音】经审理查明，被告人劳荣枝与法子英（已另案判决）系情侣关系。1996 年至 1999 年间，二人共谋并分工，由劳荣枝在娱乐场所从事陪侍服务，物色作案对象，由法子英实施暴力，先后在江西省南昌市、浙江省温州市、江苏省常州市、安徽省合肥市共同实施抢劫、绑架、故意杀人 4 起。案发后，劳荣枝使用"雪莉"等化名潜逃，并于 2019 年 11 月 28 日被公安人员抓获归案。	案情回顾，语速不要快
法院经审理认为，被告人劳荣枝伙同他人故意非法剥夺被害人生命，其行为已构成故意杀人罪；以非法占有为目的，采取暴力、威胁手段抢劫被害人财物，其行为已构成抢劫罪；以勒索财物为目的绑架被害人，其行为已构成绑架罪。劳荣枝在共同犯罪中起主要作用，系主犯，应当按照其所参与的全部犯罪处罚。 劳荣枝归案后，如实供述自己常州绑架的事实，系坦白。劳荣枝故意杀人致 5 人死亡；抢劫致一人死亡，抢劫数额巨大，并具有入户抢劫情节；绑架致一人死亡，勒索赎金	呼应： 故意非法剥夺被害人生命——故意杀人罪 暴力、威胁手段抢劫被害人财物——抢劫罪 绑架被害人——绑架罪

续表

7万余元。犯罪情节特别恶劣,手段特别残忍,主观恶性极深,人身危险性和社会危害性极大,后果和罪行极其严重,应依法惩处。虽有坦白情节,但不足以从轻处罚。劳荣枝犯数罪,应依法予以并罚。遂作出上述判决。	评论性质,语气强烈
一审宣判后,被告人劳荣枝当庭表示上诉。 　被告人亲属、人大代表、政协委员、媒体记者及部分群众旁听了宣判。◎	补充信息,可适当加速

1.语篇结构

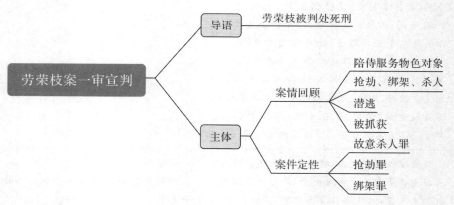

2.专用语言

故意杀人罪;抢劫罪;绑架罪;数罪并罚;剥夺政治权利终身;犯罪情节特别恶劣;手段特别残忍;主观恶性极深;人身危险性和社会危害性极大;后果和罪行极其严重;应依法惩处。

3.长句解析:因果句群

劳荣枝故意杀人致五人死亡;抢劫致一人死亡,抢劫数额巨大,并具有入户抢劫情节;绑架致一人死亡,勒索赎金7万余元。犯罪情节特别恶劣,手段特别残忍,主观恶性极深,人身危险性和社会危害性极大,后果和罪行极其严重,应依法惩处。

前一部分叙述犯罪事实,后一部分得出结论,为案件定性。停顿之后变换语气,予以评论。

(三)播报语气留分寸

法治新闻中对犯罪事实的叙述不是宣扬暴力与社会阴暗,而是追求真善美。真,是指为受众还原法律事件的真相;善,是通过法治报道推动法治体系建立健全;美,是体现公平正义得到维护。

主播在播报时,要注意分寸感的把握,要客观叙述,保证公正严明、大义凛然、弘扬正气,但不能高高在上进行道德审判,而要遵循适度原则,合理调整语气,不能过度"演绎"案情,也不能为了同情受害人而过度悲伤,更不能为了追求个人风格而进行表演。

浙江省委原常委 杭州市委原书记
周江勇受贿案一审开庭
周江勇被控受贿 1.93 亿余元
(央视网 2023 年 4 月 27 日《新闻直播间》)

扫码听
参考录音 3-3-3

原文	提示
●【口播】今天,安徽省滁州市中级人民法院一审公开开庭审理了浙江省委原常委、杭州市委原书记周江勇受贿一案。	新闻眼:周江勇受贿
【配音】安徽省滁州市人民检察院指控:2001 年至 2021 年,被告人周江勇利用担任浙江省鄞县副县长,象山县县长、县委书记,宁波市委常委、宁波杭州湾新区开发建设管委会党工委书记,舟山市市长、市委书记,浙江省委常委、温州市委书记,浙江省委常委、杭州市委书记等职务上的便利以及职权、地位形成的便利条件,为相关单位和个人在工程建设、项目承揽、土地获取等事项上提供帮助,直接或者通过其亲属非法收受他人财物,共计折合人民币 1.93 亿余元。检察机关提请以受贿罪追究周江勇的刑事责任。	同一地区的"常委"和"书记"要连读;县长、县委书记,市长、市委书记不连读。

续表

原文	提示
庭审中,检察机关出示了相关证据,被告人周江勇及其辩护人进行了质证,控辩双方在法庭主持下充分发表了辩论意见。周江勇进行了最后陈述并当庭表示认罪悔罪。庭审最后,法庭宣布休庭,择期宣判。	连贯句群 　这一段显示了审判过程的严肃、严谨以及法律的公正、公平。
人大代表、政协委员、新闻记者和各界群众30余人旁听了庭审。◎	

1.语篇结构

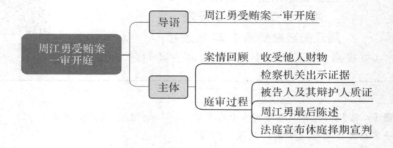

2.专用语言

非法收受他人财物;受贿罪;质证;控辩双方;当庭表示认罪悔罪;休庭;择期宣判。

3.长句解析:连贯句群

庭审中,检察机关出示了相关证据,被告人周江勇及其辩护人进行了质证,控辩双方在法庭主持下充分发表了辩论意见。周江勇进行了最后陈述并当庭表示认罪悔罪。庭审最后,法庭宣布休庭,择期宣判。

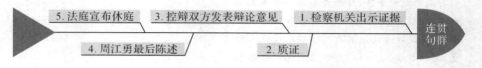

(四)主播身份要确认

巴赫金说:"理解不是重复说话者,不是复制说话者,要建立自己的想法、自己的内容。"因此,主播在进行法治新闻播报时,要有主观能动性,明确自己的身份不仅仅是信息的传播者,而是受众、媒体、记者、法律机构多种关系的调节者。

对于媒体身份而言,主播是记者、编辑、新闻机构的发话人,要将新闻意图准确、适当地传递出去。

对于受众而言,主播是解读信息、传递知识的服务者,要善解人意,特别是"诈骗""交通肇事"等信息的播报,主播要更加突出服务性质,以避免群众人身、财产受到伤害与侵害。

对于法律机构而言,主播的工作要体现法治精神所在,要维护法律权威,要引发法理思辨。

播报时,主播的主观能动性还体现在"对话"上。工作中,主播往往需要在演播室或录音室进行录像与配音工作。但实际上,主播还应在此基础上以互动原则,预测受众对新闻播出后的反应。因为法治新闻的特殊性在于由记者、嫌疑人、受害人、专家、律师、法官形成的对话场,而在新闻传播时则由主播一人进行不同身份间的对话,这就更需要在"对象感"的指引下,以丰富的语言变化进行表达。

扫码听
参考录音 3-3-4

浙江台州警方破获一起
利用电子支付扫码盗窃案

（央视网 2023 年 3 月 31 日《新闻直播间》）

原文	提示
●【口播】近日,浙江省台州市公安局破获一起利用电子支付扫码盗窃案,跨省打掉犯罪窝点,先后抓获违法犯罪嫌疑人 20 余人,涉案金额上千万元。	新闻眼:电子支付扫码盗窃 编辑、记者、主播与受众对话
【配音】近日台州三门县公安机关陆续接到报警,称有人利用电子支付扫码实施盗窃。	

续表

原文	提示
【同期声】商家陈女士：他说，我现在都是买东西都是这样子的，我们现在不是正在视频聊天吗？你就把你那个收钱码发给我，就是照着那个收钱嘛，他说我就马上就可以把钱转给你。	
【配音】陈女士称，事发当天，对方以要订蛋糕送女朋友为由，和其拨通微信视频电话，并索要支付宝收款码以支付。	受害人与受众对话
【同期声】商家陈女士：当时就是他让我打开这个码，我想这个码没关系，你扫好了。其实本来是下面它在支付是显示支付中的，然后他就说一直说他已经成功了，让我返回刷新，我就返回了，这个码就被拍走了。	
【配音】原来，对方索要收款码是假，趁陈女士刷新返回支付宝页面时，截屏付款码才是真正目的。再利用部分商户开通免密支付功能，盗取支付宝内资金。	重点强调："截屏付款码""免密支付"，以提醒受众认清犯罪手段。主播与受害人、受众对话
【同期声】浙江省台州市三门县公安局刑事侦查大队民警郑葵：我们经过初步的调查发现，该组织团伙分工比较明确，该组织团伙前期融合了工具的收集、购买。然后中期有分组，对全国各地的商户，像蛋糕店、五金店等小型的店家实施精准诈骗。以我们付款码不能用等理由，然后想方设法把商家的付款码拿到手。	
【口播】警方发现，该团伙利用的实际上是商家开通的免密支付功能，在拿到付款码后，该团伙就用 POS 机提现受害者的资金。	警方与受众对话

续表

原文	提示
【配音】警方经过仔细摸排侦查确认,判断这是一个架构清晰、人员相对分散的团伙,平时活动于湖南、广东等地。	重音:团伙
【同期声】浙江省台州市三门县公安局刑事侦查大队民警郑葵:我们经过查询发现是一个 POS 机的商户,我们后期经过资金分析,发现案犯将资金经过三步、四步层层地进行汇总,然后再分散进行转移。但是我们相信,案犯的目的总是为了把钱拿到手。我们经过进一步的落地,发现了几个取款地比较可疑。	
【配音】在进一步摸排后,民警成功锁定团伙成员落脚点,组织警力前往湖南、广东等地同时收网,成功抓获 20 余名嫌疑人,现场缴获手机、POS 机等作案工具。经查,该团伙作案达百余起,涉案金额累计上千万,目前该案件正在进一步办理中。	连贯句群:锁定落脚点——前往收网——抓获缴获,语气略调整。 警方、主播与受众对话
【同期声】浙江省台州市三门县公安局刑事侦查大队民警郑葵:在此我们想特别是,我们经营的商户免密支付功能其实可以关闭掉。另外一个就是我们在向对方出示收款码的时候,可以把打印出来的收款码提供给对方,这样就避免了人家截取收款码的漏洞。◎	

　　对于新型网络诈骗,主播在叙述犯罪过程的时候要略微减速,将骗术解释清楚,以提醒受众,避免上当受骗。

1.语篇结构

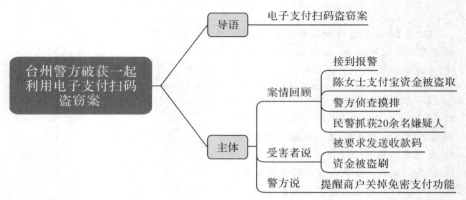

2.专用语言

电子支付扫码盗窃案;犯罪窝点;摸排侦查;架构清晰、人员相对分散的团伙;嫌疑人;团伙作案;涉案金额。

3.长句解析:连贯句群

在进一步摸排后,民警成功锁定团伙成员落脚点,组织警力前往湖南、广东两地同时收网,成功抓获 20 余名嫌疑人,现场缴获手机、POS 机等作案工具。

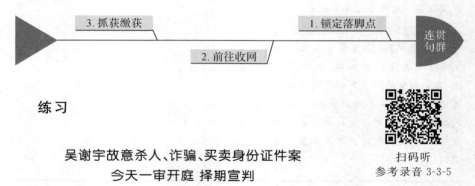

练习

吴谢宇故意杀人、诈骗、买卖身份证件案
今天一审开庭 择期宣判

（央视网 2020 年 12 月 24 日《新闻直播间》）

扫码听
参考录音 3-3-5

●【口播】福建省福州市中级人民法院今天一审公开开庭审理被告人吴谢宇故意杀人、诈骗、买卖身份证件案。

公诉机关指控,2015 年上半年,被告人吴谢宇产生杀害母亲谢天琴之念,网购刀具等作案工具后,于 7 月 10 号在家中将谢天琴杀害。作案后,吴谢宇谎称谢天琴出国,陪同其交流学习,骗取亲友钱款共计 144 万元,予以挥霍。为逃避抓捕,吴谢宇先后向他人购买 10 余张身份证件。2019 年 4 月,吴谢宇被抓获归案。

公诉机关认为,被告人吴谢宇故意非法剥夺他人生命,以非法占有为目的,骗取他人钱物数额特别巨大,为逃避法律追究,买卖身份证件。其行为分别构成故意杀人罪、诈骗罪、买卖身份证件罪,应依法予以并罚。该案将择期宣判。◎

吴亦凡强奸 聚众淫乱案一审宣判
吴亦凡一审被判十三年 附加驱逐出境
（央视网 2022 年 11 月 25 日《新闻直播间》）

扫码听
参考录音 3-3-6

●【口播】今天北京市朝阳区人民法院一审公开宣判被告人吴亦凡强奸、聚众淫乱案,对于被告人吴亦凡以强奸罪判处有期徒刑 11 年 6 个月,附加驱逐出境;以聚众淫乱罪判处有期徒刑 1 年 10 个月,数罪并罚,决定执行有期徒刑 13 年,附加驱逐出境。

经审理查明,被告人吴亦凡于 2020 年 11 月至 12 月间在其住所先后趁三名女性醉酒后不知反抗或不能反抗之机,强行与之发生性关系。2018 年 7 月 1 号,吴亦凡在其住所伙同他人组织另外两名女性酒后进行淫乱活动。

朝阳区人民法院认为吴亦凡的行为已构成强奸罪、聚众淫乱罪,应依法并罚,根据吴亦凡犯罪的事实、犯罪的性质、情节和危害后果,法庭遂作出上述判决。

加拿大驻华大使馆官员旁听了宣判。◎

"唐山某烧烤店打人案"
一审公开宣判
（央视网 2022 年 9 月 23 日《新闻直播间》）

扫码听
参考录音 3-3-7

●【口播】今天河北省廊坊市广阳区人民法院一审公开宣判被告人陈继志等恶势力组织违法犯罪一案,廊坊市广阳区人民法院判决被告人陈继志犯寻衅滋事罪、抢劫罪、聚众斗殴罪、开设赌场罪、非法拘禁罪、故意伤害罪、掩饰隐瞒犯罪所得罪、帮助信息网络犯罪活动罪,数罪并罚,决定执行有期徒刑 24 年,并处罚金人民币 32 万元。对其余 27 名被告人依法判处 11 年至 6 个月有期徒刑不等的刑罚,另对其中 19 名被告人并处人民币 135000 元至 3000 元不等的罚金。陈继志等 6 名被告人对寻衅滋事罪 4 名被

害人的医药费、护理费、误工费、伙食补助费、营养费、交通费等各项损失承担相应的赔偿责任。◎

浙江台州警方破获特大制售假酒案
案值 5000 多万元

（央视网 2021 年 7 月 16 日《正点财经》）

扫码听
参考录音 3-3-8

●【口播】近日，浙江台州破获了一起特大制售假酒案，一大批低档酒被灌入回收的品牌酒酒瓶，再配上精美的包装以及防伪标识，摇身一变就身价倍增，昨天警方通报了这起案件的侦破情况。

【配音】今年 1 月初，台州市椒江区一名居民报案称，怀疑自己花 1000 多元购买的五粮液白酒可能是假酒。接到报警后，警方层层深挖，最终挖出一起跨区域、全链条的特大制售假酒案。

【同期声】浙江省台州市公安局椒江分局章安派出所副所长卢平：我们通过侦查后确定陈某家里面有假商标标识在进出，通过快递的方式再往外售。我们在 1 月 19 日这天对陈某进行了收网。

【配音】经调查，陈某只是整个案件中的一环，他制造的假冒商标标识分别寄往温州、无锡等地。当地警方联合市场监管部门组成专案组，辗转江苏无锡、苏州，浙江温州、杭州等地开展侦查。警方在掌握确凿证据后，于 4 月 23 号开展了统一收网行动。

【同期声】我们当时收网的时候，在江苏，主要是扣押成品酒。在温州，主要是扣押了 10 万余件套的假商标标识、包装袋等等。

【配音】这些知名品牌白酒的空瓶、瓶盖、包装袋等材料都是此次查获的物品，由于采用了真瓶回收以及以假乱真的包装技术，普通消费者用肉眼很难识别。目前本案的 11 名嫌疑人均被依法采取刑事强制措施，查获假冒各类成品酒 200 余箱，瓶盖、防伪标识、包装材料等 10 万多件，涉案金额高达 5000 余万元。案件正在进一步侦办中。◎

云南警方破获灭火器藏毒案
缴获海洛因 3.7 公斤

（央视网 2023 年 4 月 19 日《新闻直播间》）

扫码听
参考录音 3-3-9

●【口播】近日，云南普洱边境管理支队破获一起灭火器藏毒案，缴获毒品海洛因 3.7 公斤。

【配音】3月26号,该支队木戛边境派出所移民管理警察在辖区开展普法宣传时了解到,近期有人准备运输一批毒品到内地进行贩卖。当天晚上10点多,民警在边境一线搜索过程中,在路边草丛内发现两个反光的红色物品。

【同期声】民警:谁放了两个灭火器。

【配音】带着疑问,移民管理警察果断对灭火器及周边区域展开搜寻检查。随着疑点越来越多,移民管理警察敏锐地察觉,两个灭火器并不像表面看的那么简单。随即将灭火器带至汽车修理厂进行切割检查。

一个多小时后,随着灭火器底部被慢慢切开,民警当场在两个灭火器内查获冰毒5块,共计3.7公斤。目前,该案正在进一步侦办中。◎

黄埔海关破获
8800万元走私雪茄大案

(央视网2023年4月21日《朝闻天下》)

扫码听
参考录音 3-3-10

●【口播】近年来,我国高端雪茄消费势头增长迅猛,不法分子通过走私进口雪茄非法牟利。黄埔海关近日就联合烟草专卖部门开展了打击邮寄渠道走私雪茄专项行动,抓获犯罪嫌疑人7人,现场查扣涉嫌走私进境雪茄5000余支。

【配音】行动中,黄埔海关缉私局出动66名警力,联合烟草专卖部门在东莞、深圳、珠海等地同步开展抓捕缉私行动。姚某是涉嫌走私雪茄的主要犯罪嫌疑人,家住东莞市企石镇某小区。

缉私民警很快将姚某控制住。搜查中,民警发现一个专门用于储存雪茄的柜子。

缉私民警在姚某家中共搜查出各种国外雪茄1692支。通过进一步调取嫌疑人在境外订购雪茄价格和邮寄进境时向海关申报价格,两者相差巨大。

【同期声】黄埔海关缉私局凤岗分局查私科副科长谢志立:犯罪嫌疑人通过低报价格的方式来走私进口,这些平台的采购价格大概有七八千,七八百块钱是申报进口。

【配音】国家规定从境外网站购买雪茄,通过邮寄渠道申报为自用物品进境的,报关时每个包裹货值应在1000元以下,数量100支以内。在这次海关缉私和烟草专卖部门联合打击走私雪茄专项行动中,共抓获姚某、刘某等犯罪嫌疑人7人,查证相关团伙涉嫌走私的雪茄约60万只,案值8800多万元。◎

提示:最后一段第一句不仅仅是背景介绍,也是一次普法教育。

湖北警方破获制售涉诈软件案 8 人落网
开发多款涉诈 APP 软件公司成电诈帮凶

（央视网 2023 年 4 月 15 日《新闻直播间》）

扫码听
参考录音 3-3-11

●【口播】近日,湖北武汉警方成功捣毁一个制作销售涉诈软件的犯罪团伙,抓获犯罪嫌疑人 8 名,涉案金额近 300 万元。

【配音】去年 6 月,武汉东湖高新区警方接到线索,一外地市民通过某平台投资虚拟币被骗 28 万元,而平台软件的制作公司就设在武汉。经过 5 个多月的摸排走访,警方发现这个公司层级分明,不仅有专门负责界面设计的美工团队和编辑代码的前端工程师,还有专门负责服务器和数据接口的后端工程师。除了正常经营,他们还偷偷为境外实施诈骗的犯罪分子提供买断式的 APP 制作服务。

【同期声】武汉市公安局东湖新技术开发区分局刑事侦查大队民警鲁健:该科技公司将设置 APP 及后台数据一并打包出售给境外诈骗团伙。一个收取 3 万元到 10 万元不等的费用。

【配音】这款涉案 APP 分为虚拟币操作平台和虚拟币聊天晒单平台。受害人在非官方渠道扫码下载后,诈骗团伙就在晒单平台以虚假获利引诱投资。当有受害人买入后,他们就通过在虚拟币操作平台内的一顿暗箱操作,让投资者血本无归。

【同期声】武汉市公安局东湖新技术开发区分局刑事侦查大队民警　鲁健:最开始就是给他们尝到一些甜头,控制这些虚拟币的涨跌,很多个投资者投了大量的钱之后,他们就暂停了这个出金的功能,就跑路了,也就是俗称的割韭菜。

思考题

1. 什么是法治新闻？法治新闻的特点是什么？
2. 法治新闻的语篇结构有哪些要素？
3. 法治新闻怎样体现"真""善""美"？
4. 怎样认识法治新闻主播的身份？

第四节　财经新闻:经济的事与自己的事

一、财经新闻

财经新闻是以报道经济活动为主要内容的新闻,包括经济建设、经济改革、经济生活、经济现象等。这些内容从经济决策到货币、股票、期货投资,再到生活用品价格的涨跌,涉及对象十分广泛。财经新闻关系到人们如何进行经济选择,越来越受到人们的关注。当前的财经新闻报道不仅仅局限于财经专业领域的新闻事件,大到国家战略,小到柴米油盐,从宏观到微观、从生产到消费、从经济工作到政治、从城市到农村,逐渐渗透到国家发展的各个领域以及百姓的日常生活中。

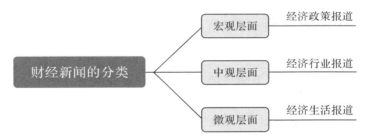

如今,中国经济发展取得了举世瞩目的成就,中国的经济活动已纳入世界经济轨道。随着人们收入的增长,经济活动日益丰富,对财经信息的需求更加立体和多元化。一方面,财经新闻要报道行业动态,要对经济发展趋势作出预测和分析;另一方面,也关注家庭和个人的投资理财、经济生活规划以及产品、品牌、服务、资本等具体的经济活动。这些都与百姓的生活息息相关。

当前各媒体财经新闻报道的范围不断扩展,以总台央视《经济信息联播》为例,通常分为要闻、国内、国际几部分,不仅包括宏观经济政策、财政预算和收支、财税制度、价格保险、农工贸、劳动福利等,还涉及货币、债券、基金、租赁、社会保障、就业、政府采购、电子商务、人才与劳动力、贫困消除等多方面。甚至将报道的触角伸向社会、文化、艺术、技术、传媒、旅游、娱乐、时尚生活等内容拓宽了财经新闻报道的领域。

财经新闻当中有很多经济专业术语,比如宏观调控、财政政策、扩大内需、社会总产值、同比、环比、GNP、GDP、CPI 等等。这些概念许多受众并不太懂，因此新闻报道追求专业新闻通俗化。新闻写作上，文字记者可以利用增加背景来解释复杂的经济现象和术语，而主播则需要运用自己的表达能力让专业财经新闻更加明了、清晰，只有把复杂的内容说清楚了，受众才能理解经济现象、经济政策背后的意义。

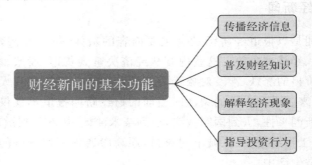

二、财经新闻播报

（一）突出服务

财经政策类的新闻主要来自国家或地方财政税务部门，这样的新闻来源会让新闻话语的生成具有明显的倾向性，如果从政府部门的角度来思考财经问题，会让报道变得高高在上，受众也会认为事不关己，从而失去接受的兴趣。新闻主播在播送这类新闻的时候需要换位思考，摈弃生硬的学术化、专家化的说教，以平民化的视角解析经济事件。在传播经济政策、普及经济知识的基础上，要考虑群众的切身利益和思维方式，引发叙述视角、播报语境、传送身份的变化，把财经事件、经济动态或者复杂的专业概念用通俗易懂的方式表达出来，以倾听民声为目标，让经济信息切实深入到人民生活当中，从而让普通受众接受。

突出服务、转换视角需要从基调、语气上加以调整，以亲切、关怀的总基调让财经信息帮助民众解决生活中的实际问题。另外，对行文比较复杂的语段，要通过速度变化让复杂话语变得简单易懂。解读政策的时候，尽量将长句划分成较小的单位，避免过多的定语、状语，影响收听效果。

部分减负稳岗扩就业政策
将延长到今年年底

（央视网 2021 年 5 月 20 日《经济信息联播》）

扫码听
参考录音 3-4-1

原文	提示
【口播】国务院常务会议日前决定,将部分减负稳岗扩就业政策的期限延长到今年年底,确定进一步支持灵活就业的措施。今天下午,人社部副部长李忠对相关政策措施进行了解读,来看报道。	核心事件中不要忽略了动词"延长" 　　减负稳岗扩就业——延长期限
【配音】人社部副部长李忠介绍,今年1—4月,全国城镇新增就业 437 万人,同比增加 83 万人,4月份调查失业率为 5.1%,回落至近年低值。与此同时,当前经济发展不确定性、不稳定性较多,就业形势依然比较复杂。	背景可以适当加速
此次延续实施部分减负稳岗扩就业政策,主要包括:继续实施普惠性失业保险稳岗返还政策,上年度失业保险基金结余备付期限在一年以上的统筹地区,今年可对符合条件的大型企业按照不超过上年缴纳失业保险费的 30% 返还,中小微企业按不超过 60% 返还;继续实施失业保险保障扩围政策,对参保不满一年的失业农民工发放临时生活补助,对困难人员参加培训的在落实职业培训补贴的同时给予生活费的补贴,切实帮助困难人员缓解生活压力,尽快实现就业。	延续实施减负稳岗扩就业政策包括: 　　1.返还 　　2.扩围

①语篇结构

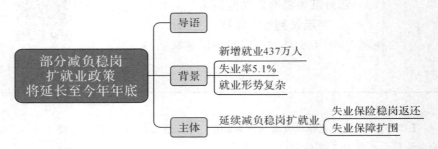

②专用语言

减负稳岗扩就业；灵活就业；普惠性失业保险稳岗返还；失业保险基金结余备付期限；失业保险保障扩围。

③长句解析：并列句群

继续实施普惠性失业保险稳岗返还政策，上年度失业保险基金结余备付期限在一年以上的统筹地区，今年可对符合条件的大型企业按照不超过上年缴纳失业保险费的30%返还，中小微企业按不超过60%返还；继续实施失业保险保障扩围政策，对参保不满一年的失业农民工发放临时生活补助，对困难人员参加培训的在落实职业培训补贴的同时给予生活费的补贴，切实帮助困难人员缓解生活压力，尽快实现就业。

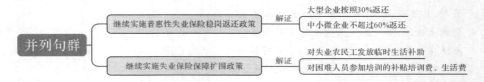

(二)修剪旁枝

将公共资源交易中心和政府政务服务中心合二为一，贵州打造建设公共服务中心，集中办理政务、商务、事务，着力构建"审批服务一站式、资源交易一系统、公共服务一条龙"的大服务格局，打破部门、行业、地区间"信息壁垒"，

扫码听
参考录音 3-4-2

实现公共服务跨部门、跨地区的协同互动和数据资源共享互认，集成打造公共服务超市。

上面这段话句句通顺，但逻辑太复杂，给主播带来很大困难。简单地说，就是"太绕了"，仅"服务"这个词就出现了 77 次，受众听了容易发懵。如果我

们将旁枝都砍掉只留主干的话,这段话就只剩下"贵州""公共服务中心""审批、资源交易、公共服务"这几个词,剩下的就交给受众吧,他们自然会将关键词整合成完整的句子,即"贵州公共服务中心可以进行审批、资源交易和公共服务"。因此,当复杂的内容难以理解的时候,主播需要砍掉旁枝,突出主干,将受众最关心的内容提取出来加以强化,这样,碎片化的文字就变得容易理解了。

(三)加强对比

财经新闻与老百姓生活息息相关,但许多受众反映财经新闻不是"硬了"就是"软了",内容乏味、形式单一。具备财经知识的不愿听,没有财经知识的听不懂。针对这种现象,媒体对财经新闻作出了较大变革,从新闻内容的选择到报道写作手法上都作出较大调整。在此基础上,播报也要利用语言表达的技巧,直指新闻中人民群众最关心的内容,用对比变化将群众关心的内容强调清楚,如速度对比、停连对比、语气对比、音高对比等。

扫码听
参考录音 3-4-3

社保大变化!"五险"变"四险"待遇不变
(央视网 2019 年 3 月 25 日《经济信息联播》)

原文	提示
【口播】国家医保局相关负责人今天表示,2019 年底前我国将实现生育保险基金并入职工基本医疗保险基金统一征缴,我们通常所说的"五险"将变成"四险",那么这两项保险合并实施,职工享受的生育保险待遇会发生变化吗?参保的企业负担是否会增加呢?我们来看报道。	两个设问句直指受众关心的问题,要在语气、节奏上进行加强: 职工生育保险待遇 — 会变化吗? 参保企业负担 — 是否会增加呢?
【配音】国家医保局相关负责人表示,两项保险合并实施,一是确保待遇不变不下降,二是确保制度可持续。职工享受的生育保险待遇丝毫不会受影响。	这一段是对上面设问句的回答,为了加强对比,否定词需要加以强调。 待遇不变不下降 制度可持续

续表

原文	提示
【同期声】只是改变了一个机制的渠道，但没有改变参保人的范围，没有改变设定的生育保险的保障项目和支付水平，同样的生育保险是个人不缴费的，单位缴费。	
【配音】国家医疗保障局相关负责人介绍，中国通过推进生育保险推动解决了就业歧视问题，均衡了不同企业的社会负担。从两项保险合并实施的进程来看，它不仅没有增加小微企业参加生育保险的难度，相反更简化了参保，提升了管理服务能力。	这一段是评论，最后一句话是重点。 简化了 —— 参保 提升了 —— 管理服务能力

这篇新闻中"生育保险基金""职工基本医疗保险基金"属于比较专业性的术语，受众经常听到"五险一金"，但对具体的保险项目与金额了解得不是很透彻。他们关心的是到底"交多少钱""谁来支付"，政策变了之后，交的钱是多了，还是少了。因此，在播报时，要利用"设问""肯定性重音"加强对政策变化的对比，将群众最关心的问题提炼出来加以解答。

(四)巧用修辞

新闻中采用修辞手法能够收到较好的表达效果，新闻主播应充分把握有声语言的优势，体会记者们的用意，将财经新闻中有特色、有色彩、吸引人的手法展示出来，以实现突出事物本质、加深表达效果、增强语言生动性的目的。有时修辞语言的应用还能增加主播的个人魅力，央视主播朱广权就很善于利用"排比""互文""对偶""复叠"等手法，让主持风格充满个性。

财经新闻常用的修辞手法有如下几种。

比喻：北京时间3月26日凌晨1点，苹果公司2019年春季发布会在美国加州乔布斯剧院举行。这次春季发布会几乎成为内容服务的独角戏，发布了5款新品，包含视频流媒体服务及新闻订阅服务。

设问：参保的企业负担是否会增加呢？

夸张：本周特斯拉德国超级工厂正式启用，交车仪式上马斯克也是难掩激动之情，再一次热舞。

比拟：今年双十一你的快递包裹正乘坐高铁向你奔来。今年铁路部门充分挖掘客车的闲置运力来加大货物运输量。

引用:近来韩国白菜的价格持续飙升,一棵白菜卖到 25 元人民币,与去年相比上涨了 50％,韩国正在上演"疯狂的泡菜"!

对比:泰国的乳胶枕、波兰的蜜蜡、阿根廷的葡萄酒……大牌云集的消博会上,让小品牌遇到大机遇。

谐音:2018 年 11 月 1 日,《反渗透净水机水效限定值及水效等级》国家标准正式实施,为市面上最为普及的反渗透技术净水机划定了 35％的用水效率红线,这意味着高耗水的反渗透净水机被禁售。本次国家新标准的实施,将让企业和消费者形成共识:废水少,才能少费水!

虽然修辞手法是文本写作的方式,但主播不能轻易放过,而应该与作者的匠心保持一致,利用语言的节奏、语气、音高、归音押韵的表达技巧,让语言变得生动活泼。

五一出游怎么穿?
穿衣指南来了!

（央视网 2020 年 4 月 28 日《共同关注》）

扫码听
参考录音 3-4-4

正文	提示
●"五一"假期即将到来,不知道您有没有外出游玩的打算呢,不管是家里游还是山里游,是云旅游还是实地游,无论去哪儿,天气肯定是最好的导游。	第一部分用呼应的方法让"是……还是"进行对比,每个短语都以"游"字结尾,声调一致,突出韵律感、节奏感。
未来三天,全国各地将会迎来升温浪潮,衣服可以适当穿薄,秋装短裤是不是已经找不着?棉被在哪儿却记得挺牢,但也有部分地区气温起伏不止一分一毫,还要看天决定穿短袖还是长袍,那我们就来看一下中国天气网给大家准备的五一郊游穿衣指数地图,从南到北,衣服也是从短裤到秋裤。	第二部分押住韵脚,除了韵母韵尾保持开度一致,还要注意声调高度保持统一。
东北、西北、西南地区乍暖还寒,要衣服叠穿,早晚注意保暖。五一期间,我国中东部大部地区气温较高,华北至华南大部地区的最高气温基本都在 25℃以上,其中部分地区将会迎来今年的首个高温日。◎	这一段由俏皮转为真诚亲切的语气,突出服务。

练习

扫码听
参考录音 3-4-5

一月份全国蔬菜价格稳中有降

（央视网 2022 年 2 月 28 日《第一时间》）

●【口播】来关注菜篮子价格，农业农村部监测的最新数据显示，1 月份全国菜篮子指数为 133.10 点，环比上涨 3.84 点，同比下降 8.44 点。其中蔬菜价格环比和同比都有下降。

【配音】1 月份农业农村部监测的 28 种蔬菜全国平均批发价为每公斤 5.17 元，同比下降 12.1%，环比下降 1.1%，其中环比降幅超过 10% 的品种有菜花、芹菜、生菜、白萝卜和油菜。

【同期声】农业农村部农产品市场分析预警团队蔬菜首席分析师张晶：往年冬春季节蔬菜价格基本上是季节性上涨，而去冬今春菜价稳中有降。一是因为去年秋季菜价过高为冬春下降预留了空间，属于恢复性下行；二是去年 11 月份以来天气总体有利，北方蔬菜产能恢复，南方蔬菜增量入市，蔬菜供应总体充足。

【配音】张晶介绍，"南菜北运"生产基地和北方设施蔬菜主产省是保障冬春市场供应的主力军，这些地区在田蔬菜面积 5700 万亩，同比增加近 130 万亩，有效保障了市场供应。同时部分蔬菜产区在去年秋季遭遇大范围强降雨之后，都加强了蔬菜生产防灾减灾能力，稳产保供措施成效明显。◎

提示：有关老百姓的生活，注意基调亲切、柔和。

国家统计局：
房地产市场有望保持平稳发展

（央视网 2021 年 8 月 16 日《正点财经》）

扫码听
参考录音 3-4-6

●【口播】国家统计局今天公布了 7 月份 70 个大中城市商品住宅销售价格变动情况，数据显示，7 月份各线城市新建商品住宅和二手住宅销售价格环比涨幅回落或转降。国家统计局表示，随着我国住房制度的继续完善，房地产市场有望保持平稳发展。

【配音】北京、上海、广州、深圳 4 个一线城市新建商品住宅销售价格环比上涨 0.4%，涨幅比上月回落 0.3 个百分点。二手住宅销售价格环比上涨

0.4%,涨幅比上月回落0.3个百分点。值得关注的是,北京、上海的二手住宅销售价格环比涨幅均出现回落,而深圳的二手住宅销售价格环比更是进入负增长区间。此外,31个二线城市和35个三线城市新建商品住宅和二手住宅销售价格,环比涨幅均有所回落。

此外,国家统计局数据显示,7月份房地产开发投资同比增长12.7%,两年平均增长8.0%,比1—6月份回落0.2个百分点。国家统计局相关负责人表示,未来我国房地产市场有望保持平稳发展。◎

上半年面食餐饮企业
融资额超 10 亿元

（央视网2021年8月22日《第一时间》）

扫码听
参考录音 3-4-7

●【口播】在中式快餐这个领域当中,今年以来一碗小小的面条成为了资本争抢的宠儿。据不完全统计,仅今年上半年至少有八家面类连锁品牌获得了融资,金额超10亿元。在资本的推动下,连锁面馆开始加速跑马圈地。

【配音】这家北京的连锁面馆中午时间店内坐得满满当当,前来就餐的大部分都是在附近上班的白领。

【同期声】消费者:快,省时间。现在都是在商场里,因为环境还是比较可以的,起码不热。

【配音】记者了解到,在主打川渝风味的这家面馆,每天可以卖出超过300碗豌杂面,从点餐到一碗豌杂面上桌一般只需要10分钟左右。

【同期声】某面条连锁企业北京市场营运负责人李彬:我们每一个操作标准,都是有专业的人士把它写入我们的一个操作手册里面,所有的动作都是标准的,包括加酱油,我们是一勺还是两勺,是抖两下还抖三下。

【配音】这位负责人介绍,过去一年他们企业已在北京开设了15家门店,未来一年还有30家店的开业计划。在选址上除了大型商场,还有北京西站、北京南站、首都机场等交通枢纽。而另一家新式拌面连锁店则把开店地址大多选在社区、学校周边。门店客单价也更低一些,在20元左右。

【同期声】某拌面连锁业创始人孙雷:我们做了一个优质拌面的集合店,在这个店里面,你能吃到北京炸酱面啊、武汉的热干面啊、四川宜宾的燃面啊、担担面啊等等吧。外卖也是一个比较重要的市场渠道嘛,但是作为传统的面食,汤汤水水不太容易配送啊,面条易坨,那么拌面比汤面更好地解决了外卖配送流程的优化。

【同期声】美团餐饮培训中心负责人高萍：很少有一个品类，它可以在全国各个层级的城市去发展，也就是说这种粉面类的发展它不会受到地域限制。第二点它是特别容易标准化的一个品类，我们认为粉面类的这种单品的门店类，它未来的规模趋势是比较大的。◎

全国煤炭产量
迅速恢复 快速提升
（央视网 2021 年 11 月 13 日《中国新闻》）

扫码听
参考录音 3-4-8

【口播】记者昨天从国家发展改革委国家能源局了解到，随着煤炭增产增供措施不断落地见效，煤炭优质产能进一步释放，寒潮后，全国煤炭产量迅速恢复并快速提升，全国能源保供稳价基础更为牢固。

【配音】11 号，煤炭调度日产量达到 1204 万吨，处于历史高位，寒潮对电煤运输的影响正在逐步消除。电厂存煤水平继续提升，11 号，全国电厂供煤大于耗煤 200 万吨左右，存煤可用天数超过 21 天。随着电煤供应明显增加，全国发电量稳步增加，截至 11 号，全国已连续 5 天没有省份实施限电，电力供需形势逐步恢复常态。全国天然气消费量持续增加，已连续 5 天保持在 10 亿立方米以上，全国储气库库存处于高位，陆续开始动用，为冬季调峰做好充分准备。此外，全国所有省区市柴油库存均已超过 7 天，预计仍将稳步增长。

中国企业竞争力不断提升
中国企业 500 强上榜企业保持快速扩张态势
（央视网 2021 年 10 月 11 日《今日环球》）

扫码听
参考录音 3-4-9

●【口播】下面来关注近期发布的两份企业排行榜，一份是中国企业 500 强榜单，另一份是《财富》杂志公布的世界 500 强排行榜，结合历年的这两张榜单的变化呢，我们能从国内、国际两个视角看出中国企业的成长变化。

【配音】从规模看，自 2002 年中国企业联合会首次发布中国企业 500 强以来，上榜企业保持快速扩张态势，特别是近 10 年来入围门槛从 2011 年的 142 亿元提高到 392 亿元，营业收入规模从 36.32 万亿元增至 89.83 万亿元，资产规模从 108.10 万亿元增至 343.58 万亿元，千亿级规模企业从 80 家增加到 222 家。

而从入围世界 500 强的中国企业数量来看，2011 年仅有 58 家上榜，这个数字不到美国的一半。2020 年中国入围世界 500 强企业达到 133 家,在数量上超过美国成为世界第一。2021 年继续领跑,达到 143 家。

【同期声】中国企业联合会副理事长李建明:我们中国企业的竞争力显著提高的不仅是国内的竞争力,全球的竞争力也在提高。尽管有的人说世界前 500 强的排序主要是规模,但是即使是规模也是竞争力的一个很重要的表现。◎

国家统计局公布最新城市评级

(央视网 2021 年 9 月 25 日《经济信息联播》)

扫码听
参考录音 3-4-10

●【口播】城市人口规模一直是反映城市综合能级的一个重要指标,根据国家统计局最新发布的第七次全国人口普查,我国超大、特大城市人口出现的最新变化数据,重庆、成都、天津跻身超大城市,另外特大城市有 14 座,20 年间我国城镇化率保持了高速增长。

【配音】国家统计局介绍,城区常住人口 1000 万以上的城市为超大城市,500 万以上 1000 万以下的是特大城市。第七次全国人口普查数据显示,截至 2020 年 11 月,我国城区常住人口超过 1000 万的超大城市有上海、北京、深圳、重庆、广州、成都、天津七城。城区常住人口在 1000 万以下、500 万以上的特大城市共 14 座,分别是武汉、东莞、西安、杭州、佛山、南京、沈阳、青岛、济南、长沙、哈尔滨、郑州、昆明、大连。

根据第七次全国人口普查数据,2020 年我国常住人口城镇化率达到 63.89%。2010 年第六次人口普查城镇化率不到 50%。2000 年这一数字则为 36.09%。在 20 年间,我国城镇化率保持了高速增长。

【同期声】中国城市和小城镇改革发展中心副主任沈迟:这表明城镇化过程越来越趋向成熟,向大都市地区、城市群地区集中,这些地方效率高,它就能够更多地创造社会财富,产生更多就业。大中小城市和小城镇协调发展,主流集中在城镇群中间,这个是一个趋势性的情况。◎

提示:电视新闻中,第二段会配有字幕,播报时要注意语速不要太快,多城市并列播报时,一般一个城市一偷气。

国际原油价格大幅波动

（央视网 2022 年 3 月 11 日《正点财经》）

扫码听
参考录音 3-4-11

●【口播】随着油价的持续大幅波动，美国舆论出现了越来越多反对俄罗斯能源禁令的声音。一些美国媒体指出，所谓能源禁令打着制裁俄罗斯的幌子，实则是美国国内政治斗争的结果。

【配音】总部位于英国伦敦的凯投宏观研究公司近日发布一份报告称，预计布伦特原油价格将一路上涨至每桶 160 美元以上，打破 2008 年夏天创下的每桶 147 美元的历史纪录。同时美国国内油价预计将上涨至每加仑 5 美元以上。

对于拜登颁布俄罗斯能源禁令的原因，美国全国广播公司 8 号刊文进行了分析并指出，这一禁令背后的真正推手是美国的两大利益集团。对于与石油产业关系密切的共和党人来说，禁运俄罗斯石油将推高油价，一方面为石油公司夺取利益，另一方面高油价将为自身获取政治筹码。而对于极力推行新能源的民主党人来说，油价走高将有利于社会向清洁能源的转型。因此禁运俄罗斯石油与其说是对俄罗斯的制裁，不如说是美国两大利益集团夺取政治利益的结果。

美国《大西洋月刊》8 号刊文分析说，在俄乌战争爆发之后，尽管美国国内油价节节攀升，但美国石油企业为了攫取巨额利润，默契地选择拒绝增产，全美的页岩油井数量不但没有增加，反而还出现了减少，从而进一步加速了油价上涨的步伐。有网友指出，拜登的政策正在推升油价，损害 99％普通民众的利益，同时另外那 1％的富人投资者却在从中获利。◎

提示：看似经济问题，实则政治操控。播报时，"评析"部分要减速，同时要注意语气的调整。

英国：物价飙升
家庭可自由支配收入骤降

（央视网 2022 年 3 月 31 日《天下财经》）

扫码听
参考录音 3-4-12

●【口播】近期受俄乌冲突带来的不确定性、疫情导致的供应链中断等因素的影响，欧洲多国能源和食品物价标准通胀率持续上升，具体情况来看报道。

【配音】当地时间 30 号，英国零售联盟发布报告指出，由于食品、服装、燃料和能源价格持续飙升，英国民众目前正面临一场严重的生活成本危机。报告说,最不富裕家庭承受的压力最为显著,平均每户英国家庭在 2022 年的可支配收入将下降 19.5%。在普通家庭里购买生活必需品后,剩下的平均可自由支配收入将减少 6.5%,也就是 430 英镑约合 3590 元人民币。分析数据显示,英国 3 月份食品杂货价格通胀率达到 5.2%,创下 2012 年 4 月以来的新高。

德国联邦统计局 30 号公布的初步统计数据显示,受供应瓶颈、能源价格大幅上涨等因素影响,德国 3 月通胀率为 7.3%,其中德国 3 月份的商品价格环比上涨 12.3%。能源价格环比上涨 39.5%,食品价格环比上涨 6.2%。联邦统计局当天在声明中指出,乌克兰危机带来的不确定性和疫情导致的供应链中断,都助推了产品价格大幅上涨。

同样在 30 号,西班牙国家统计局公布的统计数据显示,西班牙今年 3 月的消费者价格指数也就是 CPI,预计同比上涨 9.8%,是 1985 年 5 月以来该国的最高水平。西班牙近期通胀率高企,2 月 CPI 同比上涨 7.5%。

意大利经销商联合会与市场调查公司益普索 30 号共同发布报告称,75% 的意大利人为物价上涨导致的生活成本上升感到担忧。报告指出,90% 的受访者正在采取措施应对通货膨胀,包括减少消费、避免浪费、购买更便宜的产品等。此外,近五成受访者对自己目前的经济状况感到不满。◎

美国劳动力紧缺 通胀压力巨大
美联储发布美国经济"褐皮书"

（央视网 2022 年 4 月 22 日《正点财经》）

扫码听
参考录音 3-4-13

●【口播】当地时间 20 号,美联储发布最新一期美国全国经济形势调查报告。报告显示,美国经济活动继续温和扩张,就业市场仍面临劳动力紧缺等挑战,同时市场上物价上涨的压力巨大。这份报告是根据美联储下属 12 家地区储备银行的最新调查结果编制而成的,通常被称为美国经济"褐皮书",我们一起来看报道。

【配音】美联储最新公布的"褐皮书"显示,自 2 月中旬以来,美国经济活动继续以温和速度扩张,零售业和非金融服务领域的消费支出增长有所加速,但大部分辖区制造业活动仍面临供应链中断、劳动力紧张以及成本上升等挑战。

汽车销售继续受到库存不足的制约;住宅等房地产需求持续强劲,但也面临供应限制。

同期,各辖区就业市场整体平稳增长,大部分辖区企业对劳动力需求依然强劲,但仍受到劳动力短缺拖累,只有若干辖区就业市场紧张状况出现适度改善迹象。

在物价方面,各辖区通胀压力依然巨大,原材料运输和劳动力成本急剧上升,多个辖区能源、金融服务和农产品价格在俄乌冲突升级后飙升。由于消费需求仍然强劲,企业继续将迅速上涨的投入成本转嫁给客户和消费者。

大多数辖区企业预计,未来几个月美国经济将持续面临通胀压力。

据了解,美联储每年发布 8 次"褐皮书",通过地区储备银行对全美经济形势进行摸底,这份报告是美联储货币政策例会的重要参考资料,下一次美联储货币政策例会将于 5 月 3 号至 4 号举行。◎

思考题

1. 什么是财经新闻?
2. 财经新闻的功能有哪些?
3. 从宏观到微观,财经新闻怎样分类?
4. 播报财经新闻时要注意什么?

第五节　体育新闻:激烈的赛事与快乐的故事

体育新闻是对新近发生的体育赛事、体育活动等具有新闻价值的事实的报道。

如今,人们喜爱体育运动、崇拜体育明星、关心体育赛事,体育已经成为人民生活重要的组成部分。奥运会期间,体育消息成为人们热议的话题,足球世界杯更是成为全世界球迷的狂欢节。腾讯、新浪等门户网站、总台央视等广电媒体都设有专门的体育频道,《中国体育报》全程记录了中国体育事业的发展史,体育新闻也成为受众喜爱的品牌。

体育赛事激烈、紧张,充满悬念,再加上其重要的娱乐性,使体育新闻播报树立了独特的风格。节奏多变、语气丰富、感染力强的语言,使体育新闻播报在众多播报类节目中脱颖而出,独树一帜。同期声的运用,让体育新闻更具现场感,这时,体育新闻不仅仅是报道赛事赛果的新闻节目,更是体育比赛的浓缩版,让受众在收听收看中也能感受赛事的紧张刺激,充满了吸引力。

一、体育新闻的特点

竞技运动的特点之一就是人们通过观看他人的竞赛能够获得快乐。此外,体育比赛还能带来紧张、激动、焦虑、懊恼等多种复杂感受,给受众带来一场丰富的情感盛宴。20世纪80年代初期,北大学子因为一场球赛的胜利喊出了"团结起来振兴中华"的口号,让体育的内涵得到升华。与时政新闻、社会新闻相比,体育新闻的引导性较弱,而娱乐性要强得多。一方面,人们通过体育运动的休闲娱乐功能得到了快乐,另一方面,人们通过阅读、收看体育新闻收获间接的参与感,同样也能感受到愉悦与畅快。如今,现代的传播与报道手段,让体育消息摆脱了枯燥的战术分析和数字罗列,变得轻松起来,因此具有以下特点:

(一)新闻标题新奇化

体育记者在为消息取标题时,往往独具匠心,试图以最"亮眼"的信息点第一时间吸引受众。如《圣何塞赛赛赛赛出水平》《路易斯又又又踢角球直接破门了!》《30秒内怒摔三把球拍 布勃利克首轮出局》《全红婵:入水微涟漪,夺冠无波澜》《"清华吴彦祖"王宇2.21米止步资格赛》《朱婷的手腕,肖若腾的眼神,施廷懋的绷带……》《斜刺里,杀出个三分雨》《撼山易,撼奥尼尔难》。虽然在广播电视新闻播报当中,标题一般不用播,但标题的色彩可以直接指引主播进行播报风格的确立,让新闻显得更有趣味,更富吸引力。

(二)叙述方式故事化

体育新闻的主体部分,往往让人物的行为动作按照比赛的进程进行合乎逻辑顺序的叙述,比如篮球比赛从第一节到第四节;足球比赛上半场、下半场等。在叙述时,强调矛盾冲突让新闻故事显得跌宕起伏,更具吸引力和感染力。比如足球比赛中的带球与铲球,篮球中的运球与抢断、上篮与盖帽,排球中的扣球与防守,网球中的截击与穿越等情节。

细节方面,对极具运动特征、运动员个性或者起到关键作用的动作给予细致描述,如《郑钦文卡塔尔公开赛贡献神仙胯下击球》:"比赛进行到第五局,身穿粉色网球裙的郑钦文发球,两人底线几拍相持之后萨卡里主动放短,郑钦文来到网前,对手随机打出过顶高球,回追中的郑钦文上演高难度背身胯下击球形成制胜分。"

体育比赛被称为"没有硝烟的战争",因此用来描写战争的词汇"备战""伏击""阻击""歼灭""诱敌深入""全线进攻""调兵遣将""败北"等十分常见。教练员被称为"×帅",运动队被称为"×家军"等。

另外,一些新闻词汇的运用也充满了武侠小说似的江湖味儿,如"迎球怒射""撞墙式配合""飞身垫射""单刀""撕破防线""大力轰门""骑马射箭,正中靶心"等。

(三)内容选择明星化

体育比赛中有"关键先生"这一称号,指的是能在关键时刻左右比赛结果的明星运动员。NBA 球员勒布朗·詹姆斯、达米安·利拉德、科比·布莱恩特、雷·阿伦等在比赛的最后时刻一球定乾坤,成为球迷津津乐道的场面。体育新闻在报道比赛进程时,往往会将明星球员作为亮点与核心进行叙述,这样能够使新闻更具吸引力。赛后,记者们也更倾向采访明星运动员。

明星的魅力在于他们能够满足普通观众对体育自由的渴望和想象,能将普通人通过努力成为运动明星的梦想变成现实。尤其是长相俊美的运动员更加受到媒体与受众的喜爱,贝克汉姆、C 罗、莎拉波娃、羽生结弦、汪顺、惠若琪等运动员,本身就自带光环,以他们为亮点的新闻内容自然容易获得高收视率和点击量。明星化的报道模式能够模糊体育新闻与娱乐新闻的界限,也更加符合新时代观众的口味。

(四)报道语言幽默化

体育节目的娱乐性质让体育新闻报道也极具幽默特征,幽默风趣的口语成为体育新闻报道的一大特色,也成为一些体育新闻主播彰显个人魅力、塑造个人风格的独特手段。在报道中,体育新闻经常运用夸张、谐音、双关、反语等手段,以轻松、戏谑又具备笑意的语言产生独特的效果。比如,将篮球中的盖帽比喻成"火锅";在赞扬举重运动员田涛的翻站技术时,作者用了"天下第一翻"等。

再如,足球报道《C 罗"大四喜" 利雅得"胜利"》。"大四喜"是麻将和牌的一种方式,在足球运动中比喻一人踢进 4 个球。而"利雅得'胜利'"更是一语双关,一方面 C 罗加盟的球队是沙特阿拉伯的"利雅得胜利"队,另一方面"利雅得胜利"也表示球队战胜了对手。

细节描述方面,反语性内在语和语气的运用,也让播报语言充满风趣幽默的意味。例如《30 秒内怒摔三把球拍 布勃利克首轮出局》:"这一幕发生在第三盘抢 7 时,布勃利克连丢 6 分,眼见落败在即,沮丧的他摔烂手中的球拍之后走向自己的球包,开始砸第二把球拍。看热闹不嫌事儿大的观众也随之报以更热烈的欢呼声,而布勃利克也开始继续抽出第三把球拍发泄情绪。"

"看热闹不嫌事儿大"的引用一下就把这篇新闻的喜剧效果展现出来,既增加了情节的戏剧性冲突,又确立了体育新闻娱乐化的风格。

二、体育新闻播报

(一)赛事赛果胜者为王

我们知道,新闻眼是新闻报道价值的重要体现,而体育新闻的报道价值在于体育比赛的受关注程度,如奥运会、亚运会等大型综合运动会,世界杯、世锦赛等单项最高水平赛事。除了中国运动员摘金夺银的消息之外,足球、篮球、网球、田径、游泳等深受世界观众喜爱的运动项目也是报道的重点对象。在这些比赛中,观众最为关心的无疑是比赛成绩与比赛结果。播报时,赛事(项目)、参赛主体、比分(成绩)要着重强调。无论体育新闻多么具有娱乐效果,新闻的属性仍在,标题、导语中的核心事件依然是不可或缺的,而赛果、成绩则是新闻眼。

扫码听
参考录音 3-5-1

林孝埈、钟宇晨包揽短道速滑世界杯
德累斯顿站 500 米冠亚军

(央视网 2023 年 2 月 6 日《体坛快讯》)

正文	提示
●【口播】短道速滑世界杯德国德累斯顿站昨天捷报频传,中国选手林孝埈和钟宇晨包揽男子 500 米冠亚军。	赛事:短道速滑世界杯德国德累斯顿站男子 500 米 参赛主体:林孝埈、钟宇晨 成绩:冠亚军
【配音】林孝埈和钟宇晨携手闯进男子 500 米 A 组决赛。发令枪响,林孝埈并没有抢到领滑位置,暂列第三。比赛还剩 3 圈时,林孝埈利用高水准的内道超越升至首位。林孝埈牢牢守住第一的位置并率先通过终点。41 秒 329,林孝埈为中国队摘得本站比赛的首枚金牌。钟宇晨以 41 秒 549 的成绩获得亚军,两人携手登上领奖台。◎	第一句的内容导语中介绍过,可加速、拉平带过。第二句语势扬起。 连贯句群: 发令枪响——内道超越——率先通过终点。

1.语篇结构

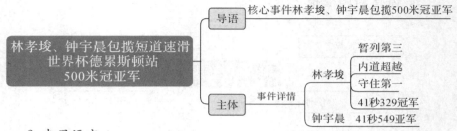

2.专用语言

短道速滑世界杯;男子 500 米;林孝埈;钟宇晨;领滑;内道超越。

3.长句解析:连贯句群

发令枪响,林孝埈并没有抢到领滑位置,暂列第三。比赛还剩 3 圈时,林孝埈利用高水准的内道超越升至首位。林孝埈牢牢守住第一的位置并率先通过终点。

另外,在对抗性的项目当中(中国队的比赛除外),新闻撰写都是围绕比赛获胜者来进行,例如《拜仁战胜柏林联合继续领跑积分榜》。这篇新闻里,无论是字数、排序,还是句式、语篇构成,拜仁都是压倒性优势。因此,在播报时,关于拜仁的文字应该着重处理,而柏林联合则可以弱化、带过,做到有主有次、对比鲜明。

下面这张表通过字符数量、内容排序、表述句式、球员名字的对比,说明新闻表达的重点是"拜仁慕尼黑"。

	拜仁慕尼黑	柏林联合
字符	628	87
排序	靠前	靠后
句式	复句、句群	简单句
球员	基米希、科芒、舒波-莫廷、德利赫特、穆勒、穆夏拉、马内、阿方索·戴维斯	伦诺
背景及补充信息	安联球场下雪;马内复出	无

德甲:拜仁战胜柏林联合
继续领跑积分榜

（央视网 2023 年 2 月 27 日《体育新闻》）

扫码听
参考录音 3-5-2

正文	提示
●【口播】北京时间今天凌晨,德甲联赛第 22 轮迎来榜首大战,主场作战的拜仁慕尼黑 3∶0 完胜柏林联合,凭借净胜球优势继续领跑德甲积分榜。	赛事:德甲联赛第 22 轮 赛事主体:拜仁慕尼黑、柏林联合 赛果:3∶0
【配音】赛前,安联球场上空飘起大雪,不过加热系统让草坪没有受到太大影响。 　　主场作战的拜仁开场后迅速占据主动,控球率接近 7 成,这也是柏林联合最喜欢的节奏。没有大牌球星的他们这一赛季之所以能位居德甲前三,靠的就是防守反击。前 21 轮联赛,柏林联合只丢 24 球,是德甲丢球第二少的。不过像拜仁这样的强队,强就强在机会兑现的能力,只要抓住对手一次失误往往就能够转化为得分。第 31 分钟,机会就这么来了,基米希送出斜传,柏林联合球员拦截失败,科芒右路传中,舒波-莫廷头球攻门,1∶0。本赛季身处德甲的 18 支球队柏林联合是舒波-莫廷此前唯一没有取得过进球的球队。这次他也终于完成查缺补漏。 　　第 40 分钟,客队门将伦诺开出大脚,皮球被德利赫特截获,拜仁迅速发动反击。科芒带球突入禁区,蹚过门将打远角得手,2∶0。从伦诺开球到拜仁进球,总共只过去了 11 秒,强队进攻的高效可见一斑。 　　上半场伤停补时阶段,科芒禁区内护球后直塞,穆勒倒三角回传,穆夏拉迎球就打,3∶0。比赛当天恰逢穆夏拉20岁生日,一粒	第一句介绍环境,可带过。 　　主体部分应以拜仁为主要内容,介绍柏林联合的部分从语流、语气都要留余地。 　　"机会就这么来了"使语言充满了乐趣。 　　舒波-莫廷的这一句属于补充信息,不宜染色太浓。 　　这一段最后一句有评论的性质,语气加强。

续表

正文	提示
进球是完美的生日礼物。这一球也是拜仁本赛季在各项赛事中打进的第 100 球,德甲霸主成为欧洲五大联赛最先达此成就的球队。 　　易边再战,拜仁再迎好消息,世界杯前受伤的马内替补登场。伤愈复出的他状态不错,几次和队友的配合颇具威胁,不过穆勒和阿方索·戴维斯的射门被伦诺化解。最终拜仁慕尼黑主场 3∶0 完胜柏林联合。凭借净胜球优势,拜仁力压多特蒙德,继续领跑德甲。◎	

1.语篇结构

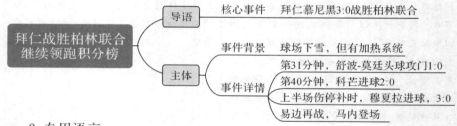

2.专用语言

德甲联赛;拜仁慕尼黑;柏林联合;安联球场;控球率;拦截;开出大脚;突入禁区;直塞;倒三角回传;易边再战;净胜球。

3.长句解析:转折句群

　　没有大牌球星的他们这一赛季之所以能位居德甲前三,靠的就是防守反击。前 21 轮联赛,柏林联合只丢 24 球,是德甲丢球第二少的。不过像拜仁这样的强队,强就强在机会兑现的能力,只要抓住对手一次失误往往就能够转化为得分。

(二)项目特点有柔有刚

体育新闻内容丰富,报道的赛事也是多种多样。播报时,主播要根据比赛特点调整语言的风格、节奏。足球、篮球、拳击等对抗性强的项目往往现场声也比较热烈,这时主播的语言应热烈,富于感染力,语速会更快。体操、跳水、花样滑冰等个人项目,主播的语言往往偏于理性,不宜过多增加煽动性,语势变化也更为平稳。而斯诺克、射击、棋类比赛的报道语言会更平稳。稿件中有时还会介绍规则,这时播报语言会更加流畅自然,以讲解为主。

扫码听
参考录音 3-5-3

盛李豪夺得男子 50 米步枪三姿金牌

（央视网 2023 年 2 月 6 日《体育新闻》）

正文	提示
●【口播】2023 年全国射击冠军赛步手枪项目昨天在陕西省西安市结束了男子 50 米步枪三种姿势的比赛,江苏小将盛李豪击败东京奥运会冠军张常鸿夺得金牌。	赛事:2023 年全国射击冠军赛步手枪项目男子 50 米步枪三种姿势 参赛主体:盛李豪 成绩:金牌 新闻眼:小将战胜东京奥运会冠军
【配音】东京奥运会后 50 米步枪三姿的决赛规则又有了新的变化,除了 8 人的排名赛,又增加了一场两两对决的金牌赛。8 名选手按照跪姿、卧姿、立姿各打 10 发后淘汰最后 2 名。此后每打 5 发淘汰两人。	背景下台阶 并列结构:排名赛、淘汰赛、金牌赛
前半程河北选手田佳明一直领先,不过凭借立射的出色表现,张常鸿和盛李豪最终排在前 2 位,进入金牌战。金牌战采用局分制,环数高的得 2 分,打平各得 1 分,先到 16 分的选手胜出。张常鸿和盛李豪旗鼓相当,前 5 局互有胜负,打成 5 平。此后盛李豪越打越好,而张常鸿在最后几发的环数不高,最终盛李豪以 16 比 8 战胜张常鸿获得金牌。◎	田佳明不必过于强调,语势应低。 张常鸿、盛李豪的金牌对决是主要内容。 金牌战局分制的规则再次下台阶。 "张常鸿、盛李豪旗鼓相当"扬起。

射击比赛现场比较安静,同期声的音量也会比较小,再加上项目本身需要选手在稳定的心理支撑下进行比赛,因此播报语言不宜聒噪,更多强调比赛稳步推进的过程。

1.语篇结构

新闻第二段是规则介绍,第三段中又插入了规则介绍,使新闻的结构比较复杂,语势、语气都要作相应调整。

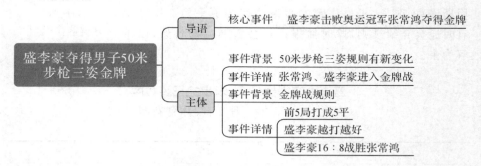

2.专用语言

50米步枪三种姿势;跪姿;卧姿;立姿;立射;张常鸿;盛李豪;局分制;环数。

3.长句解析:连贯句群

前半程河北选手田佳明一直领先,不过凭借立射的出色表现,张常鸿和盛李豪最终排在前2位,进入金牌战。金牌战采用局分制,环数高的得2分,打平各得1分,先到16分的选手胜出。张常鸿和盛李豪旗鼓相当,前5局互有胜负,打成5平。此后盛李豪越打越好,而张常鸿在最后几发的环数不高,最终盛李豪以16比8战胜张常鸿获得金牌。

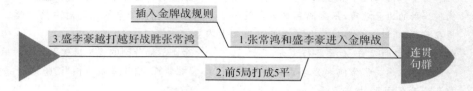

插入金牌战规则的时候,语势下降。张常鸿、盛李豪比赛的部分再扬起来。

（三）关键人物高光提亮

集体项目虽然讲究配合,但球星的作用不可低估。播报时,主播要根据比赛进程将关键人物的动作和贡献进行着色,以突出明星的作用。一方面能够做到重点突出,另一方面也可以借球星的作用提升新闻的吸引力。

扫码听
参考录音 3-5-4

卡塔尔世界杯半决赛
阿根廷 3∶0 战胜克罗地亚
（央视网 2022 年 12 月 14 日《今日环球》）

正文	提示
●【口播】一起来关注卡塔尔世界杯的赛况,北京时间今天凌晨,卡塔尔世界杯半决赛阿根廷对阵克罗地亚的比赛率先开球。	导语部分没有宣布比赛结果,播报时注意语气中留有悬念。
【配音】本场比赛阿根廷队两名前锋梅西和阿尔瓦雷斯发挥出色。第 34 分钟,阿根廷队阿尔瓦雷斯进攻时被克罗地亚队门将撞倒,获得点球机会,梅西主罚点球劲射破网。第 39 分钟,阿根廷队发动快速反击,阿尔瓦雷斯单刀突破两名防守队员,右脚弹射破门。半场结束后,阿根廷队两球领先。易边再战,阿根廷队进攻势头不减,第 69 分钟,阿根廷再次抓住前场反击机会,梅西右路突破后助攻阿尔瓦雷斯推射破门。最终阿根廷队以 3∶0 战胜克罗地亚队,晋级本届世界杯决赛。 　　北京时间 12 月 18 号,阿根廷队将与法国队和摩洛哥队之间的胜者展开本届卡塔尔世界杯冠军的争夺。◎	明星球员:梅西、阿尔瓦雷斯 时间线索:34 分钟;39 分钟;69 分钟。 预告要强调时间和参赛主体。

这篇新闻中两个重要的人物无疑是梅西和阿尔瓦雷斯,阿根廷队的 3 粒入球都与这两人有关。而克罗地亚队无论是门将还是防守队员的名字,文中都没有提及。

1.语篇结构

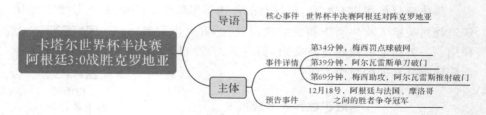

2.专用语言

梅西；阿尔瓦雷斯；点球；破网；快速反击；单刀；弹射、破门；易边再战；前场；右路；助攻。

3.长句解析：解证句群

本场比赛阿根廷队两名前锋梅西和阿尔瓦雷斯发挥出色。第34分钟，阿根廷队阿尔瓦雷斯进攻时被克罗地亚队门将撞倒，获得点球机会，梅西主罚点球劲射破网。第39分钟，阿根廷队发动快速反击，阿尔瓦雷斯单刀突破两名防守队员，右脚弹射破门。半场结束后，阿根廷队两球领先。易边再战，阿根廷队进攻势头不减，第69分钟，阿根廷再次抓住前场反击机会，梅西右路突破后助攻阿尔瓦雷斯推射破门。

这一段用了三次破门，证明了梅西和阿尔瓦雷斯发挥出色。播报时，第一句"发挥出色"之后要停住。之后的"34分钟""39分钟""69分钟"形成三个句子，每一部分要注意连接抱团儿，而三次破门又构成一个连贯句群。

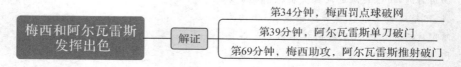

（四）结构线索纲举目张

按比赛进程进行写作是体育新闻常见的结构形式，这也是新闻故事化的体现。主播在准备稿件时，应按照时间线索对赛事进程进行梳理，如足球比赛的"上下半场"、篮球的"节"、网球比赛的"盘"等。体操、花样滑冰、跳水等个人项目一般按出场顺序进行叙述。对于表示时间线索的具体词汇，播报时要注意抓取，并将每个节点进行归并，形成整体感。

2019 年篮球世界杯 H 组 末节发威
澳大利亚力克加拿大

（央视网 2019 年 9 月 2 日《朝闻天下》）

扫码听
参考录音 3-5-5

正文	提示
●【口播】2019 篮球世界杯昨天结束了首轮剩余 4 个小组最后 8 场比赛的争夺,在 H 组的一场比赛当中,6 人得分上双的澳大利亚队 108∶92 战胜了加拿大队。	赛事:篮球世界杯 H 组小组赛 赛果:澳大利亚 108∶92 加拿大
【配音】比赛开始后,加拿大队在攻防两端都被压制,澳大利亚队内外开花,命中率都很高,领先了 9 分。	第一节,澳大利亚内外开花。
第二节开始后,加拿大队核心约瑟夫连续得分,曾将比分追近,但他们内线高度不够,澳大利亚队多次抢到前场篮板二次进攻得手,将比分再次拉开到了 10 分左右。半场澳大利亚队抢到了 20 个篮板球,而加拿大队只抢到了 11 个,半场结束,澳大利亚队 52∶40 领先。	第二节,澳大利亚抢到前场篮板,52∶40。
下半场开始后,加拿大队加快了比赛节奏,连续抢断得手,打出一波 9∶0,将比分追近。而当庞格斯这记三分命中后,加拿大队终于将比分反超了。之后两队打得比较胶着,三节结束,加拿大队领先 1 分。	第三节,加拿大反超 1 分。
关键的第四节,加拿大队命中率下降,而澳大利亚则在开局打出一波 6∶0,再次掌握主动。比分再次领先的澳大利亚队之后没有再给加拿大队机会,最终澳大利亚队 108∶92 战胜加拿大队。◎	第四节,澳大利亚打出 6∶0,没有再给加拿大机会。

这篇新闻结构完全按照篮球赛事的进程进行写作,主播需要按照篮球的"四节"对新闻进行层次的划分。更为重要的是,播报时要找出每节比赛中左

右比赛进程的关键点,如第一节的内外开花;第二节的篮板球;第三节的抢断、三分球;第四节的开局主动。

1. 语篇结构

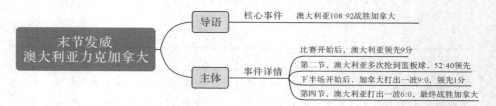

2. 专用语言

篮球世界杯;攻防两端;前场篮板;二次进攻;抢断。

3. 长句解析:转折句群

第二节开始后,加拿大队核心约瑟夫连续得分,曾将比分追近,但他们内线高度不够,澳大利亚队多次抢到前场篮板二次进攻得手,将比分再次拉开到了 10 分左右。

练习

2022 世界田径锦标赛 最后一跳逆袭
王嘉男跳远摘金创历史

(央视网 2022 年 7 月 17 日《新闻直播间》)

扫码听
参考录音 3-5-6

●【口播】2022 年世界田径锦标赛今天继续进行,在今天上午进行的男子跳远比赛,中国选手王嘉男凭借最后一跳的出色发挥夺得金牌,这也是中国代表团在本届世锦赛上收获的首枚金牌,也是中国跳远选手在世锦赛和奥运会级别的世界大赛上首次夺冠。

【配音】男子跳远决赛共有 12 名选手进入决赛。5 跳过后王嘉男以 8 米 03 的成绩排在第五位,冲击奖牌的悬念留给了自己的最后一跳。

【视频回放】

【配音】随后出场的几位选手包括美国选手麦卡特,东京奥运会冠军来自希腊的滕托格洛最后一跳的成绩都没有超过王嘉男的 8 米 36。最终王嘉男凭借最后一跳的逆袭来到首位,逆转夺冠。中国选手在世锦赛跳远项目上首次收获金牌。◎

韦筱圆蝉联
体操世锦赛高低杠冠军

（央视网 2022 年 11 月 6 日《体育新闻》）

扫码听
参考录音 3-5-7

●【口播】首先我们来关注正在英国利物浦进行的世界体操锦标赛。北京时间今天凌晨,本届世锦赛结束了首个单项决赛日的较量,在女子高低杠的争夺当中,中国选手韦筱圆完美发挥,以 14.966 分的成绩获得了世锦赛冠军。

【配音】有两名中国选手进行了高低杠决赛,罗蕊和韦筱圆分别排在预赛第 1 和第 4。上届世锦赛该项目冠军韦筱圆倒数第 2 个上场,她的难度分高达 6.6,是决赛选手中最高的一个,完成的质量也可圈可点。最终韦筱圆以 14.966 分顺利夺冠,队友唐茜靖在场边也很受激励。而罗蕊在完成直体叶格尔空翻时出现了打杠的失误,最终排名第 6。美国选手琼斯和比利时名将德瓦尔分居二三位。◎

第 19 届世界游泳锦标赛
杨浚瑄女子 200 米自由泳夺金 汤慕涵摘铜

（央视网 2022 年 6 月 22 日《新闻直播间》）

扫码听
参考录音 3-5-8

●【口播】北京时间今天凌晨,中国游泳队收获了本届世锦赛的首枚金牌,20 岁的杨浚瑄摘得女子 200 米自由泳冠军,另一名中国选手汤慕涵夺得铜牌。

【配音】杨浚瑄和汤慕涵分别排在决赛的第 2 和第 8 泳道,两人在去年东京奥运会上为中国队拿到了女子 4×200 米自由泳接力的金牌。本场决赛杨浚瑄身边是 18 岁的澳大利亚新星奥卡拉汉。由于名将莱德基和蒂特姆斯都没有参加这个项目,可以说每个选手都有机会。

前 100 米过后杨浚瑄排在首位,而画面最下方的汤慕涵名次靠后。150 米时,杨浚瑄依然领先,汤慕涵追到了第 4 位。最后 50 米,杨浚瑄顶住了奥卡

拉汉的冲击,以1分54秒92、0.3秒的优势获得了冠军。汤慕涵后程发力,最终排在奥卡拉汉之后,摘得铜牌。◎

羽毛球世锦赛
陈雨菲晋级女单16强
（央视网2022年8月25日《朝闻天下》）

扫码听
参考录音3-5-9

●【口播】羽毛球世锦赛昨天下午展开第三轮的争夺,赛会4号种子陈雨菲昨天下午迎来了本次世锦赛首场比赛,最终她以2：0击败了马来西亚球员谢抒芽,晋级女单16强。

开场第一分陈雨菲以一记高点扣杀拿下,然而此后双方失误不少,比赛打得不够流畅。陈雨菲第一局的前10分超过半数都来自对手的失误。谢抒芽则是依靠前后场调动来咬住比分。陈雨菲在13：15落后时,抓住对手出现起伏的时机,主导攻势连赢6分,一举奠定优势。21：17,陈雨菲拿下首局。

第二局随着比赛进程深入,陈雨菲渐入佳境,而对手的防守不再牢固,脚步也慢了不少。局末阶段陈雨菲掌控了场上局面,并以21：15拿下第二局,晋级女单16强。

下一轮陈雨菲将迎战泰国选手李美妙。◎

红牛车队包揽冠亚军周冠宇位列第13
（央视网2023年3月20日《体坛快讯》）

扫码听
参考录音3-5-10

●【口播】世界一级方程式锦标赛沙特阿拉伯大奖赛今天凌晨结束,红牛车队的佩雷兹和维斯塔潘包揽冠亚军,中国车手周冠宇位列第13位。

【配音】在发车时,杆位发车的佩雷兹被阿隆索超过,第11位发车的周冠宇首圈之后上升一位,排名第10。正赛第15位起步的维斯塔潘则开始了超车表演,12圈之后他已经上升至第8。周冠宇此时进站换胎,出站时他落后到了第16位。第17圈,斯托尔的赛车出现故障,赛会出动了安全车,许多尚未完成进站的车手成为受益者,他们在安全车窗口下完成了进站。运气不太好的周冠宇在此后完成精彩超车。在他超过萨金特之后,他的排名最终锁定在第13位。而红牛车队的佩雷兹和维斯塔潘包揽冠亚军。阿隆索虽然第3个冲线,但他因为违规被罚时失去了领奖台,拉塞尔获得季军。◎

不敌林昀儒
樊振东无缘男单冠军

（央视网 2019 年 7 月 22 日《体坛快讯》）

扫码听
参考录音 3-5-11

●【口播】在刚刚结束的国际乒联 T2 钻石联赛马来西亚站男单决赛中,小胖樊振东没能更进一步,只在第三局拿到一局胜利,从而以 1∶4 的大比分遗憾负于中国台北小将林昀儒,屈居亚军。

【配音】近段时间持续低迷的樊振东本次比赛状态回暖,连过三关之后闯入决赛。当然他的对手林昀儒同样表现不俗,尤其是半决赛将马龙淘汰出局,更是让人刮目相看。

决赛开始后,下个月才年满 18 岁的林昀儒很快进入状态,面对力量十足的樊振东,他的战术相当明确,就是利用反手发动之后顶住对手的冲击,抓住机会,迅速转换成正手进攻。就这样林昀儒连赢两局,2∶0 领先。虽然此后樊振东追回一局,但第四局小胖失误连连,以 5∶11 再丢一局,总比分 1∶3 落后。

四局战罢,24 分钟的限时也已经用完。紧张刺激的抢 5 分大战,林昀儒利用擅长的反手进攻率先拿到一分。接着樊振东连续失误给对手送分,他又连丢 4 分,0∶5 输掉了抢 5 分大战,以总比分 1∶4 获得亚军,林昀儒获得冠军。◎

陈芋汐逆转夺冠
全红婵泪洒现场

（央视网 2023 年 3 月 21 日《体育新闻》）

扫码听
参考录音 3-5-12

●【口播】今天下午,全国跳水冠军赛在上海东方体育中心游泳跳水馆进行了女子 10 米台争夺,陈芋汐凭借稳定发挥逆转击败了全红婵,以 416.25 分夺得冠军。

【配音】本场比赛的焦点依然是东京奥运会这个项目前两名全红婵和陈芋汐之间的竞争。陈芋汐去年的世锦赛和世界杯在与全红婵的正面交锋当中全部取胜,因此在心理上占据一定优势,且她是主场作战,拥有天时、地利、人和。

不过先冲出来的却是全红婵,她的前三跳发挥出了极高的水平,尤其是 407C 的动作,有 4 个裁判打出了满分,最终得到了 94.40 分的全场最高分。而陈芋汐一直表现得非常平稳,努力缩小着与全红婵之间的差距。三轮过后,陈芋汐落后 11.40 分。

转折出现在 207C 这个动作上,率先出场的陈芋汐整个动作演绎得很流畅,入水效果也很好,得到了 87.45 分。随后出场的全红婵则在动作打开时出现了重大失误,仅仅得到 54.45 分。陈芋汐一跳实现了逆转,并反超了 21.60 分。

尽管最后一轮全红婵 5253D 的动作再次征服裁判,有两人给她打了满分,但是陈芋汐顶住了全红婵的反扑,最终以 416.25 分守住冠军。

【同期声】陈芋汐:可能对于大家来说都比较刺激,然后反转也比较大,但是我觉得,对于我来说还是比较专注于自己的动作,对手都是我自己吧。

【配音】五个动作,全红婵有 4 跳几乎完美,然而竞技体育就是这样无情,一向乐观的小姑娘在赛后也落下眼泪。

【同期声】全红婵:没有把技术发挥出来,就感觉挺遗憾的,老是差那么一点点,总是不够完美。过了就过了嘛,下一场咱们赢回来。◎

王星昊夺得 2022
中国围棋新秀争霸赛冠军
（央视网 2023 年 3 月 2 日《体坛快讯》）

扫码听
参考录音 3-5-13

●【口播】2022 中国围棋新秀争霸赛决赛循环圈的比赛今天在福州结束,在最后一轮的较量当中,此前排在积分榜首位的王星昊执白中盘击败了胡子豪,以七战全胜的成绩拿下了本届比赛的冠军。

【配音】在昨天的第 6 轮比赛之后,保持不败的王星昊就已提前夺得冠军,今天他与胡子豪的较量是荣誉之战。执白的王星昊全盘压制了对手,胡子豪完全没有胜机。当王星昊制造"劫争"威胁黑棋大龙时,胡子豪只有投子认负。这样王星昊就以七战全胜的成绩夺冠。

在决定亚军的争夺中,叶长欣执白中盘击败了张柏清,最终以 5 胜 2 负的成绩夺得亚军。◎

四川队打破
男子 4×400 米全国室内纪录
（央视网 2023 年 2 月 26 日《体育新闻》）

扫码听
参考录音 3-5-14

●【口播】全国室内田径邀请赛第三站昨晚在四川成都犀浦田径基地结束为期两天的争夺战,主场作战的四川队获得了男子 4×400 米接力的冠军,并打破了该项目全国室内纪录。

【配音】4×400 米接力是本站比赛的收官决赛,由樊添瑞、罗成煊、张大鹏和乔志洋组成的四川队主场作战,凭借整体实力率先撞线,他们跑出的 3 分 11 秒 37 的夺冠成绩,刷新了一周前由湖北队在济南站比赛中创造的仍在认定中的全国室内纪录。这个尘封 27 年的国家纪录,两周之内两度被改写,显示出男子短跑在新赛季的进步。广西队以 3 分 14 秒 33 获得亚军,重庆队位居第三。

女子 60 米栏决赛,第 14 届全运会 100 米栏冠亚军福建选手林雨薇和四川选手吴艳妮上演强强对决,林雨薇以 8 秒 08 夺冠,吴艳妮跑出 8 秒 15 的个人最好成绩,获得亚军。

男子 60 米栏争夺,第 14 届全运会 110 米栏亚军得主、北京队宁潇函赛季首场跑出 7 秒 69 获得冠军,江苏队刘俊茜以 0.01 秒之差位居第二,上海队徐卓一获得第三名。

湖南选手黄美霞在女子 60 米决赛中以 7 秒 27 击败了第一站的冠军江苏队的袁琦琦夺得冠军,广西名将韦永丽以 7 秒 42 获得第 4。

第 4 站比赛将于明天开始,将在成都犀浦田径基地展开为期三天的争夺。◎

澳网:萨巴伦卡
成为新科澳网女单冠军
（央视网 2023 年 1 月 28 日《体育新闻》）

扫码听
参考录音 3-5-15

●【口播】本年度澳网女单决赛在《体育新闻》开播之前刚刚结束,赛会 5 号种子白俄罗斯的萨巴伦卡以总比分 2∶1 战胜去年温网冠军哈萨克斯坦的莱巴金娜,成为新科澳网女单冠军。

【配音】哈萨克斯坦的莱巴金娜是去年温网冠军得主,她击败众多高手站到了决赛场上。白俄罗斯的萨巴伦卡是赛会 5 号种子。在以往 3 次较量中,萨巴伦卡全部取胜。从技术上看,两人都擅长利用快速凶狠的发球获得优势。

开场后萨巴伦卡在第 1 局就发出 2 个 ACE 球,同样莱巴金娜也在自己第 1 个发球局轰出 2 记 ACE。不过在接发球方面,莱巴金娜显然更胜一筹。她在第 3 局率先破发,局分上占得先机。首盘比赛萨巴伦卡更多仰仗自己的一发,而莱巴金娜则更加均衡,她的二发得分率都保持在 75%,比 1 发还高。而萨巴伦卡的二发得分率不到对手的一半,加上 5 记双误,萨巴伦卡在进攻上略显被动。尽管第 8 局她也破发成功,但没能保住第 9 局。莱巴金娜随后连下 4 分拿下第 10 局,以 6∶4 先下一城。

第二盘莱巴金娜的一发成功率有所下降,给了对手攻击二发的机会。而萨巴伦卡在艰难保住第一个发球局后,打得更加坚决,一发得分率也明显提升。此消彼长,萨巴伦卡在这一盘率先破发,局分一路领先。第8局,尽管莱巴金娜挽救了两个盘点,不过打出气势的萨巴伦卡还是用第二盘的第7个ACE球以6:3将总比分扳成1:1平。

决胜盘进行得依然胶着,萨巴伦卡率先取得破发,最终以6:4拿下,总比分2:1获胜,成为新科澳网女单冠军。◎

提示:比赛的冠军是萨巴伦卡,因此在播报时,第一盘的落后不必过度渲染。在第二盘逆转时,主播的语气应有所转换,朝着胜利者倾斜,不宜平均用力。

思考题

1. 体育新闻的特点是什么?
2. 播报体育新闻时要注意什么?
3. 主播怎样根据体育赛事的特点进行语言风格的调整?
4. 怎样理清体育新闻的结构与线索?

第六节　新闻评论:是洪流也是激流

一、新闻评论与评论播音

新闻评论是通过对新闻事件或新近出现的问题、动向的分析,直接、明确地发表作者观点,表明态度,提出解决问题的办法,起到影响舆论、引导舆论、指导社会生活的作用。新闻评论一般具有态度性强、逻辑性强、权威性强等特点。新闻评论主要形式包括:

从特定情景语境分析,新闻评论有以下语言特点:丰富性、权威性、书面性。

丰富性主要表现为语场丰富,包括政治、文化、教育、民生等各种话题,它是对新闻热点事件及其引发的各类社会问题的价值判断。权威性指的是语旨,因为评论的作者通常是行业或领域的专业人士,语言与受众有一定的距离。书面性指的是语式为正式的书面语,语义准确,结构严谨,层次分明,逻辑严密,叙述规范,具有庄重性、严肃性,其语言的修辞模式主要是传播意见性的信息和观点的劝说模式。当前,一些评论的语言以口语进行表达,态度越来越柔和,使评论更容易被受众接受,这也是符合时代特征的转变。

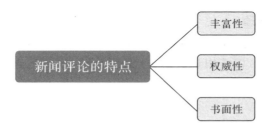

评论播音是主播在节目中对某些事物进行评论,发表看法。评论播音的特点是观点鲜明,逻辑严密,以理服人。观点鲜明,是在播音中能够让受众感受到是与非、曲与直,感受到坚定的立场和明确的态度。逻辑严密,是指通过有声语言,展现出整个论证的方法和过程以及分明的层次、清晰的条理、全面的构思。以理服人,是指通过播音能够将具体的问题寓情于理,引发受众自觉地思考,达到令人信服的效果。

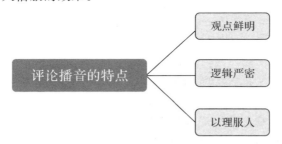

基于充分发挥媒体的引导功能所需,评论播音一般具有较强的鼓舞性和力量感,是播音语体中较具理性美的一种。而针对国家和人民利益所播发的评论就更具力量感。因此在评论播音时,声音要坚实明亮,吐字要集中有力,语流要平直顺畅,语意要清晰昭彰,情感要鲜明显著,从语言表达的力度中体现评论作者与主播情感态度的宣泄。

二、评论播音的要领

(一)结构要梳理

新闻评论的结构有着明确的配置,并且相对稳定。播送前,主播要提纲挈领,对新闻评论的语篇结构进行划分,明确其结构要素,做到每个部分清晰明确。

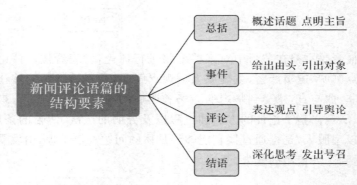

总括:概述话题,点明主旨,体现评论特有的导向,同时使评论更具时效性和互动性。比如:

● 下面播送本台评论《无缝对接 上下联动 整体推进科学发展》。◎

● 明天出版的《人民日报》将发表社论,题目是《团结奋斗,在新征程上创造新的历史伟业:写在"五一"国际劳动节》。◎

事件:是新闻评论的起点,多为新闻信息、热点问题,通常出现在篇章的前部。比如:

● 昨天,喧嚣多时的菲律宾南海仲裁案仲裁庭所谓的"裁决"出笼了。◎

● 一边威胁要对全部中国输美产品举起关税大棒,一边又表现出继续谈判的意愿,美方仍然试图用软硬"两手",对中方极限施压,从而在谈判桌上获

取更高要价。◎

在一些新闻节目中,有时会将事件省去,直接进入评论部分。

评论:评论是针对新闻事件作出的分析论断,是语篇中表明观点和态度的过程。这一部分能够引发对各类社会问题的思考,引导社会认知,进行舆论监督,帮助受众对公共事务进行意见交流,是评论语篇结构中的核心。例如:

● 中国共产党是我们成就伟业最可靠的主心骨。团结奋斗是中国人民在党的领导下创造伟业的必由之路。◎

● 共青团不愧为党和人民事业的生力军和突击队,不愧为党的得力助手和可靠后备军;无论过去、现在还是未来,中国青年始终是实现中华民族伟大复兴的先锋力量。◎

结语:是新闻评论语篇结尾处用以总结评论、深化思考、发出号召的部分,一般出现在末尾,对论点有深化提高的作用。例如:

● 让我们更加紧密地团结在以习近平同志为核心的党中央周围,全面贯彻习近平新时代中国特色社会主义思想,深刻领会"两个确立"的决定性意义,增强"四个意识"、坚定"四个自信"、做到"两个维护",踔厉奋发、笃行不怠,以实际行动迎接党的二十大胜利召开,把中华民族伟大复兴的历史伟业推向前进。◎

结语不是评论语篇当中的必要因素,很多评论中都没有结语。

(二)叙事有倾向

消息、报道类篇章强调客观性、事实性和完整性,而评论中的叙述则是一种掺杂了个人主观看法的简要叙述,同时叙述的方式、叙述的视角和叙述的重点都是根据论证的需要而选择的。因而,新闻评论中的叙事往往和观点交汇在一起,形成"含议性叙事",即基本的表达形式是叙述,但叙述中含有议论的成分。

因此评论中的叙事要融入作者、主播的认知评价,让观众和听众对新闻事件的认知更容易受到评论的影响,评论的劝说功能才能更容易实现。

另外,评论中叙事的态度要为评论留下伏笔和心理暗示。例如:

● 关塔那摩监狱是美国侵犯人权的一大铁证,德国曾经多次要求美国关闭关塔那摩监狱,国际舆论也普遍谴责美国在关塔那摩监狱严重侵犯人权。今年1月10号,一些联合国专家发表声明,呼吁美国政府关闭关塔那摩监狱,结束这一肆意侵犯人权的丑陋篇章。◎

在重音的部分加强语气的渲染可以让叙事的倾向性更明显,如"侵犯人权""铁证""关闭""谴责""严重侵犯人权""结束""丑陋篇章"。

在语篇结构中,事件与评论关系紧密,往往相继安排、前后布局,分步骤实现表达目的。

(三)评论有力量

张颂教授在《朗读美学》中曾说,评论是激流。相较于叙述性较强的消息播音,评论播音的态度更鲜明、感染力更强。评论播音中,在稳健的语速中,要将表明观点的重点词语减速扬起,着以力度,一气呵成,以气贯长虹的气势、冲击力和感染力,充分表现评论者的认知、判断、情感和态度。

如果说新闻事件是靠"动词"引导,那么评论则是利用形容词、副词的特殊色彩加上动词的独有力度,强劲地表达出评论者鲜明的态度、浓郁的情感。常用的句式有:"是……""不是……"。例如:

● 美国在关塔那摩监狱的种种恶行和一些政客的道貌岸然形成鲜明对比和强烈讽刺,让世人进一步看清了美国在人权问题上的虚伪丑恶,揭开美式人权的虚伪面纱。在人权方面,美国应当做好自己的作业,而不是动辄对他国指手画脚,甚至无中生有,对别国污蔑、抹黑。◎

色彩鲜明的形容词"虚伪""丑恶",充满力量的动词"污蔑""抹黑",还有极具特色的短语"道貌岸然""指手画脚""无中生有""鲜明对比""强烈讽刺",都表达了评论者鲜明的态度和强烈的情感。

当然,有句话叫"有理不在高声",不是所有的评论内容都要加大音量、提高音调,还要根据评论的内容和节目的整体风格进行语言的调整。

(四)分配要得当

分配得当指的是总括、叙事、评论、结语每个部分层次要清晰、功能要区分、主次要分明、音区有高低。播音时可以利用连接和停顿来区分每个部分,更为重要的是语体和语气要具有变化。评论要以理服人,要达到有理、有利、有节的高度,不能一味硬刚、大呼小叫,也不能有气无力、无精打采。

1.停顿

总括之后要停顿。总括统揽全局,直接点明评论的要旨。总括结束之后要停顿,营造表达语境,让受众调整接受心理,产生同步的互动,为新闻事件的回顾留下语气转换空间。

叙述事件之后要停顿。引发受众对事件的回忆与思考,并留下思考的时间,让他们有心理期待,产生心理互动。

评论之后要停顿。如果评论之后有结语,要利用停顿为结语留下呼吁、深化、号召的空间。

2.语体和语气

评论播音属于议论语体,观点鲜明、逻辑严密、以理服人是其特点。但每个部分功能不同也使语篇结构之间会出现微妙的语气区分。具体来说,总括、评论、结语采用议论语体,事件采用带有议论特色的叙事语体。

从语气来说,总括、评论、结语语气较为强烈,事件的语气较缓和。如果播送时,将事件也用强烈的语气进行播送,会导致语言节奏单一、变化不足,容易产生接受疲劳。

从语速上来说,总括、评论、结语语速相对较慢,事件部分是评论的背景,可略微加速。

从语势语流来说,事件部分可以将音高略微降低,到评论的部分再将音高升起,结语升到最高。

三、实例分析

(一)短评

短评顾名思义即简短的评论。它往往置于新闻事实材料之后,篇幅短小但以小见大、言简意赅,往往能起到深化新闻主题、画龙点睛的作用。

扫码听
参考录音 3-6-1

央视短评:在平凡中创造不平凡

（央视网 2022 年 5 月 1 日《晚间新闻》）

正文	提示
●【口播】我们镜头所聚焦的都是最普通、最平凡的劳动者。2022 年获得全国五一劳动奖章的 966 人基本上也都是来自平凡的岗位。他们当中有 373 名产业工人,149 名农民工,还有货车司机、网约车司机、快递员、外卖配送员等。	解证句群: 　第一句总起,聚焦"最普通、最平凡的劳动者"。顺势承接到列举:966 人、产业工人、农民工、货车司机、网约车司机、快递员、外卖配送员。语气亲切、柔和。

续表

正文	提示
无论是改变世界还是改变我们自己的生活,不仅需要实现梦想的雄心壮志,更需要践行梦想的脚踏实地,需要干一行、爱一行、钻一行的韧劲儿,需要把一件件小事做好、做扎实、做到极致的坚持。	条件句群前后呼应 递进句群层层推进 语气昂扬、赞美,具有鼓动性。
人人生而平凡,能让我们活出不凡的是劳动、是创造、是实干。◎	转折句,后一部分语气坚定,吐字有力,发出号召。

1.语篇结构

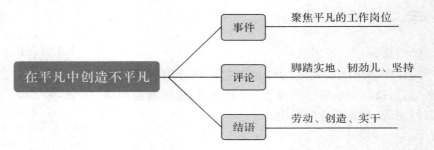

事件:语气亲切、柔和,透露出对普通劳动者的尊敬与关爱。

评论:"需要脚踏实地、需要韧劲儿、需要坚持"既要连贯,又要有递进式的推动感。

结语:号召式的语言要扬起,将"不平凡"与"劳动、创造、实干"进行呼应。

2.专用语言

脚踏实地;干一行、爱一行、钻一行;劳动、创造、实干。

3.长句解析:条件、递进、并列

　　无论是改变世界还是改变我们自己的生活,不仅需要实现梦想的雄心壮志,更需要践行梦想的脚踏实地,需要干一行、爱一行、钻一行的韧劲儿,需要把一件件小事做好、做扎实、做到极致的坚持。

　　条件句中,"无论……还是""不仅需要"不要起高,到"更需要"时语势上扬、层层推进,语气中具有昂扬、奋进的变化。

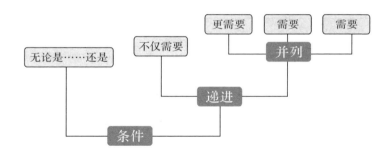

(二)本台评论、社论

本台评论是广播电视发出的新闻评论,是广播电视媒体规格最高的评论形态,代表媒体的态度。社论则是报纸编辑部就重大问题发表的评论,代表报社的态度。

本台评论、社论都是媒体亮明观点、进行舆论引导的载体,体现媒体对新闻事件、人物、社会现象的观点、态度、判断,具有很强的政策性、思想性和权威性,被称为媒体的"旗帜和灵魂"。

央广评论:中国人不信邪、不怕鬼

(央广网 2016 年 7 月 13 日
《新闻和报纸摘要》播音:于芳)

扫码听
参考录音 3-6-2

正文	提示
●【配音】现在播送央广评论《中国人不信邪、不怕鬼》。	语速略慢,吐字有力,掷地有声。
昨天,喧嚣多时的菲律宾南海仲裁案仲裁庭所谓的"裁决"出笼了。	叙事中带着嘲讽、批判的语气。
对于这个罔顾事实、破坏和平、践踏国际法和公理、严重损害中国主权和领土的行为,中国政府和人民的态度是鲜明的,那就是:不答应、不接受、不信邪、不怕鬼。	把菲方的行径与中国的态度进行对应,注意语气的变化。 "不答应、不接受、不信邪、不怕鬼"四个短语可作两两归并,再次点题,掷地有声。

续表

正文	提示
南海根本不应该有争端。它是中国的领土，星罗棋布的岛屿上有中国人民祖祖辈辈繁衍生息的足迹，浩如烟海的史籍中有历代中国政府对南海诸岛管辖的记载，中国对南海诸岛及其附近海域具有无可争辩的主权，于史有据、于法有理。	解证句群，"南海根本不应该有争端"议论语体。之后的部分用叙事语体表达，用客观事实、充足论据发起论证，语速略加快。
南海本来可以化解争端。一些国家从一己私利出发，挑起南海问题的几十年里，中国为了维护南海和亚太的和平与秩序，表现出了足够的包容和解决问题的诚意。早在 2002 年《南海各方行为宣言》达成之初，中国和东盟一些主持正义的国家就提醒，南海问题只能通过当事国之间的平等协商和自主谈判解决，任何借助外部力量的干预只会让问题变得复杂。中国为之作出了不懈的努力，对一些国家的无理行为保持了最大限度的克制。可以说，没有中国的努力就没有南海的繁荣、安宁。菲律宾和相关国家对此心知肚明。	解证句群，"南海本来可以化解争端"议论语体。之后的部分用叙事语体表达，用客观事实、充足论据发起论证，语速略加快。
菲律宾挑起的这场所谓仲裁，可谓"用心良苦"——企图通过国际法的名义使自己的不义之举合法化； 　　可谓"煞费苦心"——偷换概念，把他们操纵的仲裁庭暗示为国际法庭，把仲裁庭的所谓仲裁作为国际法和国际规则，希望通过他们挑选的 5 个国际法从业人员解决南海问题，无非是闹剧一场； 　　可谓"枉费心机"——以为前有自己操纵的所谓仲裁庭，可以冠冕堂皇；后有膀大腰圆的靠山，可以有恃无恐，可惜算错了账。	"用心良苦""煞费苦心""枉费心机"是并列关系，这些词汇的语气中既有批判也有反讽，语势高，语速略慢。破折号之后的内容是解释，语势顺承，语速略加快。

续表

正文	提示
历史告诉世人,挑战中国人民维护领土和主权的底线,蔑视国际法的尊严,不管他是谁,打着什么幌子,举着什么棒子,都不能吓倒中国人民!	态度鲜明、不容置疑。
我们坚持与邻为善、以邻为伴,我们奉行亲、诚、惠、容的外交理念,我们坚持走和平发展道路。但我们决不会放弃正当权益,决不牺牲国家核心利益,维护国家主权是中国人民的神圣责任,维护国际法的尊严是中国作为一个大国的国际责任。	转折句群,前一部分亲和、真诚,后一部分刚劲、有力,播送时注意语气的转换。
任何人不要指望我们会拿自己的核心利益做交易,任何人都不要低估中国捍卫自己权益、维护世界秩序的决心和能力! ◎	语气中展现东方大国的自信和气度。

1. 语篇结构

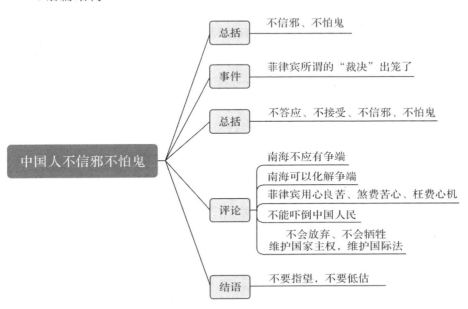

2.专用语言

菲律宾南海仲裁案;罔顾事实、破坏和平、践踏国际法和公理;于史有据、于法有理;与邻为善、以邻为伴;亲、诚、惠、容的外交理念;和平发展道路。

3.长句解析:解证句群

可谓"煞费苦心"——偷换概念,把他们操纵的仲裁庭暗示为国际法庭,把仲裁庭的所谓仲裁作为国际法和国际规则,希望通过他们挑选的 5 个国际法从业人员解决南海问题,无非是闹剧一场。

可谓煞费苦心	解证	把他们操纵的仲裁庭暗示为国际法庭
		把仲裁庭的所谓仲裁作为国际法和国际准则
		希望通过他们挑选的从业人员解决南海问题

"煞费苦心"语势高,议论语体,表明态度。破折号后面的部分顺势衔接,分别从三个方面解释了"煞费苦心"的做法,是叙事语体,可略加速,整个句群为反讽、批判的语气。

(三)评论员文章

评论员文章是新闻评论中常用的一种文体,其规格介于社论和短评之间。它是报刊、通讯社、广播电视台常用的评论形式,属于重要的中型评论。评论员文章与社论没有明显的界线,有时候评论员文章能够升级为社论。

扫码听
参考录音 3-6-3

人民日报"宣言"署名文章:
我们为什么能够成功

(央视网 2021 年 9 月 26 日《新闻联播》)

正文	提示
●【口播】本台消息:为深入学习贯彻习近平总书记"七一"重要讲话精神,传承和发扬中国共产党领导中国人民从胜利走向胜利的成功经验,人民日报将连续刊发两篇"宣言"署名文章。明天(9 月 27 日)刊发第一篇《我们为什么能够成功》。	目的句群,"为深入学习……"语流半起,层层推进到主题《我们为什么能够成功》。

正文	提示
文章说,习近平总书记鲜明指出:"没有中国共产党,就没有新中国,就没有中华民族伟大复兴。"这是最重要的历史结论,也是最宝贵的成功经验。	中心论点,语势扬起
文章指出,谁能带领人民实现民族复兴,历史就会选择谁,时代就会眷顾谁,荣光就会属于谁。一百年来,中国共产党团结带领人民,聚焦实现中华民族伟大复兴这个主题,开辟了伟大道路、创造了伟大事业、取得了伟大成就、铸就了伟大精神,书写了中华民族几千年历史上最恢弘的史诗。中国共产党用奋斗、牺牲和成就,赢得了历史的选择。	论证1:论——述——论 "谁能带领……"议论语体 "一百年来……"叙述语体 "中国共产党……"议论语体 注意三段式之间的停顿和语气变化。
文章指出,谁能为人民谋福祉,实现好、维护好、发展好最广大人民的根本利益,人民就拥护谁、跟谁走。中国共产党人用自己的真诚、热血、实干,用自己的先锋模范作用和与人民群众的血肉联系,带领人民创造了实实在在的幸福生活,从而赢得了人民的选择、拥护和爱戴。	论证2:这一段有因果关系,前一部分是前提、是条件,后一部分是结果。
文章指出,历史实践不断证明,中国共产党是风雨来袭时中国人民最可靠的主心骨、定盘星。正是在中国共产党领导下,我们办了许多别人办不了的事,干成了许多别人干不成的事,创造了世界上任何政治力量不可能创造的人间奇迹。	论证3:论——述 　　"历史实践不断证明……"议论语体。 　　"正是在中国共产党领导下……"叙述语体。
文章最后说,回首过去,展望未来,有以习近平同志为核心的党中央的坚强领导,有全国各族人民的紧密团结,全面建成社会主义现代化强国的目标一定能够实现,中华民族伟大复兴的中国梦一定能够实现! ◎	昂扬热烈的语气,扬起收束。

1.语篇结构

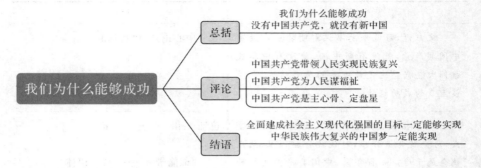

总括:第一段用提问的方式引出论点、引发思考。第二段引用习近平总书记的话亮出中心论点。

评论:用三段内容"中国共产党带领人民实现民族复兴""中国共产党为人民谋福祉""中国共产党是中国人民最可靠的主心骨、定盘星"来论证"没有共产党就没有新中国"这一最宝贵的成功经验。

结语:肯定性的语言,昂扬的语气深化主题。

2.专用语言

伟大道路;伟大事业;伟大成就;伟大精神;实现好、维护好、发展好最广大人民的根本利益;先锋模范作用;主心骨、定盘星。

3.长句解析:总分句群

一百年来,中国共产党团结带领人民,聚焦实现中华民族伟大复兴这个主题,开辟了伟大道路、创造了伟大事业、取得了伟大成就、铸就了伟大精神,书写了中华民族几千年历史上最恢弘的史诗。

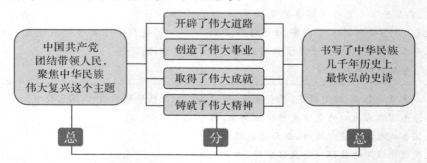

总分总的形式,注意总句前后的停顿和分句之间的连接,即"前停、后停、中间连",不能将"书写了中华民族几千年历史上最恢弘的史诗"与"开辟了伟

大道路、创造了伟大事业、取得了伟大成就、铸就了伟大精神"并列起来。

(四)编者按

编者按是指编辑者对文章或消息加上的具有提示性的说明、提示、批注、考证,能够增加信息,让受众接受得更加明白。编者按的类型很多,这里我们主要学习评论型编者按的播报。

扫码听
参考录音 3-6-4

新华社播发习近平 2005 年在《光明日报》发表的
《弘扬"红船精神"走在时代前列》
通稿并配发编者按

(央视网 2017 年 11 月 30 日《新闻联播》)

正文	提示
●【口播】本台消息:新华社 11 月 30 号播发了习近平总书记 2005 年在《光明日报》发表的《弘扬"红船精神"走在时代前列》的通稿并配发了编者按。	总括要强调通稿的题目《弘扬"红船精神"走在时代前列》,注意两个动宾短语"弘扬⋯⋯""走在⋯⋯"
编者按说:2005 年 6 月 21 号,时任浙江省委书记的习近平同志在《光明日报》发表文章《弘扬"红船精神"走在时代前列》,首次提出并阐释了"红船精神",阐述了中国共产党的源头精神。2017 年 10 月 31 号,党的十九大闭幕仅一周,习近平总书记带领新一届中共中央政治局常委专程前往上海和浙江嘉兴,瞻仰中共一大会址和嘉兴红船,回顾建党历史,重温入党誓词,宣示新一届党中央领导集体的坚定政治信念。	事件,叙事语体,注意时间线索"2005 年""2017 年"。
红船劈波行,精神聚人心。红船精神所昭示的是永不褪色的精神丰碑。今天我们重新刊发习近平总书记当年的这篇重要文章,旨在不忘初心、牢记使命,重温红船精神,坚定理想信念,进一步推动党的十九大精神学习宣传贯彻,为实现党的十九大提出的奋斗目标、实现中华民族伟大复兴的中国梦提供强大精神动力。	文章的重点段落 第一句有统领意味,语速慢,语势扬起,"五言律诗"的句式要注意语节划分:红船/劈波行,精神/聚人心。 第二句是对第一句的解释,语流顺承衔接。 第三句是整个段落最重要的部分,语势扬起,铿锵有力。

续表

正文	提示
明天出版的《人民日报》等中央各报将刊发《弘扬"红船精神"走在时代前列》的全文和编者按。◎	预告,叙事语体。

1.语篇结构

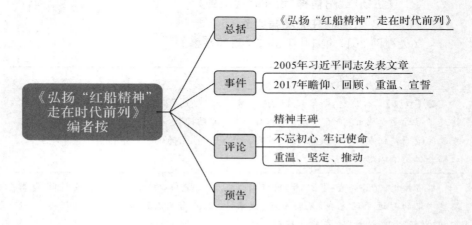

2.专用语言

编者按;红船精神;源头精神;中共一大会址;嘉兴红船;政治信念;红船劈波行,精神聚人心;精神丰碑;不忘初心、牢记使命。

3.长句解析:目的句群

今天我们重新刊发习近平总书记当年的这篇重要文章,旨在不忘初心、牢记使命,重温红船精神,坚定理想信念,进一步推动党的十九大精神学习宣传贯彻,为实现党的十九大提出的奋斗目标、实现中华民族伟大复兴的中国梦提供强大精神动力。

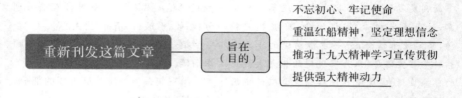

"旨在"之后的内容全部是"重新刊发习近平总书记文章"的目的。播报时,"旨在"之后稍停顿,之后的内容保持同一高度、同一强度、同一语势。目的之后的动宾短语注意呼应:重温——红船精神;坚定——理想信念;推动——党的十九大精神学习宣传贯彻;提供——强大精神动力。

(五)新闻评论栏目主持

新闻评论栏目主持是综合的语言形态,要求主持人有较高的新闻综合素质和较强的语言表达能力。在新闻综合栏目中,主持人往往集口播、新闻播报、评论、采访、现场报道于一身,呈现出多种形态的语言表达方式。

《今晚关注》是总台央视《晚间新闻》中的小栏目,每一期由一个新闻事件展开深度调查与评论。下面这段节目语体多样,主持、播报、评论甚至朗诵都囊括其中。难点在于统一之中的变化、变化之后的统一。客观公正、真实规范,是新闻节目不变的追求。无论语体怎样变化,都不能超越新闻的范畴,因此"分寸感"的把握尤为重要。主持自然大方,播报清晰晓畅,朗诵错落有致,评论鞭辟入里。每一部分都要具有明确的目的与导向,又要做到主持方式与内容完整融合,更要做到真诚与善良的结合,真善美的统一。

扫码听
参考录音 3-6-5

年轻的生命且行且珍重

（央视网 2014 年 4 月 14 日《晚间新闻》）

正文	提示
●【口播】进入《今晚关注》。我们一起来看一位年轻人的面孔,他叫过国亮,是我们的一位同行——《南方都市报》时事新闻中心首席记者。在春节前,他还是个拼命三郎,然后因为腹痛去医院检查,却被诊断为肝癌晚期。就在前天凌晨过国亮年仅 31 岁的生命画上了句号。而在他去世的前一天,他所在的报社举行年度新闻颁奖典礼,过国亮获了金奖。不过他只能通过提前录好的视频和大家见面。	口语化的表达,透露出对同行、对年轻人的关爱。中低声区,小音量叙事。 "录好的视频"之后,可作大停顿。

续表

正文	提示
【同期声】过国亮：癌症我把它视为一个大奖，从天而降，不知所措。在我得了病之后，无数的师友、与我共事多年的老同事或者是素未谋面的新同事纷纷慷慨解囊给我寄来祝福。我老婆打开账户一看，很多金额都让她觉得很惊讶。说实话，我非常感动。我特别想跟报社同仁说，朋友来看我的时候我也反复叮嘱，保重身体、记得检查。人在那儿，战斗力就在。	
【配音】"保重身体、记得检查，人在那儿，战斗力就在。"这是过国亮留给同事们的最后一句话。就在治疗期间，面对治疗的经济压力，同事提出向社会求助，但是过国亮一直不愿劳师动众，后来同事们忍不住将消息转发到了网络上，他才提出了自己的一个想法，希望用这些善款成立"媒体人救助基金会"，用来救助那些患病或者出意外的媒体人。在他的倡议下，国内 20 多家主流媒体的同行纷纷加入到了筹备行列，在 4 月 9 号成立了国内首个"媒体人义助基金"。过国亮走了，但是却留给所有媒体人一份关爱。	关爱的语气 关爱中透出敬佩 惋惜的语气
在治疗的最后阶段，过国亮曾写过一句诗鼓励自己：命运向我露出爪牙，我向它做个鬼脸。有人说：过国亮走了，世间少了一位记者，天堂里多了一位诗人。妻子发文为丈夫作诗《可是你没有》，看似轻描淡写的诗句，尽是无声的爱。	展现主人公的乐观 深情与思念

续表

正文	提示
【配音】 十年前， 我们在珠海相识， 我大你五岁， 我以为你一定不会喜欢我， 可是你没有， 你说你显老， 跟我正相衬。 大年三十确诊后， 你抱着不哥看烟火， 你说你好想看着不哥长大， 娶妻生子。 我以为 你至少能陪着我们过完马年， 可是你没有。 上周六我们坐船从香港返回， 你还想帮我背行李， 对我说别哭， 还在呢， 我以为下周你还能让我陪你再去复查， 可是你没有。	虽然这一段是朗诵，但为了保持整段节目语言风格的统一性，这一段诗不可渲染过度、色彩过浓。 "可是"之后大停顿，减速、落停。
【口播】年轻的生命就这样逝去，实在令人惋惜。近些年来，像这样年轻人患癌的例子不在少数。中国肿瘤登记中心今天发布的 2013 年报显示，近两年全国新发病例数接近 310 万例，按照平均寿命 74 岁来计算的话，人一生当中患恶性肿瘤的几率是 22%，肿瘤已经成为一种常见疾病。而肿瘤年轻化正在成为趋势。	承上启下的段落，句头保持顺承衔接。 数据不必过度渲染，要为段尾的核心内容"肿瘤年轻化"留余地。

续表

正文	提示
【配音】年报显示,恶性肿瘤的发病率在0~39岁组处于较低水平,40岁以后开始快速升高,80岁年龄组时达到高峰。而在城市,男性的发病率在39岁以前,远远高于农村。专家解释,城市居民的不良生活习惯与环境因素的改变成为导致癌症的主要因素。还记得网上流行的漫画《滚蛋吧,肿瘤君》,这是一个年轻的肿瘤患者熊顿的作品。2011年8月,她因为一次摔伤到医院检查,被告知身患非霍奇金淋巴瘤。得病前的熊顿自诩为一个彪悍的女子,仗着自己壮汉型的体格晨昏颠倒、三餐不定,K歌必定刷夜,聚餐必喝大酒,冬天衣不过三件,从来没有为健康操过心。2012年11月,年仅30岁的熊顿因病情恶化遗憾离世。 再年轻的身体也经不住挥霍。近年来,我国年轻人患胃癌的人数呈上升趋势。据介绍,青年胃癌多发与不良的生活习惯有着密切的关系。过量吸烟、饮酒和饮食不当都是重要的原因。据统计,爱吃熏烤、腌制食物或麻辣烫味饮食的青年,胃癌的发病率比其他人群高出四倍以上。另外,生活无规律、工作生活压力大导致精神紧张,也是诱发癌症的原因之一。而淋巴癌、宫颈癌等癌症的发病人群也越来越年轻化。	叙事语体,讲述中透着担忧的语气。 第一句是论点,后面是论证。
【同期声】中科院肿瘤医院妇科主任吴令英:其实对这个病呢大家也不要紧张啊,因为他这个病因清楚,你做健康查体,在他的这个癌前病变就能发现,并且及时治疗,就能把这个肿瘤阻断在癌前病变。	

续表

正文	提示
【配音】专家建议,预防癌症还要从自身做起,留心身体预警,改变不良生活方式,调理饮食结构,净化生活环境,食用防癌食物,定期做体检,保持良好的心态。	
【同期声】中科院肿瘤医院流行病学研究室主任乔友林:病毒,它是个感染因子,所以说我们任何一切提高免疫力功能的一些方法,比如说我们能健康饮食啊、锻炼身体呀啊,还有养成良好的那个清洁习惯不抽烟啊等等,这些都可以提高我们员工的免疫力来抵抗这个病毒。	
【口播】风华正茂,生命却画上了句号,让人一声叹息,更感到分外痛心。面对一个个逝去的年轻生命,我们更要爱惜自己,常体检多应对。时任卫生部部长陈竺说过,决定一个人健康的因素,先天遗传占30％,生活习惯占30％,医疗只占8％。所以预防和保障非常关键,防患于未然,这是全球公认的解决公众健康问题最经济、最有效的办法。据权威统计,对于同样的疾病,预防费用只是治疗费用的九分之一、抢救费用的百分之一。珍惜生命,管住嘴,迈开腿,别把钱只花在末端的治疗上。◎	结语虽然是评论语体,但不可太过用力,应娓娓道来、语重心长。

1.语篇结构

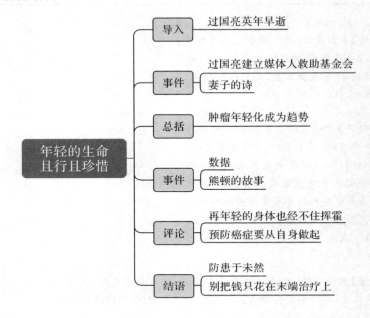

2.专用语言

肝癌晚期;媒体人救助基金会;恶性肿瘤;非霍奇金淋巴瘤;淋巴癌、宫颈癌。

3.长句解析:连贯句群

就在治疗期间,面对治疗的经济压力,同事提出向社会求助,但是过国亮一直不愿劳师动众,后来同事们忍不住将消息转发到了网络上,他才提出了自己的一个想法,希望用这些善款成立"媒体人救助基金会",用来救助那些患病或者出意外的媒体人。在他的倡议下,国内20多家主流媒体的同行纷纷加入到了筹备行列,在4月9号成立了国内首个"媒体人义助基金"。

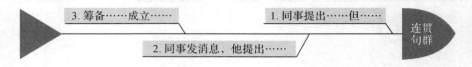

注意将每个事件节点内的小句进行归并,如"同事提出向社会求助,但是过国亮一直不愿劳师动众""后来同事们……他才提出……希望……用来""在他的倡议下,国内20多家主流媒体……在4月9号成立了……"。

解证句群

据介绍,青年胃癌多发与不良的生活习惯有着密切的关系。过量吸烟、饮酒和饮食不当都是重要的原因。据统计,爱吃熏烤、腌制食物或麻辣烫味饮食的青年,胃癌的发病率比其他人群高出四倍以上。另外,生活无规律、工作生活压力大导致精神紧张,也是诱发癌症的原因之一。

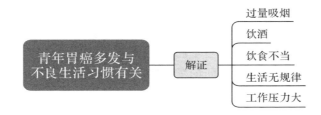

解证句群,"过量吸烟""饮酒""饮食不当""生活无规律、工作压力大导致精神紧张"是对"不良生活习惯"的解释。其中,"爱吃熏烤、腌制食物或麻辣烫味饮食的青年,胃癌的发病率比其他人群高出四倍以上",是对饮食不当的证明。

练习

央视短评:把戒尺还给老师
（央视网 2019 年 11 月 22 日《晚间新闻》）

● 孩子从成长到成才都离不开适当而及时的惩戒,"把戒尺还给老师"是包括家长在内的社会各界的迫切呼声。在我看来,戒尺这两个字其实有两层含义,这个戒是惩戒的戒,赋予老师惩戒权,让老师敢管能管,也愿意管学生。而这个尺则是尺度的尺,也就是说惩戒学生要把握好尺度,守得住边界,杜绝体罚和变相体罚。心中有戒尺,肩上有责任。在老师和家长的共同努力下,我们的孩子将拥有明亮的未来。◎

扫码听
参考录音 3-6-6

央视短评：
为好奇心摘颗星星
（央视网 2022 年 4 月 16 日《晚间新闻》）

扫码听
参考录音 3-6-7

● 可能每个孩子都曾经梦想过要到天上去摘一颗星星，这种想要探索未知世界的好奇心一直是人类科技进步的重要驱动力。今天上天摘星星的三位航天员回家了，其实在他们身后还有许许多多摘星星的人，他们都是各行各业的顶尖人才。他们怀揣着共同的星空梦，把全人类几千年积累的科技成果变成了一场寻梦太空的旅程，推动了航天事业的进步，也让许多孩子相信，梦想可以成真，好奇心可以改变世界。这份相信的力量就是他们为今天的孩子们摘下的星星。◎

本台评论：
没有夕阳产业 只有落后企业
（齐鲁网 2023 年 5 月 9 日《山东新闻联播》）

扫码听
参考录音 3-6-8

● 最近召开的二十届中央财经委员会第一次会议强调，坚持推动传统产业转型升级，不能当成低端产业简单退出。

山东是工业大省，传统产业占比较高，但从产业演进和技术变迁的角度来看，没有夕阳的产业，只有落后的企业。山东的传统产业大多都是曾经的优势产业，以实体经济尤其是制造业为主。面对日趋紧迫的资源环境约束，我们要持续推动产业升级，但必须坚持先立后破、稳中求进、循序渐进，只要全面贯彻新发展理念，大力推进传统产业智能化、绿色化、融合化，不断以科技创新塑造发展新动能，老产业也能焕发新生机。有了深厚的实体经济支撑，就能加快建设现代化产业体系。◎

编后话
（央视网 2021 年 5 月 29 日《晚间新闻》）

扫码听
参考录音 3-6-9

● 以上这些科技成就既有国家级的大块头，也有老百姓的小确幸，这组科技成就是对习近平总书记昨天重要讲话的最好呼应。总书记在昨天的重要讲话当中强调了实现高水平科技自立自强，其实也强调了自信。信心来自哪儿？很重要的一个方面就是来自像刚才那组新闻当中的科技进步，也就是实干、实干、再实干。与时俱进、革故鼎新、坚韧不拔，我们以脚踏实地的干劲致敬梦想，梦想必将照进现实。◎

《人民日报》"宣言"署名文章：
我们怎样才能继续成功
（央视网 2021 年 9 月 27 日《新闻联播》）

● 本台消息：明天《人民日报》将刊发"宣言"署名文章《我们怎样才能继续成功》。

扫码听
参考录音 3-6-10

文章指出，中国共产党领导是中国特色社会主义最本质的特征，是中国特色社会主义制度的最大优势，是党和国家的根本所在、命脉所在，是全国各族人民的利益所系、命运所系。以史为鉴、开创未来，必须坚持中国共产党坚强领导。这是我们过去成功的密码，也是我们今后继续成功的关键。

文章从政治领导力、思想引领力、群众组织力、社会号召力等四个方面阐明了如何坚持和加强党的全面领导。指出，拥有富有远见、成熟稳定的领导核心，是时代之幸、国之大幸，是党和国家砥砺前行、走向兴盛至关重要的因素。指出，党的百年奋斗历程、百年真理追求，深刻昭示：中国共产党为什么能，中国特色社会主义为什么好，归根到底是因为马克思主义行。指出，我们党正是靠着强大的组织体系，把党员组织起来，把群众发动起来，彻底改变了过去中国一盘散沙的局面，创造了一个又一个人间奇迹。指出，党的社会号召力既源于真理的力量，也源于人格的力量，正是有无数具有超强人格力量的优秀共产党员不断涌现，使人民群众认识我们党、信赖我们党、坚定不移跟党走。

文章最后说，在以习近平同志为核心的党中央坚强领导下，没有任何困难能够压倒中国人民，没有任何惊涛骇浪能够阻挡中华巨轮，我们必将继续成功，我们必定能够成功！

《新疆日报》刊发社论
《为在新征程上建设美好新疆凝聚智慧力量》
（丝路视听网 2023 年 1 月 13 日《新疆新闻联播》）

扫码听
参考录音 3-6-11

● 今天出版的《新疆日报》刊发社论《为在新征程上建设美好新疆凝聚智慧力量》。

文章说,今天自治区政协十三届一次会议隆重开幕,在全区上下全面深入学习宣传贯彻党的二十大精神之际,全区各族各界政协委员齐聚一堂,积极建言献策,为在新征程上建设美好新疆凝聚智慧力量。我们向大会的召开表示热烈祝贺。

奋斗创造奇迹,力量源于团结。2023年是全面贯彻落实党的二十大精神的开局之年,是贯彻落实习近平总书记视察新疆重要讲话、重要指示精神和新时代党的治疆方略的重要一年。让我们齐众心、汇众力、聚众智,紧密团结在以习近平同志为核心的党中央周围,汇聚同心共圆中国梦的强大合力,为全面建设社会主义现代化国家开好局、起好步,作出新疆贡献。◎

思考题

1. 什么新闻评论?
2. 新闻评论包括哪些类型?
3. 评论播音的要领是什么?
4. 怎样理解"评论是激流"?

第七节 通讯:详细的叙事与真切的抒情

一、通讯与通讯播音

通讯是新闻体裁的一种,以叙述、描写和评论等多种方法,对事情、人物、经验、问题等进行比较详细、生动的报道。

通讯的特点是注重实效、形象生动、语言舒展、结构灵活、手法丰富、情感浓郁。

通讯播音则是宣传报道中主播将通讯稿件转化为感情真挚、形象生动的有声语言传播工作，以情感人是通讯播音的重要功能。这种题材具有较强的鼓动性和感染力，相对于消息而言，通讯的抒情性比较强。通讯播音是融合新闻性、故事性与抒情性于一身的一种新闻播音语体。通讯播音的语言特点是：亲切朴实感、从容畅叙感、新鲜兴奋感、真切参与感、起伏流淌感、由己达人感。

二、通讯播音的要领

（一）主题要集中

每篇通讯都有一个集中、凝练的中心思想，播音时要通过语言将通讯的主题鲜明、准确地表现出来。在充分认识通讯的宣传目的、详细了解播出背景的基础上，主播要善于概括、判断、归纳稿件的主题，提高通讯播音的思想性。由于通讯的内容丰富，篇幅比较长，主播在准备稿件时不能"骑驴看唱本"，见字生情、见字生义，胡乱地抒发感情，导致语言浮于表面，缺乏整体感和内在联系。

一个简单的方法是"借鉴标题"。与消息的标题不同，通讯的标题往往更具情感基调的指向。通讯的标题是经过作者精心锤炼的极具统领性、概括性的文字，饱含着浓浓的真情，甚至有着强烈的悬念设置。如《叶惠方：倾其所有为苍生》《徐立平：勇者无惧　匠心报国》《负恩凤：一辈子为人民歌唱的山丹丹花》《康定高原出雄鹰》《荒漠戈壁的"不死胡杨"》《乌海输电：风餐露宿守护万家灯火》。有了标题的指引，主播更能够把握通讯的情感导向，使基调的把握更具统领性。

（二）结构要清晰

通讯的结构灵活多变，情节曲折、人物多样，层次之间还存在或显或隐的联系，作者在谋篇布局上也花费了心思。主播要运用语言逻辑对文章进行结构与脉络的梳理，从语篇出发，再进行段落的归并与概括，最后理顺语句之间的关系。如果不把结构分析清楚,会直接影响收听效果,导致条理不清、支离破碎,缺乏整体规划与逻辑力量。语气、语体的微调整也是理顺结构的方法,叙述、描述、议论、抒情,从句子的语气到段落语体的细微区分,都能让段落之间的差别和表达目的得到体现,这样也能够使结构变得既工整统一又富于变化。

(三)情感要浓郁

以情感人是通讯播音的重要功能。通讯播音是融合新闻性、故事性与抒情性于一身的一种新闻播音语体。听众收听通讯播音,就如同收听一篇真实的记叙文,可以获得真实感人的艺术享受。在通讯播音中,情感的酝酿和奔涌比较重要,主播通过有情感的叙述、抒情性的描述和较强烈的赞颂,带给听众充满情感的收听体验。需要注意的是,主播在传达感情的时候要把握分寸感,应做到淡而不寡、浓而不腻。

(四)技巧要丰富

通讯播音的技巧比较丰富,从声音上看,要根据表达内容使声音弹性丰富,或明或暗,或虚或实,或刚或柔,或放或收。从语气上看,既有悲痛惋惜的,又有喜悦欢乐的,还有热情洋溢的。从节奏上看,有舒缓型、轻快型、低沉型、凝重型等。从气息与吐字的配合上看,有时吐字靠前,气息略浅;有时吐字靠后,气息偏深。从语体上看,叙述、描述、议论、抒情形式多样。

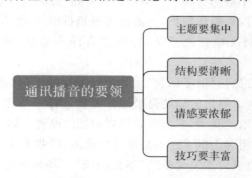

通讯播音的要领
- 主题要集中
- 结构要清晰
- 情感要浓郁
- 技巧要丰富

三、各类型通讯播音

通讯类稿件一般分为人物通讯、事件通讯、经验通讯、风貌通讯。

（一）人物通讯

人物通讯是通过方方面面集中刻画一个人物,特别是通过人物处在典型矛盾冲突中的思想行为,表现这个人物的思想品格,揭示人物的精神境界。

1. 以事件显人

人物通讯的播音首先要抓住事件。因为通讯会以典型意义的事件来表现该人物的独特之处。这就需要主播将相关事件梳理清楚,以充满感情的叙事达到树立人物形象的目的。例如:

给家人留下这样一张全家福,刚满 34 岁的邓稼先开始了 28 年的隐姓埋名。他带领一批刚毕业的大学生,借助手摇计算机等简易设备,经过无数的计算和思考,测算出了原子弹模拟爆炸的全部参数。

2. 以细节立人

主播要善于用语言刻画"细节",在动情的细节描绘中,利用语言节奏、语气、重音及音色的变化将人物精神树立起来。例如:

这张照片定格的是 1986 年端午节后不久,邓稼先与杨振宁人生中的最后一次见面。此时的邓稼先因为癌症晚期,生命即将走到尽头……在 1979 年的一次空投试验故障中,邓稼先奋不顾身检查核弹碎片,受到了致命的辐射伤害。

3. 以精神颂人

一个人物之所以能够被社会认可和赞颂,在于其具有独特的精神品质与人格魅力。人物通讯正是通过对主人公的思想、内在精神品质的报道,启发人生,照亮人心。主播要将文本中展示人物精神品质的部分加以渲染,适当的时候要加浓情感,甚至变化语体。例如:

"但愿人长久,千里共同途",邓稼先和杨振宁跨越半个世纪的理想之约,正在见证更多科研工作者的同向而行。

在生命的最后一个月,邓稼先隐藏了 28 年的身份才得以公之于众。即使躺在病床上,邓稼先也没有忘记中国的核武器事业。他和老搭档于敏等人写给中央的建议书,直到今天都对中国的核事业产生着深远影响。"不要让人家把我们落得太远",是邓稼先临终前念念不忘的事。

4. 以真情动人

虽然人物通讯是以叙述为主,但恰到好处的评论与抒情能够揭示和深化事件的意义,对人物精神品质的揭示起到画龙点睛、锦上添花的作用。播报时,评论部分的语气要加浓,从语气上与叙述进行区分。抒情部分要渲染着

色,宣泄情感,并加强控制,真正做到以情动人、以理服人、情理相生、情理相融。例如:

"但愿人长久,千里共同途"这句话出自1971年杨振宁第一次回到新中国时,邓稼先写给他的一封信。隔着几十年的岁月和生死,杨振宁对着当年共同意气风发、许下报国志向的儿时同窗深情喊话。

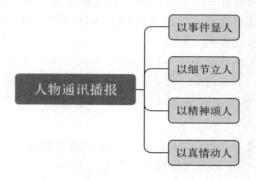

邓稼先:如果有来生,我还选择中国
(央视网 2022 年 6 月 3 日《朝闻天下》)

扫码听
参考录音 3-7-1

正文	提示
●【口播】今天是端午节,我们纪念伟大的爱国诗人屈原,更是感念中华民族传承千载的家国情怀。"路漫漫其修远兮,吾将上下而求索。"择日神舟 14 号即将升空,中国航天人正在为科技求索的新征程全力以赴。从今天起我们将推出端午特别节目《上下求索家国情》,讲述老一辈科学家为"两弹一星"事业的成功以身许国的感人故事。	以精神颂人: 第一句是导入语,不要起太高。 "路漫漫其修远兮,吾将上下而求索。"引用句,语速减慢,语气加浓,呼应专题栏目名《上下求索家国情》。 第一段是专题的总开头,抒情性比较强,色彩较浓。

续表

正文	提示
让我们先通过一张照片走进为中国核武器研制沥尽心血的"两弹一星功勋奖章"获得者邓稼先。	第二段语气转换,语势降低,娓娓道来,由总栏目的导语转为本期节目内容的叙述。 　　"一张照片"减速,语气中要留有悬念,"邓稼先"之前停顿,减速,引出配音。
【配音】这张照片定格的是1986年端午节后不久,邓稼先与杨振宁人生中的最后一次见面。此时的邓稼先因为癌症晚期,生命即将走到尽头。 　　【同期声】邓稼先生前警卫员游泽华:照片上仔细看的话,还能看得到他嘴角上没有擦干的血迹。我们看到他是在微笑,其实当时他病情严重,体内还在不断出血。	以细节立人: 　　照片中的细节虽然由同期声说出,但也要将"最后一次""癌症""尽头"等词汇进行语气的渲染。
【配音】邓稼先是中国"两弹一星"元勋,也是诺贝尔物理学奖获得者杨振宁最亲近的同学和好友。2021年,杨振宁在百岁生日的演讲中讲述了一段他和邓稼先鲜为人知的往事。 　　"但愿人长久,千里共同途",这句话出自1971年杨振宁第一次回到新中国时邓稼先写给他的一封信。隔着几十年的岁月和生死,杨振宁对着当年共同意气风发、许下报国志向的儿时同窗深情喊话。 　　【同期声】中国科学院院士、诺贝尔物理学奖获得者杨振宁:我觉得今天,50年以后,我可以跟邓稼先说:稼先,我懂你的"共同途"的意思,我可以很有自信地跟你说,我以后50年是合了你这个"共同途"的嘱望。	通过"一封信"展现邓稼先以身报国的志向。 　　"鲜为人知的往事"减速,语气留悬念。 　　以真情动人: 　　"但愿人长久,千里共同途。"引用句减速,语气加浓。

续表

正文	提示
【配音】上世纪 20 年代出生的邓稼先，成长在国难深重的年代，1950 年获得美国普渡大学博士学位后的第九天，这位只有 26 岁的娃娃博士就带着科技报国的夙愿毅然回国。1958 年，邓稼先接到一项绝密的任务——研制新中国的第一颗原子弹。 【同期声】邓稼先妻子许鹿希：那天他回来比较晚。他说我要调动工作了，我就回来问他，我说到哪儿去，他说，不能说。我问，调去什么工作，做什么事儿？他说，不能说。我说你给我一个信箱号码，我们通信。他说，大概也不行。他说，如果我能做好这件事儿，我这一生就过得很有价值，就是为它死，也值得。	以细节立人： 　语气由凝重变庄重。这一段吐字略微收紧，"26 岁的娃娃博士"吐字可略松弛。
【配音】给家人留下这样一张全家福，刚满 34 岁的邓稼先开始了 28 年的隐姓埋名。他带领一批刚毕业的大学生，借助手摇计算机等简易设备，经过无数的计算和思考，测算出了原子弹模拟爆炸的全部参数。第一颗原子弹就是由邓稼先最后签字确定了设计方案。 　1964 年，中国第一颗原子弹爆炸成功，而邓稼先并没有就此止步，在新中国进行的 45 次核试验中，32 次都有他的身影，15 次更是邓稼先亲自指挥的。 　在 1979 年的一次空投试验故障中，邓稼先奋不顾身检查核弹碎片，受到了致命的辐射伤害。 【同期声】邓稼先妻侄许进：有这样一批人，无私地、忘我地放弃了自己很多的幸福的生活和学术的前景，最后把自己的智慧、把自己的生命都奉献给祖国啊。所以我们今天"两弹一星"才有这么显著的成就，我们国家的安全才有这么可靠、稳定的支撑。	以事件显人： 　"34 岁""28 年""第一颗""45 次""32 次""15 次"需要进行强调。这一段语速略加快，形成排比性的语言节奏。值得注意的是，叙事部分不要任意拔高，而应以平民视角、平和的语气进行播报，以小见大，这样也能使播音有起有落、有浓有淡，富于变化。 　这一段语速减慢，语气凝重。

续表

正文	提示
【配音】在生命的最后一个月,邓稼先隐藏了28年的身份才得以公之于众。即使躺在病床上,邓稼先也没有忘记中国的核武器事业。他和老搭档于敏等人写给中央的建议书,直到今天都对中国的核事业产生着深远影响。"不要让人家把我们落得太远",是邓稼先临终前念念不忘的事。 【同期声】邓稼先生前警卫员游泽华:邓老去世之前我陪他去过一次天安门。在人民英雄纪念碑前,他说,小游啊,以后国家强大了,你一定要来看我啊,多跟我讲讲祖国的变化。我还记得邓老最后跟老伴儿说的话,要是有来世,我还选择中国,选择核武器事业,选择你。	以精神颂人: 　语速慢,情感浓郁。引用句"不要让人家把我们落得太远",语气加浓,但不要过悲。
【配音】"但愿人长久,千里共同途",邓稼先和杨振宁跨越半个世纪的理想之约,正在见证更多科研工作者的同向而行。 　已故著名地球物理学家黄大年和邓稼先有着相似的奋斗历程。黄大年曾在朋友圈里这样纪念自己的偶像邓稼先:"看到他,你会知道怎样才能一生无悔,什么才能称之为中国脊梁。" 　此刻,在酒泉卫星发射中心,中国航天人正在为神舟14号的发射做着最后的准备工作。对他们来说,前辈们用青春和热血铸就的"两弹一星",是薪火相传的精神坐标。◎	这一部分有议论、有抒情,起到升华主题的作用。 　第一段语势上扬,声音明亮,中速偏慢。 　第二段语势回落,叙事感强,语速略微加快。到"一生无悔""中国脊梁"处再减速、上扬。 以精神颂人: 　最后一段第一句叙事,语势低平。第二句逐渐上扬,"薪火相传的精神坐标"语气加浓、吐字加力、扬收。

①语篇结构

这篇通讯有两条线索,明线是时间线索,由博士毕业——两弹一星——生命最后一个月——如今中国的航天事业。暗线是"选择",以"我还会选择中国"为主题,着重讲述邓稼先每一次的"选择",都展现了他"以身报国"的崇高精神。

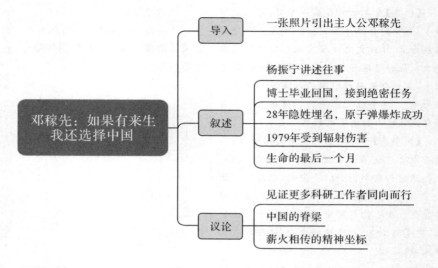

②专用语言

"路漫漫其修远兮,吾将上下而求索";两弹一星功勋奖章;"但愿人长久,千里共同途";原子弹;手摇计算机;原子弹模拟爆炸;参数;核试验;空投试验;核弹碎片;辐射伤害;酒泉卫星发射中心;神舟14号;薪火相传;精神坐标。

③长句解析:连贯句群

上世纪20年代出生的邓稼先成长在国难深重的年代,1950年获得美国普渡大学博士学位后的第九天,这位只有26岁的娃娃博士就带着科技报国的夙愿毅然回国。1958年邓稼先接到一项绝密的任务——研制新中国的第一颗原子弹。

(二)事件通讯

事件通讯是报道具有典型意义的新闻事件的通讯。从选材上看,它选择的是对社会有重大影响,具有典型的启示、教育、认识意义的新闻事件。与人物通讯相比,事件通讯更具时效性,它以写事实为主,通过周密的调查研究详尽而形象地反映事件的进程、来龙去脉、前因后果、问题的解决,通过具体的情节把事件如实地反映出来。

事件通讯从内容上看,有政治、军事、经济、文化、科学、社会事件的通讯;从性质上看,有写正面典型事件的,也有写反面典型事件的(刑事案件、自然灾害等)。

1.引发兴趣

事件通讯是消息的发展和补充,能够系统地向受众报道事件的详情,引起人们的共鸣。主播要将事件通讯中人们最为关心的内容提取出来,以适当的表达来引发受众对该事件的兴趣与关注。例如下文中的连续三个设问:

25年前,它们是如何被发现的?为何历经四分之一个世纪才又重回祖国怀抱?这当中经历了哪些艰辛和曲折?

2.强调是非

通讯事件中,光明与黑暗、正确与错误、先进与落后、进步与反动、正义与邪恶、科学与迷信、真善美与假恶丑等形成了矛盾和斗争,通过宣扬积极因素、批判消极因素,对受众起到宣传、教育、鼓舞、启示、警示的作用。通讯播音因其浓郁的情感,更能够让受众受到鼓舞、鞭策与引导。因此在播报中,基调应该更加明确,旗帜应该更加鲜明。在播报态度上,赞成什么,反对什么,提倡什么,让人"一听了然"。例如:

在国务院统一部署下,外交部、公安部、司法部、国务院港澳办、最高人民检察院、原文化部、文物局等部门,共同组成了"追索英警方查扣走私中国文物工作小组",通过执法合作、民事诉讼、协商谈判等多种形式对这批流失文物展开追索。这也打响了我国从国家层面利用法律手段追索流失海外中国文物的第一枪。

3.理清线索

虽然叙事方法各有不同,但每个事件都有其起因、经过、结果,播报时,主播要理清事件发生的顺序,掌握叙事的结构,将事件的全貌展现清楚,什么时间,在什么地方,发生了什么事情,有什么人参与,事件的起因是什么,经过怎样,结果如何,要给受众一个完整的印象。例如《跨国追索25年! 文物回家路为何如此艰辛?》中,文物回家经历了以下历程:

25年前匿名信—1995年"水烛行动"—我国远赴英国进行文物鉴定—组成了"追索英警方查扣走私中国文物工作小组"—1998年2月签署了归还文物协议书—文物只能被英国警方扣押—英国提出希望归还文物—于芃带队赴

英方清点文物—正式移交—10月20日文物安全抵达。

4. 以人显事

与人物通讯中的"以人统事,以事显人"不同,事件通讯始终以事件为主线,贯穿始终,统领全文,人物的活动都是为了突出事件,因此可称为"以事统人,以人显事"。播报时,要根据人物与事件的联系来抓住主要人物,舍弃与事件关系不大的人物,用语气和节奏的变化让主次分明、浓淡相宜。

5. 还原现场

事件通讯具有强烈的现场感和真实感,要利用表达将现场氛围刻画出来。另外,通讯中的描写通过对人物、事件、环境的具体展示和刻画能让事件变得富有吸引力。因此,主播在遇到描写段落的时候要利用情景再现技巧,将描写表达得生动具体、有情有景,将现场或紧张、或曲折的情节展现得栩栩如生。例如:

这是唐三彩七星盘,1套8件,由承盘、6个小杯和1个大杯组成,盘外壁及杯器身施黄、绿、白等釉,釉色鲜亮,反映出唐代制陶工艺的高超水平;这只石雕马,专家认定其为西南地区出土的元明时期石雕制品;瓷器中宋代的青白瓷数量较多,从造型、釉色、烧造工艺等方面来看,这批青白瓷的生产窑口有江西景德镇窑、金溪窑等,反映了宋代青白瓷生产技术的普及与传播;4件梅瓶及器盖,胎釉和制作工艺具有极大的一致性,可能出自同一墓葬,极为难得……

跨国追索25年！
文物回家路为何如此艰辛？

（央视网2020年11月22日《共同关注》）

正文	提示
●【口播】近日，国家文物局召开新闻发布会，宣布了文物界的一件大事：经过长达25年的跨国追索，68件流失英国的文物终于回归祖国。25年前，它们是如何被发现的？为何历经四分之一个世纪才又重回祖国怀抱？这当中经历了哪些艰辛和曲折？在回答这些问题之前，我们先来认识一下这些文物。	引发兴趣： 　　"25""68"两个数字直接反映了标题中的"艰辛"两字。 　　三个设问的表达要留下悬念，引发受众兴趣。
【配音】流失英国的这68件文物包括瓷器、陶器、石器、铜器等，时间跨度从春秋战国一直到清代，地域分布则遍及江西、安徽、福建、河南、陕西、河北、贵州等省份。 　　这是唐三彩七星盘，1套8件，由承盘、6个小杯和1个大杯组成，盘外壁及杯器身施黄、绿、白等釉，釉色鲜亮，反映出唐代制陶工艺的高超水平；这只石雕马，专家认定其为西南地区出土的元明时期石雕制品；瓷器中宋代的青白瓷数量较多，从造型、釉色、烧造工艺等方面来看，这批青白瓷的生产窑口有江西景德镇窑、金溪窑等，反映了宋代青白瓷生产技术的普及与传播；4件梅瓶及器盖，胎釉和制作工艺具有极大的一致性，可能出自同一墓葬，极为难得；而这3件乐舞俑，红胎、铅釉，保存较完整，能够反映出低温铅釉技术在汉代的输入与发展情况，以及汉代音乐舞蹈的风貌，在以往的出土文物中并不多见，尤其成套的铅釉乐舞俑更加稀有。	还原现场： 　　叙事语流平稳，但内在语要丰富，"时间跨度"大、"地域分布"广的背后有着对文物流失的惋惜。 　　描述性语言要细致、舒缓。除了表现文物的外形、色泽外，还要将其珍贵的价值反映出来。

续表

正文	提示
【口播】可能无法想象，这 68 件文物只是当年流失到英国的一大批文物中很小很小的一部分，而这一整批流失文物竟然多达 3000 多件。这些文物究竟是如何被发现的呢？一切都要从 25 年前的一封匿名信说起。	引发兴趣： 　　前一部分惋惜、感叹。 　　后一部分"匿名信"前适当停顿，留下悬念，引出下文。
【配音】25 年前，中国驻英国大使馆文化处收到一封匿名信，声称一大批中国珍贵文物已经途经香港，被走私到英国。我驻英大使馆迅速会同英国相关部门展开调查。1995 年 3 月，英国警方与海关人员一起进行了代号为"水烛行动"的突袭，分别在英国的两个港口截获了 7 卡车中国文物，同时拘捕了 3 名犯罪嫌疑人。	理清线索： 　　这一部分要注意理清事件发生的全过程，匿名信—展开调查—水烛行动—前往鉴定、追索。
我国国家文物局也当即派出由专业人员组成的工作团队前往英国，对这一大批走私文物进行鉴定，并开启追索工作。时任国家文物局社会文物管理处处长、现年 68 岁的故宫博物院原常务副院长李季，正是这个工作团队中的一员。	以人显事： 　　人物不必过度渲染，引出下文即可。
【同期声】国家文物局原社会文物管理处处长李季：看到这批东西，所有专家都说了、用了"震惊"这个词，就是一个小博物馆的规模。因为我在历史博物馆是做过通史陈列的，什么叫通史陈列？从远古到明清就中间几乎没有断代，就这么存续下来。而且这批流失文物地域也跨了从中原到边疆。我记得当时的基本鉴定结论就是，这是中国的文物，多数是真的，而且其中有一些是有很高的文物价值的。	

续表

正文	提示
【配音】确认了文物身份之后,在国务院统一部署下,外交部、公安部、司法部、国务院港澳办、最高人民检察院、原文化部、文物局等部门,共同组成了"追索英警方查扣走私中国文物工作小组",通过执法合作、民事诉讼、协商谈判等多种形式对这批流失文物展开追索。这也打响了我国从国家层面利用法律手段追索流失海外中国文物的第一枪。 【同期声】国家文物局原社会文物管理处处长李季:因为当时整个态势是中国文物不断往外走,我们还没有能力、也没有一个机会能够往回(走),能够把文物追索回来,所以我当时非常希望这能是一个契机。	强调是非: 　语气上要透露我国对文物追索的坚决态度,特别是"第一枪",既要表明态度,又要承上启下。
【口播】自此,工作小组开始了漫长的文物追索工作。但因为非法走私行为并非发生在英国,所以无法在英国本土对嫌疑人进行刑事诉讼,只能通过民事诉讼来解决,诉讼期可能会相当漫长。对此,我国政府的态度非常坚决,流失文物必须追索回国,寸步不让。 【同期声】国家文物局原社会文物管理处处长李季:还有一个小细节我当时印象特别深,文物贩子就用当地的报纸包文物,就没有想到再换一种纸。所以你要是整个巡视一下,他们的行动的轨迹全是留痕的,比方说有《洛阳日报》,有山西的报纸,然后有《羊城晚报》,然后有香港的报纸,就是他们根本就连这种避人耳目的想法都没有,就说他们当时猖獗到什么程度。所以反过来刺激我们,我们一定得想办法要从法律上把这批东西追回来。	强调是非: 　前一部分透露出"追索"遇到的重重困难,后一部分反映我国政府的坚决态度。前后两部分语气要有对比变化,特别是后一部分,语势可扬高,吐字可适当收紧。

续表

正文	提示
【配音】3 年后,也就是 1998 年 2 月,迫于中方压力,该案两名主要嫌疑人与我国国家文物局签署了归还文物协议书。同年 5 月,3400 余件流失文物运抵北京,这也是迄今为止我国最大规模的流失文物追索案例。同年 8 月,该案另一名嫌疑人也与我国国家文物局达成和解,又归还 7 件文物。但是,由于该案中一名文物购买人拒绝参与谈判,其所拥有的 68 件涉案文物只能一直被英国警方扣押。	理清线索: 　归还—运抵—和解、又归还—拒绝。
【口播】难道要让这个文物回归的故事留下遗憾的结尾吗?当然不。此后的 20 多年,国家文物局始终没有放弃对这 68 件流失文物的追索,终于在今年 2 月有好消息传来。伦敦大都会警察局告知我方,因为购买人去向不明,且扣押时间超过追诉期,该批涉案文物被界定为无主物品,英国主动提出希望将该批文物归还中国。 　闻讯,国家文物局立即重启追索机制,向英方发出追索函,代表中国政府正式提出返还要求。但由于受到疫情影响,无法派出专业人员前往英国,只能委托我驻英国大使馆的同志代为对接相关事宜。 　7 月 29 号,我驻英使馆公使衔参赞于芃带队,赴英方仓库对文物进行现场清点。国家文物局最终认定追索文物共 68 件,英国同意全部归还。 　最后 68 件文物终于能回家了。可又有一个难题摆在了眼前——国际疫情严峻,从英国飞往中国的航班一票难求。此时,是想办法尽快把文物运回来,还是再等等呢?	设问引发兴趣 回答强调是非 这一部分节奏可适当加快。 追索过程一波三折,语气、节奏上要有变化。

正文	提示
【同期声】国家文物局政策法规司副司长、文物返还办公室主任邓超：这个文物已经在国外 20 多年了，原来它们有争议的时候在国外漂着，但是现在它明确是属于祖国的宝贝，然后怎么能还不让它回来？后来就是大家一讨论，虽然难，还是要安排这个咱们的飞机，安排咱们的航班，就是在条件允许下第一时间能把它运回来。	
【配音】9 月 1 号，该批文物获得英格兰艺术理事会签发的文物出境许可。10 月 16 号，经国家文物局授权，我驻英使馆一等秘书于果代表国家文物局与英国大都会警察局苏菲·海耶斯警探，在中国驻英国使馆文化处进行文物移交，并签署文物接收确认书，该批文物的所有权正式移交给了我国政府。10 月 19 号上午，我驻英使馆派专人护送文物至伦敦希思罗国际机场，文物起运回国。 【同期声】中国文物交流中心展览处副处长李天凯：其实我印象最深的就是我们这个时间点，现在疫情中很多物资就是专门保障这个疫情的，像我们这个文物的货运舱位就很难定，后来好不容易抢订上 19 日的航班。	还原现场： 　　注意以"动词"为引导。
【配音】10 月 20 号下午，这 68 件文物搭乘中国国际航空公司 CA938 次航班安全抵达北京首都国际机场。飞机刚落地，李天凯就得到消息，英国疫情防控等级再度上调。这也就意味着，如果当时晚一步，文物很可能就出不了英国了。 【同期声】中国文物交流中心展览处副处长李天凯：非常幸运，我们觉得一方面是，我觉得我们的努力上天也在看着，也被我们的诚意感动了。另外我们做这个工作的时候，也是不敢有一点的松懈，争分夺秒，只要满足了条件，我们就第一时间往回赶，也抢在了这个疫情升级之前将文物运回了国内。	

续表

正文	提示
【口播】飞机落地后，文物从出舱到消杀、通关、运抵库房，仅用了短短三四个小时。当晚，国家文物局还组织相关单位，连夜完成查验入库封存工作。至此，这68件在海外漂泊了20多年的文物终于正式回归祖国。 　　【同期声】国家文物局原社会文物管理处处长李季：当时觉得就是特别惊喜，因为这么多年来，我们一直想着这件事情有个特别完满的结束，也知道我们行百里半九十，可能半了九十九了，但是不想功亏一篑。我想就经过了这么一茬一茬的人，在不同的单位，人员会有变动，但大家的信念没有变，大家实际的工作没有停，只有在这种情况下，才能25年把这个事情给做下来。所以我感觉到也是深深自豪，我们终于做到了这一点。 　　【同期声】国家文物局政策法规司副司长、文物返还办公室主任邓超：计较的不是这个文物本身的珍贵与不珍贵，是不是一级文物，就是一个一般文物，咱们看中的是它的所有权，它是我中国非法流失的文物，有这点就足够了。	前一部分节奏适当加快。 最后一句，节奏放缓。
【口播】今年是联合国教科文组织在1970年制定的《关于禁止和防止非法进出口文化财产和非法转让其所有权的方法的公约》，简称"1970年公约"缔结50周年。 　　国家文物局在官方网站开设了专题网页，将此次追索回国的68件文物的上百张高清、无水印图片以及追索过程进行在线展示，为公众献上文物回归后的"首秀"，也与国际社会一同分享文物追索的"中国故事"。	强调是非： 　　"公约"的叙述带有议论语体特征，语气中透着权威、公正、庄严。 叙述性语言

续表

正文	提示
此外，记者还从国家文物局获悉，过去五年，以政府间追索返还合作方式回家的中国文物艺术品达 1242 件，包括 2016 年加拿大政府归还一对 19 世纪建筑木构件，2017 年埃及政府返还 13 件钱票等文物，2019 年美国政府返还 361 件套流失文物，2019 年意大利政府返还 796 件流失文物，2019 年土耳其政府返还陶俑及浮雕文物，以及本月埃及政府返还 31 枚中国古钱币。	叙述性语言，以列举的方式展示追索成果。
文物承载着传统文化的精髓，追索流失文物，体现了一个国家和民族对自身文化及文化遗产的重视。所以，只要还有一件文物流失在外，文物追索的"中国故事"就会继续讲下去。◎	议论性语言，强调是非

①语篇结构

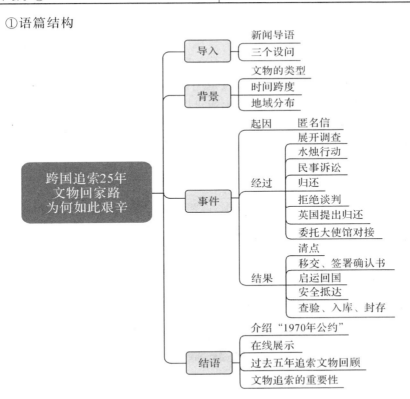

②专用语言

唐三彩七星盘；釉色；红胎；胎釉；铅釉；石雕马；青白瓷；梅瓶；乐舞俑；水烛行动；执法合作；民事诉讼；协商谈判；追诉期；文物接收确认书；《关于禁止和防止非法进出口文化财产和非法转让其所有权的方法的公约》。

③长句解析：转折句群

自此，工作小组开始了漫长的文物追索工作。但因为非法走私行为并非发生在英国，所以无法在英国本土对嫌疑人进行刑事诉讼，只能通过民事诉讼来解决，诉讼期可能会相当漫长。对此，我国政府的态度非常坚决，流失文物必须追索回国，寸步不让。

前一部分讲述追索文物的艰难，最后一句表明我国的态度——"必须追索"。值得注意的是，"对此"一般表示因果，但这里转折意味强烈。

(三)经验通讯

经验通讯也叫工作通讯，它以报道当前工作进展的情况、取得的成绩、创造的经验为内容。从内容上看，经验通讯以典型的事实反映对党政机构方针、政策的贯彻落实情况，反映实际工作中需要解决和尚未解决的各种问题，对一些问题进行探讨和研究。经验通讯具有强烈的政治性、政策性和指导性。

政策性，准确宣传某项工作的方针政策，以有关方针政策为准绳，分析情况，总结经验，提出解决问题的对策。

重要性，指的是当前的中心工作、重要工作，是群众关注的事情，而不是日常性的工作。这就决定了播报时色彩要浓，语气更强烈，不能把经验通讯播得过于平淡和小气。

指导性，最直接反映当前实际工作的情况、成果、经验和问题，播报时要把解决问题后形成的经验一条一条表达清楚，为搞好相关工作提供借鉴、指导和服务。

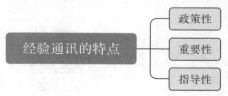

1. 政策高屋建瓴

工作与经验的形成是在一定大局观的指引下进行总结的,作者的采访与写作紧紧围绕国家的重大决策和中心工作。因此,在经验通讯播报中,表达"政策"的语言要有统领的地位,语速偏慢,语调适当扬高,语气浓郁,起到高屋建瓴、统领全局的作用。

2. 矛盾是非分明

经验是在解决了工作中出现的某些问题后形成的,不是简单的成绩汇报。因此,经验通讯播报时,要将这些问题提出来,实事求是地分析症结所在,从表达上形成一定的"矛盾""冲突""对立",为后文中的措施留下伏笔和余地。需要注意的是,"矛盾"和问题是现实情况以及变化中不好的方面,属于背景,属于支流,不可渲染过度、喧宾夺主。

3. 措施遥相呼应

经验通讯的重点部分就是对方法、措施的总结,也是文字数量最多的一部分。它既是对矛盾、问题的解决,更是对政策的贯彻和实施,因此,这一部分要与"政策"部分进行有针对性的呼应。这样,不仅仅回答了受众关心、感兴趣的热点和难点问题,更是对国家政策落实的宣介。值得注意的是,这一部分的语言要尽量突出口语化和生动感,切忌表达成生硬、刻板的工作总结。

4. 成果画龙点睛

对于经验、措施之后的结果,播报时要起到升华、加深印象的作用。这一部分的文字虽然较少,但是语言更加凝练、精辟,特别是修辞手法的运用,让语言充满艺术意蕴。因此在播报时,要利用减速、语气加浓、语流扬起,借鉴情景再现,让最后的"成果"深化主题,让语言的收束变得深刻、有力,令人回味。

领航中国：让黄河成为造福人民的幸福河
（央视网 2022 年 9 月 15 日《朝闻天下》）

扫码听
参考录音 3-7-3

正文	提示
●【口播】黄河是中华民族的母亲河，保护黄河事关中华民族伟大复兴的千秋大计。党的十八大以来，以习近平同志为核心的党中央将黄河流域生态保护和高质量发展上升为国家战略，沿黄九省区牢牢把握"共同抓好大保护，协同推进大治理"的战略导向，推动黄河流域生态保护和高质量发展不断取得新进展。	政策高屋建瓴： 　　这一段是因果句群，第一句是导入语，是前因，语势要平稳，不要起太高。第二句是结果，是"政策""战略导向"，语流扬起，语速减慢，语气加浓。
【配音】金秋时节，九曲黄河蜿蜒穿过中华大地，两岸绿意绵延，林丰、草美。这条孕育了中华民族灿烂文明的母亲河，如今正在成为造福人民的幸福河。	描述性语言要配合画面，语言清新、柔和、生动。
党的十八大以来，习近平总书记走遍沿黄九省区，先后两次主持召开座谈会，聚焦黄河流域生态保护和高质量发展。从提出"治理黄河重在保护，要再治理"，到强调要"坚持正确政绩观，准确把握保护和发展关系，把大保护作为关键任务"，习近平总书记为推动黄河流域生态保护和高质量发展立下规矩，画定红线。	这一段引用了总书记的讲话，语体要转为议论式，语速略慢，吐字有力，语势上扬，即"政策高屋建瓴"。
【同期声】生态环境部综合司副司长张华平：习近平总书记指出，黄河一直体弱多病、水患频繁。和长江不同，黄河流域最大的矛盾是水资源短缺，最大的问题是生态脆弱。要把水资源作为最大的刚性约束，有多少汤泡多少馍，要坚定不移走生态优先、绿色发展的现代化道路，确保黄河安澜。	矛盾是非分明： 　　"体弱多病、水患频繁"是矛盾所在，此处以"同期声"的形式展现。 　　如果是以配音的方式呈现，主播要注意语势下降，语气中肯，直面问题，为后文中的"措施"留下余地。

续表

正文	提示
【配音】黄河安澜是中华儿女的千年期盼,沿黄九省区牢固树立一盘棋意识。在上游青海、四川、甘肃以三江源、祁连山、若尔盖湿地为重点,推进实施一批重大生态保护修复工程。过去5年来,三江源地区向下游输送水量年均增加近100亿立方米。在中游黄土高原,人们创造性地开展淤地坝等水土保持工程,仅陕西省这样的淤地坝就有3.4万座,封堵向下游输送泥沙的通道。山西省持续打响汾河治理攻坚战,控污、增湿、清淤、绿岸、调水五策并举,仅这样的水生植物在汾河就种了200多万株,以吸附水中的污染物。在下游,山东与河南两省签订横向生态保护补偿协议,去年河南流入山东的水质始终保持在二类以上,山东省向河南兑付了1.26亿元补偿金。	措施遥相呼应: 从"上游""中游"到"下游"分别介绍了治理黄河的方法,层次清晰、条例分明。播报时,要注意语势略上扬,语气热烈,与上文的"矛盾"进行呼应。
【同期声】河南省洛阳市孟津区秦妙霞:以前是"守着黄河难见水,住在岸边不见绿"。你看现在,有花有鸟,这环境真是太带劲了。 山西省太原市市民胡文晋:现在植被很茂密,有很多的候鸟,它们都喜欢我们这个城市,你说我们这个城市有多好啊。	
【配音】"在发展中保护,在保护中发展",黄河流域转型发展也迈入新阶段。在青海清洁能源建设跑出加速度,源源不断的绿电远送其他省份。在宁夏形成了完整的风光电储全产业链,仅单晶硅棒产能约占全球五分之一。在山东,高新技术企业数量去年超过2万家,增长了七倍,产业升级持续发力。 　10年来,黄河流域水质明显改善,黄河流域水土流失面积、强度双下降,流域用水增长过快局面得到有效控制。水资源节约集约利用成效明显,2020年黄河流域万元工业增加值用水量,亩均灌溉用水量分别较2019年下降9.3%和8.8%。 　生态优先、绿色发展的理念,让黄河治理的难题正在一步步得到解答,母亲河重新焕发生机活力。◎	这一段仍为"措施",表达方式与上一部分保持一致。 成果画龙点睛: 这一部分为"成果",内容喜人,语势上扬,语气热烈。 最后一段为尾声,感情浓烈,句尾上扬、减速形成收束感。

①语篇结构

这一篇通讯结构清晰，分为四部分：政策、矛盾（以同期声展现）、措施、成果。

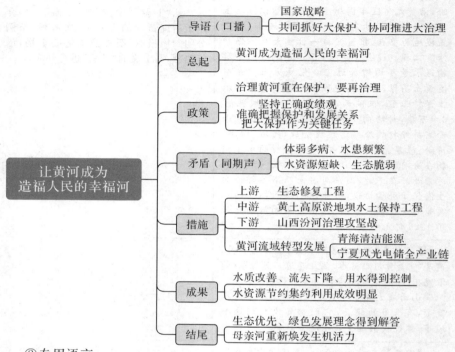

②专用语言

三江源；若尔盖湿地；生态保护修复工程；淤地坝；水土保持工程；控污、增湿、清淤、绿岸、调水；横向生态保护补偿协议；风光电储全产业链；单晶硅棒。

③长句解析：总分句群

黄河安澜是中华儿女的千年期盼，沿黄九省区牢固树立一盘棋意识。在上游，青海、四川、甘肃以三江源、祁连山、若尔盖湿地为重点，推进实施一批重大生态保护修复工程。过去5年来，三江源地区向下游输送水量年均增加近100亿立方米。在中游黄土高原，人们创造性地开展淤地坝等水土保持工程，仅陕西省这样的淤地坝就有3.4万座，封堵向下游输送泥沙的通道。山西省持续打响汾河治理攻坚战，控污、增湿、清淤、绿岸、调水五策并举，仅这样的水生植物在汾河就种了200多万株，以吸附水中的污染物。在下游，山东与河南两省签订横向生态保护补偿协议，去年河南流入山东的水质始终保持在二类以上,山东省向河南兑付了 1.26 亿元补偿金。

以"一盘棋"为总领,分别介绍"上游""中游""下游"的经验。

(四)风貌通讯

风貌通讯是报道某一地区、某一单位、某一建设工程新成就、新面貌、新风尚的通讯,也称概貌通讯。风貌通讯题材比较广泛,表现手法也相对自由,写事、写人、写景、写物上更具综合性。

根据写作规律和写作特点,风貌通讯可分为以下几种。

工作型风貌通讯,着重反映工作的新成就和新面貌,附带一定的经验介绍,如《在希望的田野上·三夏　浙江金华:蜜桃压满枝　漫山飘果香》。

典型型风貌通讯,反映先进典型创出新业绩、显出新风貌的通讯,如《浙江安吉:小而美　绿水青山中的越文化》。

工程建筑型风貌通讯,介绍重大工程开工、施工、竣工的通讯,如《守望天宫　慈母倾情为神箭》。

名胜古迹型风貌通讯,展现名山大川的优美风光和古代遗迹的悠久历史,反映人与自然和谐相处、劳动人民伟大智慧的通讯,如《江河奔腾看中国·古老运河　时代新貌》。

风土民俗型风貌通讯,报道一个地方特有的自然环境、风俗活动、传统文化、礼仪礼节、生活习惯的通讯,如《瞰春·婺源篁岭村:晒出年味和幸福》。

山水风光型风貌通讯,以记写水光山色、旅游胜地自然风貌为主要内容的通讯,如《生态向好　鸟鸣悠悠奏响湿地"交响曲"》。

真闻奇事型风貌通讯,以惊奇动听的趣闻为报道对象,能满足受众好奇心的通讯,如《西藏　探秘世界第一大峡谷的植物天堂》。

游记型风貌通讯,表达旅游者根据途中所见所闻所感的通讯,如《赴朝旅游见闻·外七宝:奇山秀水　自然天成》。

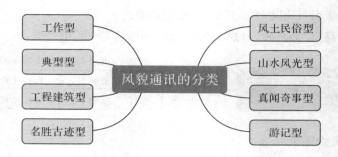

风貌通讯的播报：

1．突出特点

紧扣"风貌"二字，抓住主题，突出这一事物与其他事物的不同之处，将特殊的部分展现出来。例如：《齐齐哈尔：唯美湿地 鹤之故乡》的播放，要突出扎龙自然保护区良好的自然生态环境。

扎龙自然保护区的核心区内，曾有 13 个村屯、5400 多名居民居住，对这里的保护计划，开始于 2002 年，严格管护、长效生态补水、核心区居民搬迁，现在核心区保持了较好的生态完整性和湿地景观原始性。

2．彰显新貌

风貌通讯归根结底属于新闻报道的范畴，"时新性"是必然追求。要将现实的新材料置于主体地位，更多地反映新思维、新举措、新成绩、新变化，而历史事实、历史人物、历史场面只能作为背景，否则就不是风貌通讯而是历史故事了。例如：《山西长治：壮哉绝壁峡谷 美哉秋景太行》中介绍了平顺县"乡村生态旅游"的新举措。

在 800 里太行最深处，山西平顺县附近，崇山峻岭之巅，地势高险之处，盘旋着 45 公里长的"太行天路"，它就像一根银色链条，维系着当地村庄和外界的联系。而近几年，这里的乡村生态旅游渐渐兴旺，"太行天路"变成全国骑行爱好者的经典线路。

3. 深挖本质

主播要深度挖掘主题,体现出时代精神。播报时不能仅仅停留在风景描绘、风土描写阶段,要通过现象揭示事物的本质特征,对现实工作起到某种指导作用,对受众进行引导。例如:《山西长治:壮哉绝壁峡谷　美哉秋景太行》以"秋色"为起点,着重展示"全面脱贫"给乡村带来的新变化。

这个坐落在绝壁之上的村庄,是平顺县岳家寨村,也是太行深处的一个网红打卡地,贫困户们依靠办农家乐陆续脱了贫。现在,"太行天路"沿线每天的客流量有 8000 多人,每年旅游收入达到 5000 多万元。

4. 融情入景

既然是反映风貌的,就必然要通过较多的景物体现主题思想。这就要求主播做到"借景抒情",在景物的描写中倾注真挚情感,做到缘物寄情、情景交融。例如:《四川亚丁:红杉拥雪峰　高原深秋醉》。

巍峨雄壮的央迈勇雪峰,海拔 5958 米,山顶积雪终年不化。这几天,雪山脚下,峡谷两侧,已经是层林尽染,不落叶的云杉和冷杉是厚重的深绿色;红杉、山杨与落叶松,则披上了金黄色的外衣;厚实的高山草甸,在秋风中悄然变得温暖;清澈碧绿的溪流,犹如温柔的丝带、蜿蜒其中。这里是一处静谧、绝美的世外桃源。

扫码听
参考录音 3-7-4

"醉"美秋色

(央视网 2019 年 11 月 3 日《朝闻天下》)

正文	提示
●【口播】霜降节气一过,各地的经霜红叶就开启了一年中色彩最浓烈的时刻,祖国大地,处处都有绝美的景致。我们的记者也是走访了全国多地的山、水、林、谷、湿地、平原,为您呈现如画的江山。 先到祖国最北端的黑龙江。现在,位于齐齐哈尔的扎龙湿地,芦苇已经全部变成了金黄色,野生丹顶鹤和大部分候鸟也已经飞往南方越冬,但人工繁育的丹顶鹤,每天都要接受野化放飞训练。无边芦苇荡,鹤唳声声清。	口播部分是《"醉"美秋色》的总起,统揽全局。第一句"霜降"是引入,不必起太高,为后文重点"如画的江山"留余地。 小标题 1:《唯美湿地　鹤之故乡》 转折句群,重点在"人工繁育的丹顶鹤"。最后一句以格律诗的形式收尾,要注意语节的划分,第二个字之后顿挫,形成韵律感:无边/芦苇荡,鹤唳/声声清。

续表

正文	提示
【配音】总面积 21 万公顷，湖泽密布，苇草丛生，扎龙国家级自然保护区，是鸟类栖息繁衍的乐园。	突出特点： 鸟类栖息繁衍的乐园。
至今这里已经累计人工繁育丹顶鹤近 1000 只，野化丹顶鹤 300 只左右。	解证句群，以 1000、300 两个数字证明了鸟类栖息繁衍的乐园。
现在，保护区已经探索出了人工繁育和野化训练丹顶鹤的有效途径和方法。从小鹤们 6 个月到 8 个月大开始，每天上午和下午，它们都要接受野化训练，到了 3 岁，就可以回归自然，寻觅伴侣成家，然后每年两次长途迁徙。	解证句群，以丹顶鹤的成长为线索，证明"探索出繁育、野化丹顶鹤的方法"。
扎龙自然保护区的核心区内，曾有 13 个村屯、5400 多名居民居住。对这里的保护计划，开始于 2002 年，严格管护、长效生态补水、核心区居民搬迁，现在核心区保持了较好的生态完整性和湿地景观原始性。目前，全世界有 2400 多只野生丹顶鹤，其中 300 只左右会选择来到在这里繁衍生息。	彰显新貌： "曾有……"与"2002 年……"进行对比，彰显"保持生态完整性"的新貌。
【口播】深秋时节美景如画，接下来呢，我们到位于山西长治境内的太行山脉去走一走那儿的太行天路。	小标题 2：《壮哉绝壁峡谷　美哉秋景太行》
【配音】太行山脉的雄奇、浑厚，令人心胸为之开阔。深秋时节，这里的高山、绝壁、悬崖、峡谷，处处都是绝美的风景。	突出特点： 雄奇、浑厚、高山、绝壁、悬崖、峡谷。
在 800 里太行最深处，山西平顺县附近，崇山峻岭之巅，地势高险之处，盘旋着 45 公里长的"太行天路"，它就像一根银色链条，维系着当地村庄和外界的联系。而近几年，这里的乡村生态旅游渐渐兴旺，"太行天路"变成全国骑行爱好者的经典线路。	彰显新貌： 前一部分语势可略低，从"而近几年"开始语势升高，突出"生态旅游"。

续表

正文	提示
这个坐落在绝壁之上的村庄,是平顺县岳家寨村,也是太行深处的一个网红打卡地,贫困户们依靠办农家乐陆续脱了贫。现在,"太行天路"沿线每天的客流量有 8000多人,每年旅游收入达到 5000 多万元。	深挖本质: 以"网红打卡地""农家乐"等重点词句,挖掘美丽乡村背后的"脱贫"政策。
【口播】下面我们去雪山脚下的稻城。在四川甘孜稻城的亚丁村,深秋时节的金色与终年不化的白雪,在碧蓝的天空下相会,呈现出一幅绝美的画面。	小标题 3:《红杉拥雪峰 高原深秋醉》
【配音】巍峨雄壮的央迈勇雪峰海拔5958米,山顶积雪终年不化。这几天,雪山脚下,峡谷两侧,已经是层林尽染,不落叶的云杉和冷杉是厚重的深绿色;红杉、山杨与落叶松,则披上了金黄色的外衣;厚实的高山草甸,在秋风中悄然变得温暖;清澈碧绿的溪流,犹如温柔的丝带,蜿蜒其中。这里是一处静谧、绝美的世外桃源。这样的深秋美景在亚丁,从 10 月初到 11 月份,会持续40 天左右。 藏语里,"亚丁"是向阳之地的意思,全年有效日照时间约 1750 个小时。这里平均海拔 3200 米,近期的气温在 3 度到 15 度之间,游客们都已经穿上了厚厚的羽绒服。	融情入景: 景物描绘的同时要注意描写的线索:山顶—雪山脚下。 最后两句是总结,注意利用停顿划分出层次。
【口播】接下来我们要去的是安徽黟县美丽的村落塔川,皖南的山村总有着山水画卷般的诗意。	小标题 4:《皖南秋意浓 塔川叶渐红》

续表

正文	提示
【配音】清晨的塔川,薄薄雾气弥漫山间,错落民居若隐若现,漫山遍野的渐红幻彩,不时探出飞檐翘角。 塔川秋色,以乌桕树为主,气温降至15度时,叶片由绿转黄,低于12度时逐渐转红。眼下变叶率虽不足一半,但已经开始显现油画般的秋景。 塔川村坐落在黄山脚下,七八年前,这里还是少人问津的小山村,是摄影师用镜头发现了它的秋色之美,引来游人驻足。现在常住居民只有1100多人的小村落,已经发展起了70多家民宿和农家乐。 从塔川出发,5公里范围内,既有奇墅湖的湖光山色,也串起了宏村、芦村、木坑竹海等多个景点,是皖南赏秋的最佳路线。随着气温降低,沿线秋叶将愈加红艳,预计11月中下旬,塔川和皖南秋色将迎来最佳观赏期。◎	融情入景: 主谓呼应:薄薄雾气——弥漫山间;错落民居——若隐若现。 突出特点: "乌桕"的颜色。 彰显新貌: "少人问津"与"民宿、农家乐"形成对比。 "11月中下旬"有预告的性质,语势扬起。

①语篇结构

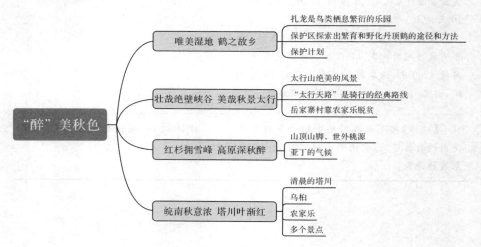

②专用语言

扎龙湿地；人工繁育；扎龙国家级自然保护区；野化训练；长效生态补水；农家乐；"太行天路"；甘孜稻城；央迈勇雪峰；黟县；木坑竹海。

③长句解析：并列句群＋总分句群

巍峨雄壮的央迈勇雪峰，海拔 5958 米，山顶积雪终年不化。这几天，雪山脚下，峡谷两侧，已经是层林尽染，不落叶的云杉和冷杉是厚重的深绿色；红杉、山杨与落叶松，则披上了金黄色的外衣；厚实的高山草甸，在秋风中悄然变得温暖；清澈碧绿的溪流，犹如温柔的丝带，蜿蜒其中。

雪峰与雪山脚下形成并列句群。雪山脚下又包括云杉、冷杉，红杉、山杨、落叶松、草甸、溪流。

练习

扫码听
参考录音 3-7-5

【为了民族复兴·英雄烈士谱】
方志敏："为了可爱的中国，奋斗！"
（央视网 2018 年 4 月 5 日《新闻联播》播音：康辉）

●【口播】方志敏是一位充满理想的无产阶级革命家，为革命献身时年仅 36 岁。在狱中，他用炽热的情感写下《可爱的中国》，号召国人为了可爱的中国，要"持久的艰苦的奋斗，把个人所有的智慧才能，都提供于民族的拯救"。他在中华民族积贫积弱的时刻，仍然坚信：中国一定有个可赞美的光明前途！

【配音】"朋友！中国是生育我们的母亲。你们觉得这位母亲可爱吗？我想你们是和我一样的见解，都觉得这位母亲是蛮可爱蛮可爱的。朋友们、兄弟们，救救母亲啊！母亲快要死去了。"

这是方志敏 1935 年在狱中写下的《可爱的中国》，他把中国比喻成母亲，号召大家"持久的、艰苦的奋斗",从帝国主义恶魔生吞活剥下救出我们垂死的母亲来。

【同期声】方志敏的女儿方梅:外国人不把中国人当人,他不想母亲一丝一丝被人家割了。人家割你的母亲,你这个儿子到哪里去了呢?我要呐喊啊。

这位为革命甘洒热血的共产党员,曾创办闽浙赣根据地,成为全国六大苏区之一。1934 年 11 月,方志敏奉命率领红十军团北上抗日,途中遭国民党军重兵围追堵截,终因寡不敌众不幸被俘。狱中,方志敏用敌人让他写供状的纸笔,写下《可爱的中国》。虽然随时可能面临极刑,但他心心念念的还是祖国的安危。

【同期声】方志敏的女儿方梅:你爱母亲吗?你怎么去爱母亲?你怎么去救母亲?写这些条子。那些看守兵不敢看,赶快收到袋子里到厕所里看。父亲的精神感动了他,他们也要爱国,也要救国。

【配音】无论被游街示众,还是被许以高官厚禄,甚至敌人又抓来他的妻子缪敏当作要挟,方志敏始终忠贞不屈,拒绝投降。1935 年 8 月,方志敏被敌人秘密杀害。《可爱的中国》成为他在受难前用文字为当时垂危的中国发出的最后呼喊。

"不错,目前的中国固然是江山破碎、国弊民穷,但谁能断言中国没有一个光明的前途呢?不,绝不会的,我们相信,中国一定有个可赞美的光明前途。"

在《可爱的中国》中,方志敏想象未来的中国,到处都是活跃跃的创造,到处都是日新月异的进步,欢歌将代替了悲叹,笑脸将代替了哭脸,明媚的花园将代替了凄凉的荒地。

在方志敏曾经创办的革命根据地横峰县,而今全面小康的号角已经吹响。

2200 多名党员干部组成 68 个驻村帮扶工作队,深入大山腹地,帮助村民增收。村级光伏电站、万亩葛根、油茶等现代农业,让方志敏曾期待的"欢歌"与"笑脸"遍布田园。

【同期声】横峰县港边乡港边村村民徐承海:我家有五口人吃饭,有四份固定的收入,再加上莲田入股收入、做工收入,有 25000 多元,再加上家里养了 5 桶蜂,有 8000 多块钱收入。现在的日子是越过越甜。

【配音】而今,方志敏期盼的"可爱的中国"充满生机。2016 年,习近平总书记曾来到江西视察。他指出,江西生态秀美,要"做好治山理水、显山露水的文章"。从 2017 年起,江西省将先后投入 120 个亿,打造出 8 万个美丽宜居乡村。

【同期声】南昌湾里区太平镇湾头村党支部书记熊龙根:预计我们村里的

旅游收入有 2300 万,现在大家奔小康的劲头越来越足了。

方志敏的女儿方梅:村村通公路,家家住好房,自来水通到家,人们的精神面貌都是活跃跃的创造,这就是可爱的中国。现在的中国就像父亲讲的那样,比父亲想的还要好,更加可爱了。就像习主席说的,幸福都是奋斗出来的。每个人要把自己的工作做好,听党的话,走中国的道路,一定成为世界最美好的一个国家。

【配音】当年,方志敏在根据地创办了很多义务小学和贫民学校,就是希望以后百姓有知识、有出路。而今,当地适龄儿童全部接受义务教育,"继承志敏精神传承红色基因"的特色教育,正滋养着每一个孩子的心。

【同期声】少年儿童朗诵:到那时,到处都是活跃跃的创造,到处都是日新月异的进步! 这时,我们民族就可以无愧色地立在人类的面前,而生育我们的母亲,也会最美丽地装饰起来,与世界上各位母亲平等地携手了。◎

生态向好　鸟鸣悠悠
奏响湿地"交响曲"
(央视网 2022 年 11 月 7 日《共同关注》)

扫码听
参考录音 3-7-6

●【口播】如今正是候鸟越冬之时,在各地的大小湿地、江河湖泊,都可以看到候鸟成群结队的身影,悠悠鸟鸣,也奏响了一部湿地交响曲。

湖北武汉有着"百湖之市"的美誉,而说起武汉的湿地,就不得不提武汉的沉湖湿地,这里栖息着 277 种鸟类,其中有 18 种分布数量超过了全球种群的 1%。沉湖湿地有四宝,野莲、野菱、野大豆、粗梗水蕨。丰富的生物多样性、充足的食物,是吸引鸟类来此栖息的重要原因之一。在驻足武汉的众多候鸟当中,青头潜鸭的名气不小,它是国家一级野生保护动物,全球极危物种,有"鸟中大熊猫"之称。近期又有成群结队的青头潜鸭飞抵武汉。

【配音】2014 年 6 月初,武汉发现青头潜鸭的消息引发了国际关注,世界水禽与湿地基金会物种保护项目认定,武汉是青头潜鸭在全球已知最南的繁殖地。武汉市随后开展《青头潜鸭繁殖生境研究与救护项目》,更多爱心人士和社会组织纷纷参与到青头潜鸭的保窝护蛋行动中,青头潜鸭在武汉逐渐开枝散叶。

据统计,目前在武汉的青头潜鸭分布在 11 处地方,共有 401 只。

【口播】说完了湖北武汉,我们再来看看我国五大淡水湖之一的巢湖。连日来,在安徽巢湖环湖湿地同样迎来了上万只候鸟飞临湖面戏水栖息。红嘴鸥、黑尾塍鹬、青脚鹬、白天鹅、苍鹭、赤麻鸭等各类候鸟,在水面上戏水觅食,时而划水、时而飞翔,和波光粼粼的湖面相映成趣,也给初冬时节的巢湖增添了几分生机。巢湖是我国五大淡水湖之一,近年来当地实施生态修复政策,通过环湖湿地建设,生态环境日益向好,吸引了越来越多的鸟类在这里栖息、停留、补给。目前巢湖湖区周边观测到的鸟类种类已经超过了300种。

看完了湖泊再将镜头转向江苏盐城,这里拥有保存完好的沿海滩涂湿地。黄海湿地是我国首个滨海湿地类型的世界自然遗产,每年约有300万只候鸟在这里停歇繁殖,这几天一群远道而来的小天鹅陆续飞抵越冬。晴空艳阳下,小天鹅在波光粼粼的水面上,或低头觅食、梳理羽翼,或张开羽毛、振翅飞翔,同时首批飞赴湿地的野生丹顶鹤也超过了20只。同样是在江苏盐城,作为太平洋西岸面积最大、生态保护最好的海岸型湿地,条子泥湿地也吸引了大批候鸟。2019年以来,这里观测记录到的国家一级重点保护野生动物卷羽鹈鹕,其数量已经连续三年增长。

【配音】卷羽鹈鹕在蒙古国西部繁殖,秋季沿海岸线迁徙至我国东南沿海越冬,途经条子泥湿地,一般逗留1个月左右。卷羽鹈鹕个头大、食量大、活动空间需求也大,对环境的安全性要求很高。觅食时张开大嘴,以囊袋捞入大量水,滤去水后吞食其中的鱼。包括卷羽鹈鹕在内,截至目前,30多万只候鸟已抵达条子泥湿地。

【口播】我们再来看看高海拔地区。大山包湿地是位于云南昭通的国际重要湿地。近日,那里迎来了一批重要客人,首批抵达的国家一级保护动物黑颈鹤,目前数量已经超过700多只。

【配音】从10月底开始,越冬黑颈鹤就陆续飞抵大山包湿地,与去年相比,今年的先头部队提前了近一周抵达。截至今天上午,已监测到743只黑颈鹤。

云南大山包黑颈鹤国家级自然保护区,平均海拔3200米,是黑颈鹤的重要越冬栖息地和迁徙中转站。近年来,当地不断退耕还湿、还草,加强食物源基地建设,黑颈鹤栖息环境得到持续改善。

【口播】从1992年中国加入《湿地公约》,到今年刚好30年。30年里中国在湿地保护上交出的成绩单,世界有目共睹:5635公顷湿地遍布江河湖海,覆盖高原山川,中国湿地类型自然保护地总数达到2200多个。同时还规划将1100万公顷湿地纳入国家公园体系,实行最严格的保护管理。到2025年,中国湿地保有量总体稳定,湿地保护率将达到55%,将新增国际重要湿地20处,国家重要湿地50处,营造和修复红树林1.88万公顷。◎

【壮丽 70 年　奋斗新时代】　上海
（央视网 2019 年 9 月 12 日《中国新闻》）

扫码听
参考录音 3-7-7

●【口播】说起上海金融发展,很多人都会想到陆家嘴。陆家嘴金融贸易区不仅聚集着数千家金融机构,还拥有上海证券交易所、上海期货交易所等多家国家级交易市场,已经成为中国金融市场体系最齐全地区之一,见证着中国金融业不断扩大开放的历程。

【配音】黄浦江东岸上海陆家嘴金融贸易区,每天密集的车流、人流,编织着金融心脏的快节奏,隔江相望的外滩,早在上个世纪 30 年代就是远东著名的金融中心。

【同期声】复旦大学中国金融史研究中心主任吴景平:新中国成立前,以外滩为代表的金融街的开放,我认为它是被动的、单向的。因为我们知道,上海开埠本身这件事情是被动的,条约签订了,不得不开。随着社会的发展、新中国的成立,到了 80 年代,全面的改革开放进入到金融领域,今天的陆家嘴为代表的金融开放,更能够集中体现中国的金融改革已经是一个主动的开放,开放是双向的、多方面的。

【配音】1990 年,中国宣布开发开放浦东,位于浦东的中国第一个金融贸易区陆家嘴金融贸易区应运而生。伴随着浦东开发,中国加快对外资银行开放的步伐。1995 年,中国人民银行上海分行迁址陆家嘴。随后,日本富士银行、东京三菱银行、渣打、汇丰、花旗等外资机构接踵而来,集聚效应使陆家嘴金融城加速崛起。

【同期声】从世界其他国家的著名的国际金融中心而言,比如说伦敦有金融街,纽约有华尔街,它都是客观上要求金融行业和金融市场客户量、客户流都会在一个比较集中的空间,更有效地能够完成。

【配音】如今,陆家嘴聚集着 6000 家金融机构,已是中国密度最大的外资金融聚集地之一,外资金融机构成为中国新一轮对外开放的受益者和见证者。全球资产管理规模排名前 10 的资管机构,已有 9 家落户陆家嘴,富达国际就是其中之一。

【同期声】富达国际中国区董事、总经理李少杰:上海不仅仅是一个服务中心,它也是一个有机会能够服务全球的人才中心。从 2017 年我们拿到私募基金资格的时候,我们整个中国业务重心就转到上海。

【配音】富达国际是全球领先的资产管理公司,2004 年在上海设立了其在中国市场的第一个代表处,此后一直等待着成立外商独资企业的机会。随着金融政策开放,2017 年富达国际拿到了中国首张外商独资私募牌照。就在今年,中国决定允许外商设立独资公募基金的时间由 2021 年提前至 2020 年。

【同期声】富达国际中国区董事、总经理李少杰:我们现在非常积极地去筹备公募基金的这个牌照,希望在不久的将来能够申请到牌照,当然我们也非常有信心。

【配音】亚太地区是国际原油的重要消费地,然而全世界原油定价中心长期以来在美国和欧洲,难以准确反映亚洲地区的原油供需。2018 年 3 月,中国第一个国际化的期货品种——原油期货从陆家嘴起航。原油期货引入全球投资者参与交易,目前境外客户同比增长 175%,成交量稳居全球第三。

【同期声】上海证券交易所理事长姜岩:中国的原油期货价格作为定价的基准的接受程度在不断上升,这也反映了中国和亚太地区石油市场的供需关系的价格体系正在初步形成。国际石油市场中,中国的声音逐步得到了体现。

【配音】不久前,国内第四个对外开放期货品种 20 号胶期货上市,姜岩表示未来将推进更多期货品种国际化。

【同期声】上海证券交易所理事长姜岩:我们现有的有色金属这些品种都具备了对外开放的条件,特别是铜。下一步要推出一个保税合约,直接面对国际的这个投资者,加快期货市场国际化的步伐,探索 QFII、RQFII 多种期货市场对外开放的路径。

【配音】2019 年,上海证券交易所科创板正式开始并试点注册制。这座 1997 年迁入陆家嘴的中国大陆第一家证券交易所,如今成为中国资本市场进一步与国际惯例接轨的试验田。

【同期声】上海证券交易所理事长黄红元:比如大家熟悉的纳斯达克,虽然纳斯达克 1971 年开始建设,就是顺应了当时美国科创企业蓬勃兴起,由于有了这个畅顺的上市退出机制,所以大量的风险资本敢于做早期投入,从这个意义上讲呢,发展科创板也是为我们中国科创企业的发展建立了一套有效的资本与科技对接的机制。

【配音】根据最新全球金融中心指数,上海排名跃居第五。随着中国更大力度推进金融对外开放,上海金融中心的国际影响力将不断提升。◎

【领航中国】科技自立自强　筑国家强盛之基

（央视网 2022 年 9 月 8 日《新闻联播》）

扫码听
参考录音 3-7-8

●【口播】科技自立自强是国家强盛之基。习近平总书记指出，要瞄准世界科技前沿，抓住大趋势，下好"先手棋"，实现前瞻性基础研究、引领性原创成果重大突破，夯实世界科技强国建设的根基。党的十八大以来，我国科技投入大幅提高，人才队伍不断壮大，科技产出量质齐升，成功列入创新型国家行列，正向世界科技强国阔步前行。

【配音】在中科院合肥物质科学研究院强磁场科学中心，研究人员张欣正在测试强磁场对于生物体健康影响的规律。从哈佛博士毕业回国的她，10 年间见证了科学岛稳态强磁场从无到有、从刚刚起步到不断刷新世界纪录的过程。

习近平总书记指出，基础研究是科技创新的源头，加强基础研究是科技自立自强的必然要求。从党的十八大提出创新驱动发展战略到十九大提出创新是引领发展的第一动力，从十九届五中全会提出加快建设科技强国到两院院士大会进一步强调要实现高水平科技自立自强，以习近平同志为核心的党中央把科技创新摆在国家发展全局的核心位置，提出了一系列奠基之举、长远之策。

基础研究的突破离不开大科学装置的支撑。10 年间，我国大科学装置从寥寥可数增加到 50 余个，逐步夯实了我国原始创新的根基。遥望星空，"中国天眼"FAST 已经发现了 660 余颗新脉冲星；探秘微观，我国第一台高能同步辐射光源正在建设，将照亮科学家探秘微观世界之路；捕获未知，在 700 米深的地下，江门中微子实验核心探测设备正在安装，将进一步揭开宇宙起源的未解之谜。

科技成果的大量涌现离不开系统性的支撑。10 年间，我国科技领域形成了从指导思想到战略部署再到重大行动的完整体系，基础研究和战略高技术领域一批世界级科技成果加速涌现，慧眼号直接测量到迄今宇宙最强磁场；量子计算原型机"祖冲之号"成功问世；神威太湖之光超级计算机首次实现千万核心并行第一性原理计算模拟。

基础前沿领域的研究探索成为推进产业快速升级的"利器"。10 年间，高速铁路、第四代核电等都进入世界先进行列，5G 研发和应用场景深度拓展，在大算力和超级计算支撑下，数字经济蓬勃发展。

　　这是科技投入力度空前的 10 年。全社会研发投入从 2012 年的 1.03 万亿元增长到 2021 年的 2.79 万亿元,基础研究经费增至 10 年前的 3.4 倍。

　　这是我国构建起成体系的战略科技力量的 10 年。中国特色的国家实验室体系加快构建,高水平研究型大学、国家科研院所的科研能力持续提升,原始创新策源地功能不断增强。

　　这是我国科技人才队伍不断壮大的 10 年。我国研发人员总量稳居世界第一位,人员数量增长近 1 倍。

　　这是我国科技进步最大、科技实力提升最快的 10 年。据世界知识产权组织发布的全球创新指数排名,我国从 2012 年的第 34 位上升到 2021 年的第 12 位,是世界各国中唯一持续快速上升的国家。

　　10 年来,在以习近平同志为核心的党中央坚强领导下,我国科技事业发生了历史性、整体性、格局性重大变化,中国科技创新的巨轮正在向着实现高水平科技自立自强、建设世界科技强国的目标全速前进。◎

扫码听
参考录音 3-7-9

【领航中国】
开创中国特色积极应对人口老龄化道路
（央视网 2022 年 10 月 4 日《新闻联播》）

　　●【口播】党的十八大以来,以习近平同志为核心的党中央立足中华民族伟大复兴战略全局,将积极应对人口老龄化上升为国家战略。10 年来,国家不断加速建设老年人社会保障、养老服务、健康支撑等体系,稳稳托起亿万老年人的幸福生活。

　　【配音】国庆假期,辽宁省沈阳市牡丹社区的老人们自发组织了一场才艺表演,老人们用歌声、舞蹈表达幸福的喜悦和对伟大祖国的深深祝福。10 年来,这个老旧小区新建了老年食堂、智慧养老平台等养老设施,老人们不出社区就可以享受到助餐、助浴、在线健康监测等养老服务。今年 8 月,习近平总书记在牡丹社区考察时强调,我国已进入老龄化社会,老人们越来越长寿了。要抓好老龄事业、老龄产业,有条件的地方要加强养老服务设施建设,积极开展养老服务。

　　目前,我国 60 岁以上人口有 2.67 亿,"让所有老年人都能有一个幸福美满的晚年"是习近平总书记心之所系、情之所牵。党的十八大以来,总书记多次走访养老院和社区看望慰问老年人,提出"要积极看待老龄社会,积极看待老年人和老年生活",要"努力挖掘人口老龄化给国家发展带来的活力和机遇,努力满足老年人日益增长的物质文化需求,推动老龄事业全面协调可持续发展"。以习近平同志为核心的党中央精心谋划、统筹推进,将积极应对人口老龄化上升为国家战略,出台优化生育政策,加快积累人力资本对冲老龄化趋势,修订《中华人民共和国老年人权益保障法》,出台《国家积极应对人口老龄化中长期规划》《关于加强新时代老龄工作的意见》等重要文件,新时代老龄工作政策体系不断完善。

这 10 年,养老服务体系日趋健全。明确建立国家和省级基本养老服务清单制度、高龄津贴制度和经济困难老年人服务补贴制度,失能老年人护理补贴制度实现省级全覆盖,惠及近 3700 万老年人。中央财政累计投入 359 亿元支持养老服务设施建设,养老床位数达到 812 万多张,比 2012 年翻了一番,养老机构数量翻了三番,社区养老服务基本覆盖了城市社区和半数以上农村社区。

这 10 年,老年人社会保障体系不断完善,从统一城乡居民养老保险制度到出台个人养老金制度,基本养老保险参保人数从 2012 年的 7.9 亿人增加到10.4 亿人,退休人员的养老金水平不断提高;老年健康与医养结合服务纳入基本公共卫生服务项目,全民医保基本实现,基本医疗保险覆盖 13.6 亿人。

这 10 年,老年人社会参与持续扩大,开展城镇老旧小区和特殊困难老年人家庭适老化改造,帮助老年人跨越"数字鸿沟",各级公共文化设施全部向老年人免费开放,旅游景点门票对老年人减免优惠,老年大学等基层老年教育学习点超过 4 万个。

莫道桑榆晚,为霞尚满天。在以习近平同志为核心的党中央坚强领导下,中国正在努力走出一条中国特色应对人口老龄化的道路,全社会尊老、敬老、爱老蔚然成风,亿万老年人共享改革发展成果、安享幸福晚年。◎

【逐梦新程】
创造山乡巨变的人间奇迹
(央视网 2022 年 11 月 29 日《新闻联播》)

扫码听
参考录音 3-7-10

●【口播】习近平总书记强调,新时代,农村是充满希望的田野,是干事创业的广阔舞台。10 年来,以习近平同志为核心的党中央坚持把解决好"三农"问题作为全党工作的重中之重,打赢脱贫攻坚战,实施乡村振兴战略,推动农业农村取得历史性成就、发生历史性变革,为党和国家事业全面开创新局面提供了重要支撑。

【配音】彝族新年之际,凉山州阿布洛哈村小伙儿且沙史干开着新买的小汽车,带着父母去乡里赶集,置办年货。

阿布洛哈村三面环山、一面临崖,是全国最后一个不通公路的建制村,很多村民一辈子都没有走出过大山。2019年,大型直升机把机械设备吊运进大凉山,在悬崖绝壁上打通了阿布洛哈村的幸福路。

2021年,随着成昆铁路复线、沿江高速、乐西高速等一批铁路和高速公路的持续推进,凉山腹地与外面的世界进一步快速连通。

与凉山一样,全国近一亿脱贫人口都在这场人类历史上规模最大、力度最强、惠及人口最多的脱贫攻坚战中,踏上了通往美好生活的幸福之路。

党的十八大以来,以习近平同志为核心的党中央把脱贫攻坚摆在治国理政突出位置,组织开展了声势浩大的脱贫攻坚人民战争。习近平总书记亲自挂帅、亲自部署、亲自督战,足迹踏遍了14个集中连片特困地区,脚下沾满泥土,心中满怀真情。

以习近平同志为核心的党中央创造性地提出精准扶贫精准脱贫基本方略;25.5万个驻村工作队、300多万名第一书记和驻村干部尽锐出战,奋战在脱贫攻坚第一线;中央、省、市、县财政专项扶贫资金累计投入近1.6万亿元。

无论是雪域高原、戈壁沙漠,还是悬崖绝壁、大石山区,脱贫攻坚的阳光照耀到了每一个角落。

2000多万贫困患者得到分类救治,挺起了生活的脊梁;790万户、2568万贫困群众的危房得到改造;960多万人"挪出穷窝",搬入了新家园;千百万贫困家庭的孩子享受到更公平的教育机会;新改建农村公路110万公里,新增铁路里程3.5万公里,大电网覆盖范围内贫困村通动力电比例达到100%,贫困村通光纤和4G比例均超过98%。

在以习近平同志为核心的党中央坚强领导下,在全党全国各族人民的共同努力下,2021年脱贫攻坚战取得了全面胜利。全国832个贫困县全部摘帽,近1亿农村贫困人口实现脱贫,960多万贫困人口实现易地搬迁,历史性地解决了绝对贫困问题,为全球减贫事业作出了重大贡献。

无数人的命运因此而改变,无数人的梦想因此而实现,无数人的幸福因此而成就!

民族要复兴,乡村必振兴。

打赢脱贫攻坚战、全面建成小康社会后,我国"三农"工作重心历史性转向全面推进乡村振兴。

2021年春节前夕,习近平总书记来到贵州毕节市新仁苗族乡化屋村,他殷切嘱托当地干部群众"要接续推进乡村振兴,加快推进农业农村现代化,希望乡亲们继续努力奋斗,把乡村产业发展得更好,把乡村建设得更美"。

全面推进乡村振兴,关键在于产业要振兴。

习近平总书记一直高度重视发展乡村产业,强调产业兴旺是解决农村一切问题的前提。在全国各地考察调研时,总书记多次点赞乡村产业,为特色产业谋思路,为农民致富找门路,为乡村振兴开新路。

在传统鸟笼制作之乡、贵州省丹寨县卡拉村,传统的编织手法,加上新颖的精致设计,小小的鸟笼一年就给 100 多户村民带来 650 万元产值。

如今,乡村产业蓬勃发展,全国累计创建 140 个优势特色产业集群、250个国家现代农业产业园、1300 多个农业产业强镇、3600 多个"一村一品"示范村镇;832 个脱贫县每个县都培育了 2 到 3 个优势突出、带动能力强的主导产业,中央衔接资金用于产业发展的比重达到 55% 以上。

山乡巨变,山河锦绣。希望的田野上,处处生机盎然,气象万千。

中国共产党第二十次全国代表大会对中国式现代化作出深刻系统阐述,对推进乡村振兴工作作出科学规划和详细部署。在以中国式现代化全面推进中华民族伟大复兴的新征程上,加快建设农业强国,扎实推动乡村产业、人才、文化、生态、组织振兴。广袤的中国大地上,正在铺展开一幅宜居宜业和美乡村的新画卷。◎

【奋进新征程 建功新时代·非凡十年】
浙江:干在实处走在前 勇立潮头敢为先
(央视网 2022 年 7 月 21 日《新闻联播》)

扫码听
参考录音 3-7-11

●【口播】党的十八大以来,习近平总书记五次到浙江考察,作出一系列重要指示。牢记嘱托,浙江沿着习近平总书记指引的方向,干在实处,走在前列,勇立潮头,坚持创新驱动、绿色发展,努力推进高质量发展,建设共同富裕示范区。

【配音】盛夏时节,浙江湖州安吉余村凭着如画风景成了游客们的打卡胜地,然而在十几年前,余村却是另一番场景。

【同期声】浙江省湖州市安吉县天荒坪镇余村村民王月仙:以前我们出门走路的时候呢,头不能朝天,灰蓬蓬的,我们前面山上全部都是白茫茫的。竹子、树木都死掉的。

【配音】那时的余村由于无序采矿,生态环境遭到破坏。2005 年,时任浙江省委书记的习近平同志在余村考察时提出了"绿水青山就是金山银山"的发展理念。

从那以后,浙江开始践行"绿水青山就是金山银山"的发展理念,从 811 环境污染整治到五水共治;从千村示范、万村整治,到率先推行河长制,一个个生态治理良方让浙江的山山水水越来越美。

2020年3月,习近平总书记来到安吉余村考察,希望乡亲们在保护好生态前提下,积极发展多种经营,把生态效益更好转化为经济效益、社会效益。按照总书记的指示,浙江加快绿色转型,建设美丽浙江,深入实施生态文明示范创建行动,努力让绿水青山变得更美,把金山银山做得更大。

10年里,浙江生态修复和生物多样性保护成效显著,绿色工厂、绿色产业集聚区、碳汇交易平台相继涌现。绿色正成为浙江发展最动人的色彩。

【同期声】浙江省生态环境厅厅长郎文荣:我们始终牢记习近平总书记赋予浙江生态文明建设要先行示范的嘱托期望,持续构建降碳、减污、扩绿、惠民的整体自治体系,努力建设人与自然和谐共生的现代化。

【配音】10年间,浙江坚持创新驱动,加快转型升级,经济社会发展实现跃升,全社会研发投入翻了一番以上,互联网＋、生命健康和新材料三大科创高地建设取得突破,专精特新"小巨人"企业和制造业单项冠军数量居全国第一。如今浙江正致力于将数字经济与实体经济相融合,大力推进产业大脑加未来工厂建设。

【同期声】浙江省台州市黄岩模具产业大脑运营公司总经理张继堂:"产业大脑＋未来工厂"这种模式,解决了传统产业面临的加工过程不透明、产业创新弱、人才培养缓慢等痛点,预警研判我们产业的景气趋势、创新活力。这些应用促进了我们产业的稳定机制。

【配音】扎实推进共同富裕,浙江在持续探索。这些年,浙江采用山海协作等机制,努力补齐区域、城乡、收入等发展差距的短板。

这里是杭州未来科技城,一街之隔,是衢州海创园。研发孵化在杭州、产业转化在衢州的飞地合作模式,为衢州带来了巨大改变。

【同期声】浙江省衢州市招商投资促进中心副主任张勇:产业协作帮扶的数量从10年前的2500多个增加到现在的4100多个,产业帮扶的资金总量从700多亿元增加到2400多亿元,可以说,山海协作在衢州跨越式发展的过程中发挥了巨大的作用。

【配音】干在实处、走在前列,10年间,浙江在推进城市治理体系和治理能力现代化上不断探索先行。从四张清单一张网到最多跑一次、最多跑一地,再到数字化改革,浙江持续创新施政理念、服务模式,越来越多的事项实现一网通办,城市变得更聪明,生活变得更便利。

【同期声】浙江省杭州市上城区闸弄口街道蓝天社区居民连水仙:在10年

前我刚 60 岁退休的时候,公交半价卡我还要自己去办的,你看今年他们社工知道我 70 岁了可以办全免费的公交卡了,就给我送上门来了。政策好,政府的服务也好。

浙江省委改革办副主任董继鸿:我们将坚持以习近平总书记关于数字化改革重要论述为指引,努力走出一条省域层面适应数字时代、推进数字变革、构建数字文明的新路子,为全国贡献浙江经验。

【配音】钱江潮涌,踔厉奋发。10 年来,浙江空气质量优良天数比例从 2013 年的 68.4% 增长到 2021 年的 94.4%;10 年来,浙江地区生产总值从 2012 年的 3.44 万亿元增长到 2021 年的 7.35 万亿元;10 年来,浙江全体居民家庭人均可支配收入从 2012 年的 27020 元增长到 2021 年的 57541 元。◎

思考题

1. 什么是通讯? 通讯的特点是什么?
2. 通讯播音的语言特点是什么?
3. 通讯稿件一般分为哪些类型?
4. 通讯播音的要领是什么?